俄罗斯能源政治
RUSSIAN ENERGY POLITICS

富景筠 著

中国社会科学出版社

图书在版编目(CIP)数据

俄罗斯能源政治 / 富景筠著. —北京:中国社会科学出版社,2019.4(2019.9重印)
ISBN 978-7-5203-4150-9

Ⅰ.①俄⋯ Ⅱ.①富⋯ Ⅲ.①能源战略—地缘政治学—研究—俄罗斯 Ⅳ.①F451.262

中国版本图书馆 CIP 数据核字(2019)第 043751 号

出 版 人	赵剑英
责任编辑	喻　苗
特约编辑	郭　枭
责任校对	胡新芳
责任印制	王　超

出　　版	中国社会科学出版社
社　　址	北京鼓楼西大街甲 158 号
邮　　编	100720
网　　址	http://www.csspw.cn
发 行 部	010-84083685
门 市 部	010-84029450
经　　销	新华书店及其他书店
印　　刷	北京明恒达印务有限公司
装　　订	廊坊市广阳区广增装订厂
版　　次	2019 年 4 月第 1 版
印　　次	2019 年 9 月第 2 次印刷
开　　本	710×1000　1/16
印　　张	15.25
插　　页	2
字　　数	258 千字
定　　价	66.00 元

凡购买中国社会科学出版社图书,如有质量问题请与本社营销中心联系调换
电话:010-84083683
版权所有　侵权必究

目 录

绪 论 ……………………………………………………………… (1)

第一章　俄罗斯的区域合作战略 …………………………………… (22)
　　第一节　新区域主义视角下的大国区域合作战略研究 ……… (22)
　　第二节　"融入欧洲"与整合后苏联空间：冲突与矛盾 ……… (26)
　　第三节　欧亚经济联盟的历史演进 …………………………… (33)
　　第四节　俄罗斯区域合作战略的亚太维度 …………………… (40)

第二章　俄罗斯在世界能源体系中的结构性权力 ……………… (53)
　　第一节　俄罗斯在世界能源生产体系中的结构性权力 ……… (54)
　　第二节　俄罗斯在欧亚能源管道政治中的结构性权力 ……… (58)
　　第三节　俄罗斯在国际能源定价机制中的结构性权力 ……… (63)

第三章　俄罗斯与欧洲能源政治 ………………………………… (69)
　　第一节　俄罗斯、欧盟与乌克兰能源博弈 …………………… (69)
　　第二节　俄欧天然气定价权博弈 ……………………………… (85)

第四章　后苏联空间的能源政治 ………………………………… (100)
　　第一节　中亚—里海地区的能源政治 ………………………… (100)
　　第二节　欧亚经济联盟共同能源市场建设：条件及前景 …… (117)

第五章　俄罗斯与东北亚能源政治 ……………………………… (129)
　　第一节　东北亚地区经济关系 ………………………………… (129)
　　第二节　俄罗斯能源政策与东北亚能源关系 ………………… (149)

第三节　东北亚天然气格局的演变逻辑 …………………………（163）
　　第四节　中俄天然气关系 …………………………………………（175）

第六章　页岩气革命对俄罗斯的地缘政治影响 ……………………（188）
　　第一节　页岩气革命对美国能源地位的重塑 ……………………（189）
　　第二节　页岩油与美国的新油权 …………………………………（192）
　　第三节　页岩气与美国的新气权 …………………………………（195）
　　第四节　美国能源新权力对俄罗斯的地缘政治影响 ……………（198）

参考文献 …………………………………………………………………（207）

后　记 ……………………………………………………………………（236）

图 目 录

图 3-1　世界主要地区的天然气价格变化（1984—2016 年）……… （94）
图 3-2　欧洲天然气进口价格形成（2005—2016 年）…………… （97）
图 5-1　东北亚区域贸易趋势（2000—2015 年）………………… （139）
图 5-2　东北亚各国双边贸易占区域内贸易的比重（2000—
　　　　2015 年）………………………………………………… （140）
图 5-3　东北亚各国区域内贸易占其对外贸易的比重（2000—
　　　　2015 年）………………………………………………… （141）
图 5-4　中日韩天然气消费总量及天然气在一次能源消费中的
　　　　比重（2000—2013 年）………………………………… （165）
图 5-5　中日韩液化气进口量及在东北亚液化气总进口中的比重
　　　　（2000—2013 年）………………………………………… （166）
图 5-6　中日韩天然气进口集中度（以 CR3 测量）
　　　　（2000—2013 年）………………………………………… （167）
图 5-7　中日韩从俄罗斯进口液化气的状况（2009—
　　　　2013 年）………………………………………………… （168）
图 6-1　世界天然气进口价格形成（2005—2017 年）…………… （198）

表 目 录

表 2-1 俄罗斯石油生产比重及对欧洲、东北亚地区/国家的出口比例（2000—2016 年） ……………………（55）

表 2-2 俄罗斯天然气生产比重及对欧洲、东北亚地区/国家的出口比例（2000—2016 年） ………………（57）

表 3-1 欧洲天然气进口总量及对俄罗斯天然气、液化气的进口依赖（2006—2017 年） …………………（72）

表 3-2 欧洲主要国家对俄罗斯天然气的进口依赖（2006—2017 年） ………………………………………（74）

表 3-3 欧洲主要国家进口俄天然气在俄对欧总出口中的比重（2006—2017 年） …………………………（75）

表 3-4 欧洲主要能源企业与俄气再谈判天然气合约 …………（95）

表 5-1 东北亚国家区域内出口的广义商品构成（1998—2009 年） ……………………………………（142）

表 5-2 俄罗斯石油和天然气生产比重及对东北亚国家的出口比例（2009—2016 年） …………………（143）

表 5-3 俄罗斯天然气生产结构 ……………………………………（184）

表 6-1 美国在全球石油和天然气生产体系中的地位（2007—2017 年） …………………………………（189）

绪　　论

能源是一种重要的生产要素,既具有商品属性,也具有强烈的政治属性。[1] 能源不仅塑造国家间关系,而且也成为影响国际关系规范的重要因素。[2] 世界政治体系的演进,很大程度上建立在资源政治与地缘政治二者之间相互平衡的基础之上。

俄罗斯横跨欧亚大陆的地缘特征决定了其能源政治的地理多维性。作为世界能源生产和出口大国,俄罗斯能够同时影响欧洲和亚洲两个维度的能源关系。本书的目的是立足国际政治经济学的方法和理论,结合能源地缘政治学、博弈论和新区域主义的研究范式和分析方法,跨学科、多视角考察俄罗斯能源政治演变的逻辑脉络和内在机制。

一　问题的提出

进入21世纪,世界并未如普遍预测的那样陷入能源短缺困境,相反却进入了全球能源相对充足的时代。[3] 能源效率提升和可再生能源开发,特别是以页岩油气为代表的世界能源革命不仅推翻了"能源稀缺"的传统假设,而且正在全球层面改变国家间的权力平衡,并重塑主要行为体之间的利益关系和行为模式。页岩气革命后,美国能源角色的转变无疑将引发世界能源市场与地缘政治的"系统效应"。美国不仅借页岩气革命成为全

---

[1] 张宇燕、李增刚:《国际经济政治学》,上海人民出版社2008年版,第335页。
[2] Nalin Kumar Mohapatra, "Energy Security Paradigm, Structure of Geopolitics and International Relations Theory: From Global South Perspectives", *GeoJournal*, Vol. 82, 2017, pp. 683–700.
[3] Meghan L. O'Sullivan, *Windfall: How the New Energy Abundance Upends Global Politics and Strengthens America's Power*, New York: Simon & Schuster, 2017, p. 6; Agnia Grigas, *The New Geopolitics of Natural Gas*, Cambridge: Harvard University Press, 2017, p. 39.

球最大油气生产国，而且正在利用能源权力改变油气市场博弈规则，进而重塑全球能源地缘政治格局。正如约瑟夫·奈所言："页岩革命不仅是一场能源革命，更是一场地缘政治革命。"

中国与俄罗斯互为最大邻国和全面战略协作伙伴，能源合作已成为中俄双边关系的重要内容。在美国将中俄同时界定为"战略竞争对手"的背景下，妥善处理好与俄罗斯的能源合作，对维护中国的能源安全以及发展中俄双边关系至关重要。2017年，俄罗斯已经成为中国第一大石油和电力进口来源国、第四大煤炭进口来源国。在天然气方面，中俄天然气管道东线将于2019年冬季开始供气。如果考虑到目前正在谈判的西线天然气管道以及未来可能讨论兴建的远东天然气管道，中俄在可预见的未来可能会有三条跨境天然气管道。此外，中国石油天然气集团有限公司（以下简称中石油）和中国丝路基金已经参与到全球最大北极液化气项目——俄罗斯亚马尔项目的融资之中。在第二、第三条生产线投产后，中石油将从2019年起每年进口亚马尔项目的300万吨液化气。中俄能源合作已经从单一的油气贸易延伸到上游的共同勘探开发、股权投资和工程承包等方面。

目前，国内关于俄罗斯能源的既有研究主要涉及俄罗斯能源政策、能源外交和能源战略。能源政策主要是指一国围绕能源生产、供应、消费所制定的一系列方针和策略。能源外交则具有很强的实践性，涵盖一国对外政治、对外经济和能源部门为实现对外能源政策的目标和任务所进行的实践活动。[①] 能源战略包括一国综合运用政治、经济、军事、外交等手段来实现其能源政策、保障能源安全的总体方略。[②] 显然，一国的能源政策、能源外交和能源战略之间存在着密切的互动关系，而正是这种互动关系决定着一国对外能源行为的性质。

本书的目的便是揭示俄罗斯能源政策、能源外交与能源战略之间的复杂关联，跨学科、多视角考察俄罗斯能源政治演变的逻辑脉络和内在机制。在本书中，俄罗斯能源政治是指该国国内能源政治演变与其对外能源行为之间的互动关系。[③] 相关研究主要包括以下三个层面的内容。

---

① ［俄］C. З. 日兹宁：《俄罗斯能源外交》，王海运、石泽译审，人民出版社2006年版，第31页。

② 潜旭明：《美国的国际能源战略研究——一种能源地缘政治学的分析》，复旦大学出版社2013年版，第5页。

③ Brenda Shaffer, *Energy Politics*, Philadelphia: Universtiy of Pennsylvania Press, 2009, p. 3.

一是俄罗斯对外能源行为的国内政治根源。一国的对外能源扩张首先是其国内不断变化的"国家—市场"关系对外延伸的结果，特别是国内利益集团对政府的游说活动和彼此之间的博弈行为影响到国家对外能源政策的制定与执行，其结果是一国国内能源政治往往对地区能源关系产生外溢效应。

二是外部环境如何影响俄罗斯国内能源政治的演变、利益集团诉求和竞争关系。这里，外部环境主要指世界能源市场体系的结构性转型、全球性或地区性地缘政治危机以及国家间政治关系。能源革命引发的新生产方式借助来自技术创新的新运输方式创造出新贸易模式，并由此改变建立在既有相互依赖关系之上的权力结构。地缘政治危机的爆发往往促使一国积极改变既有对外能源依赖模式，进而加速地区性能源市场和权力结构变迁。国家间政治关系以及地区性能源市场上的各方利益博弈，对一国能源政策的具体实施具有重要作用。

三是考察俄罗斯能源政治的地理多维性，特别是由全球能源体系变革和地缘政治冲击引发的俄罗斯在不同地区能源市场维度上的角色互动。全球油气政治的参与者日益朝多极化、竞合化的方向演变。资源国、过境国和消费国共同推动了欧亚地区油气地缘政治中心的出现，其中包括欧洲地区、中亚—里海地区、东北亚地区。考察油气管道政治中资源国、过境国和消费国的多元博弈以及俄罗斯在不同地区能源市场上的角色互动，有助于更好地理解油气竞争背后由国家发展与安全战略驱动的能源政治行为。[①]

二 国际关系视野中有关俄罗斯能源政治的既有研究

国际关系视野中的能源政治研究呈现出理论多元化趋势。目前，西方学界的研究视角主要集中于以下四个问题。一是行为体是国家、国际组织还是跨国公司。新现实主义的基本假设是，国家是唯一重要的行为体，新自由制度主义则在关注国家的同时还考察跨国行为体及国际组织在能源政治中的作用。二是政治与经济之间的关系。新现实主义认为政治决定经济，强调目标收益的相对性，将相互依赖关系视为一国实现自我意图的工具。而新自由制度主义则认为经济决定政治，强调目标收益的绝对性，将

---

① 王海运、许勤华：《能源外交概论》，社会科学文献出版社2012年版，第28页。

非对称相互依赖看成行为体的权力来源。三是能源权力是物质的还是非物质的。新现实主义和新自由制度主义均认为能源权力属于物质权力的一种,而建构主义则认为能源权力是非物质的,由行为体的观念建构而成。四是能源权力互动的最终结果是积极乐观的还是消极悲观的。新现实主义认为,一国对稀缺资源的争夺最终会导致冲突甚至战争。而新自由制度主义则认为,基于相互依赖的共同收益有助于实现行为体之间的非零和博弈。

(一) 新现实主义视角

国际政治的本质由权力关系塑造,而权力的来源、权力怎样行使以及什么才是行使权力的最好方法尤为重要。[①] 新现实主义将能源视为物质权力的资源或基础,相对物质权力的增加导致一国对外政策活动的野心和范围扩张。[②] 由此,能源的供给安全和需求安全通常被纳入"高政治"(high politics) 领域。汉斯·摩根索将权力定义为"人支配他人的意志和行动的控制力",[③] 而在一国相对于他国的权力中,自然资源是具有重要影响的相对稳定因素。石油作为一种不可取代的原料的出现,引起了主导国相对权力的变化。即使缺乏传统上构成国家权力的所有要素,一国仍能依靠拥有石油突然成为世界政治中强有力的因素,并动摇有几个世纪历史的国际政治模式。利用这一范式,摩根索分析了石油通过引发领导国权力转移构建国际关系的本质特征。

肯尼斯·华尔兹将资源禀赋视为决定国家实力得分的重要组成要素;不同要素的重要性随时间改变使得衡量和比较国家能力变得更为困难。他认为,国际能源体系中的无政府主义是能源安全困境的渊薮,而行为体之间能力分配的不对称性会促使它们为确保"相对收益"实施企图损害或摧毁对方的政策。[④] 约翰·米尔斯海默从军事角度将权力定义为"国家所能

[①] [美] 约翰·加尔布雷思:《权力的分析》,陶元华、苏世军译,河北人民出版社 1988 年版,第 2—3 页。

[②] Gideon Rose, "Neoclassical Realism and Theories of Foreign Policy", *World Politics*, Vol. 51, No. 1, 1998, p. 167.

[③] [美] 汉斯·摩根索:《国家间政治:权力斗争与和平》,徐昕等译,北京大学出版社 2009 年版,第 30、154 页。

[④] [美] 肯尼斯·华尔兹:《国际政治理论》,信强译,上海人民出版社 2017 年版,第 139、165—171 页。

获得的特殊资产或物质资源"。他认为,财富是决定权力的关键因素,大国的兴衰在很大程度上源于国际体系中主要行为体之间财富分配的变化。①

新现实主义的核心假设是,资源稀缺和相对收益会导致国家间争夺能源资源的地缘政治博弈。作为战略性资源,能源通常被用于提升一国的权力、影响力和地缘政治优势,这导致能源成为国家间冲突的来源和大国博弈平衡的关键。传统地缘政治的核心理念是,获取能源资源并开展相关贸易活动是一国实现全球影响的重要路径,并由此促使全球地缘政治结构的重新洗牌。

新现实主义视角通常被用于分析俄欧能源关系中生产国、过境国与消费国之间的三方博弈。能源的地缘政治属性决定能源问题的安全化,即一国为保证自身权力和安全与对手展开竞争性零和博弈。② 2000—2008年的国际油价高涨,赋予资源储备丰富的俄罗斯极大的能源权力。在传统油气出口市场欧洲,俄罗斯具有将资源储备转化成地缘政治影响的能力,而欧洲对俄罗斯能源的非对称依赖则使其面临来自后者的能源安全威胁。一些西方学者批评俄罗斯能源战略的政治色彩越发浓烈,认为其在能源领域的对外贸易和对外政策之间形成了事实上的"干涉"关系,③ 特别是对其能源依赖的欧盟具有了能源"武器化"倾向。④ 汤姆·卡希尔（Tom Casier）指出,俄罗斯对欧盟的能源权力来源于其在欧洲天然气市场上的垄断地位,而欧盟能源来源过度依赖俄罗斯会使其面临能源安全威胁。⑤ 安吉拉·斯坦特（Angela Stent）认为,对邻国和欧洲,俄罗斯寻求使用石油和天然气来实现冷战中其力图通过核武器实现的政治影响,而欧洲越来越将

---

① [美]约翰·米尔斯海默:《大国政治的悲剧》,王义桅、唐小松译,上海人民出版社2009年版,第62、72页。

② [英]戴维·维克托、埃米·贾菲、马克·海斯:《天然气地缘政治——从1970到2040》,王震、王鸿雁等译,石油工业出版社2010年版,第5页。

③ Dominique Finon and Catherine Locatelli, "Russian and European Gas Interdependence: Could Contractual Trade Channel Geopolitics?", *Energy Policy*, Vol. 36, 2008, p. 425.

④ Karen Smith Stegen, "Deconstructing the 'Energy Weapon': Russia's Threat to Europe as Case Study", *Energy Policy*, Vol. 39, 2011, p. 6505; Angela Stent, "An Energy Superpower? Russia and Europe", in Kurt M. Campbell and Jonathon Price, eds., *The Global Politics of Energy*, Washington D. C.: The Aspen Institute, 2008, p. 78; Frank Umbach, "Global Energy Security and the Implications for the EU", *Energy Policy*, Vol. 38, 2010, p. 1229.

⑤ Tom Casier, "The Rise of Energy to the Top of the EU-Russia Agenda: From Interdependence to Dependence?", *Geopolitics*, Vol. 16, No. 3, 2011, p. 537.

俄罗斯对能源武器的使用看成是"硬实力"。① 莫雷纳·斯卡拉梅拉（Morena Skalamera）指出，欧盟与俄罗斯陷入能源安全困境的核心在于，任何一方试图增加自身安全的行为将导致另一方降低前者安全程度的反应。因此，俄欧能源关系上的紧密相互依赖不足以产生法律上具有约束力的治理结构，而这反过来阻碍了二者能源关系的安全化。②

天然气管道通过第三国运输使得生产国与消费国之间的能源关系进一步复杂化。一方面，作为寻租者的过境国试图从天然气贸易中攫取租金，其寻租行为构成生产国和消费国之间天然气贸易的外部性。③ 另一方面，过境路线布局直接关系到生产国与消费国能源博弈的权力分配。④ 特别是当过境国游离于两个地缘政治联盟之间时，它作为管道过境国的地缘政治地位会急剧上升，并成为生产国和消费国的争夺对象。就过境国的能源权力而言，由于管道建设的巨大沉没成本和资产专用性，具有优势权力的过境国倾向于使用管道控制权作为战略杠杆。⑤ 亚当·斯图尔伯格（Adam Stulberg）运用"无效议价"（obsolescing bargaining）概念阐释管道政治中的战略性议价行为和可信承诺问题。⑥ 克里斯蒂安·冯·希尔斯豪森（Christian von Hirschhausen）等集中讨论了作为生产国的俄罗斯和作为过境国的乌克兰之间的战略互动。通过比较二者非合作行为和合作行为的不同收益，他们发现，只要是唯一过境国，乌克兰便会凭借管道设施的讨价还价权力采取非合作行为。⑦

中亚—里海地区的能源博弈是新现实主义者分析能源竞争的重要案例。

---

① Angela Stent, "An Energy Superpower? Russia and Europe", in Kurt M. Campbell and Jonathon Price, eds., *The Global Politics of Energy*, Washington D. C.: The Aspen Institute, 2008, p. 78.

② Morena Skalamera, "Invisible but no Indivisible: Russia, the European Union, and the Importance of 'Hidden Governance'", *Energy Research & Social Science*, Vol. 12, 2016, pp. 27 – 49.

③ Yuri Yegorov and Franz Wirl, "Gas Transit, Geopolitics and Emergence of Games with Application to CIS Countries", USAEE-IAEE WP 10 – 044, 2010, p. 3.

④ Chloe Le Coq and Elana Paltseva, "Assessing Gas Transit Risks: Russia vs. the EU", *Energy Policy*, Vol. 42, 2012, p. 642.

⑤ Angela Stent, "An Energy Superpower? Russia and Europe", in Kurt M. Campbell and Jonathon Price, eds., *The Global Politics of Energy*, Washington D. C.: The Aspen Institute, 2008, p. 78.

⑥ Adam N. Stulberg, "Strategic Bargaining and Pipeline Politics: Confronting the Credible Commitment Problem in Eurasian Energy Transit", *Review of International Political Economy*, Vol. 19, No. 5, 2012, p. 813.

⑦ Christian von Hirschhausen, Berit Meinhart and Ferdinand Pavel, "Transporting Russian Gas to Western Europe—A Simulation Analysis", *The Energy Journal*, Vol. 26, No. 2, 2005, p. 66.

查尔斯·齐格勒（Charles E. Ziegler）和拉詹·梅农（Rajan Menon）认为，美国在中亚的能源行为模式属于典型的进攻性现实主义，它通过提供财政援助和推进绕开俄罗斯的管道建设来获取能源资源。① 而该地区管道出口的多元化，无疑意味着俄罗斯在管道政治中的传统结构性权力被逐渐侵蚀。与此同时，俄罗斯通过增强能源杠杆来重塑自己在后苏联空间的影响力。一方面，向格鲁吉亚、乌克兰和波罗的海三国等国挥舞能源武器的大棒，以中断供给或提高出口价格相威胁。另一方面，对亚美尼亚、白俄罗斯和哈萨克斯坦等国使用能源"胡萝卜"政策，保障这些国家的充足能源供给并给予出口价格补贴。② 中国与俄罗斯在中亚—里海地区的能源合作行为属于典型的防御性现实主义。由于任何一方的进攻性行为都将导致彼此相互毁灭，故二者均采取理性合作行为。奥努尔·科班利（Onur Cobanli）认为，对俄罗斯而言，中国对中亚油气管道的介入是一把"双刃剑"。这对俄罗斯在该地区的主导性进口国地位构成挑战，同时也导致俄罗斯油气在中国市场面临更激烈的供给竞争。但中亚国家对中国的管道出口"锁定"了其对欧盟南部天然气走廊的供给量，由此在一定程度上有助于俄罗斯捍卫中亚天然气西向出口的过境主导权及在欧洲市场的出口份额。③

（二）新自由制度主义视角

新自由制度主义从国家间互动关系这一角度拓展了对国际政治中权力来源的认识。罗伯特·基欧汉和约瑟夫·奈将非对称相互依赖视为行为体的权力来源。关于权力在相互依赖中的作用，他们认为，依赖性较小的行为体常常拥有较强的权力资源；相互依赖的脆弱性程度取决于各行为体获得替代选择的相对能力及其付出的代价。敏感性相互依赖可能提供强大的政治影响力。当双方"敏感度"不等、依赖属单方面时，依赖方会因"脆弱度"大而处于不安全境地，被依赖方则获得了权力。④ 约瑟夫·格里科

---

① Charles E. Ziegler and Rajan Menon, "Neomercantilism and Great-power Energy Competition in Central Asia and the Caspian", *Strategic Studies Quarterly*, Vol. 8, No. 2, 2014, pp. 7–41.

② Randall Newnham, "Oil, Carrots, and Sticks: Russia's Energy Resources as a Foreign Policy Tool", *Journal of Eurasian Studies*, Vol. 2, Issue 2, 2011, pp. 134–143.

③ Onur Cobanli, "Central Asian Gas in Eurasian Power Game", *Energy Policy*, Vol. 68, 2014, pp. 349, 354.

④ ［美］罗伯特·基欧汉、约瑟夫·奈：《权力与相互依赖》，门洪华译，北京大学出版社2002年版，第11—18、19页。

和约翰·伊肯伯里认为,当一国在关键资源上依赖别国进口时,即存在一种潜在的权力关系;进口来源转移和替代资源决定切断关键资源供应对国家的"影响程度"和"损害程度"。①杰弗里·勒格罗(Jeffrey W. Legro)和安德鲁·莫劳夫奇克(Andrew Moravcsik)将国家间政治界定为关于稀缺资源分配与再分配的国家间议价博弈。②约瑟夫·奈也强调资源讨价还价在塑造地区能源供给本质中的重要角色,而硬权力与软权力在获取资源方面是难以被区分的。③

与新现实主义不同,新自由制度主义认为,生产国使用能源权力作为政治工具具有自身的局限性。能源出口国的经济增长与财政收入高度依赖于能源出口。这意味着生产国与消费国之间的能源关系并非仅是后者对前者的单边依赖,而是具有相互依赖性。也就是说,前者不得不考虑能源武器的成本,并在获取能源收入与利用能源杠杆之间保持一种平衡。阿米·麦尔斯·贾菲(Amy Myers Jaffe)和罗纳德·索利戈(Ronald Soligo)认为,由于出口欧洲的天然气依靠管道运输,俄罗斯改变天然气出口流向的灵活性很小。④罗伯特·欧瑞塔格(Robert Orttung)和因德拉·奥弗兰(Indra Overland)指出,关闭天然气管线或提供价格补贴是俄罗斯实现政治目标的唯一工具,而俄罗斯能源工具的结构决定其国际行为模式。⑤本格特·索德伯格(Bengt Soderbergh)等认为,分析欧盟对俄罗斯的天然气依赖,不仅要考虑到地缘政治层面,而且应关注资源限制问题。⑥通过评估欧洲天然气市场需求及俄气生产预期和投资活动,安德烈亚斯·高德索(Andreas Goldthau)发现,从长期看,俄罗斯上游行

---

① [美]约瑟夫·格里科、约翰·伊伯里:《国家权力与世界市场:国际政治经济学》,王展鹏译,北京大学出版社2008年版,第8、86页。

② Jeffrey W. Legro and Andrew Moravcsik, "Is Anybody Still a Realist?", *International Security*, Vol. 24, No. 2, 1999, pp. 5–55.

③ Joseph Nye, "Energy and Security in the 1980s", *World Politics*, Vol. 35, No. 1, 1982, pp. 121–134.

④ Amy Myers Jaffe and Ronald Soligo, "Militarization of Energy: Geopolitical Threats to the Global Energy System", The Global Energy Market Working Paper Series: Comprehensive Strategies to Meet Geopolitical and Financial Risks, The James A. Baker III Institute for Public Policy at Rice University, 2008, p. 35.

⑤ Robert W. Orttung and Indra Overland, "A Limited Toolbox: Explaining the Constraints on Russia's Foreign Energy Policy", *Journal of Eurasian Studies*, No. 2, 2011, p. 75.

⑥ Bengt Soderbergh, et al., "European Energy Security: An Analysis of Future Russian Natural Gas Production and Exports", *Energy Policy*, Vol. 38, 2010, p. 7827.

业投资缺乏导致俄气无法满足欧洲迅速增长的天然气需求,因此,俄罗斯实际上并不具有向欧洲消费国施加影响的杠杆。① 基于对俄罗斯国内天然气生产与消费、欧洲天然气市场需求及运输设施的预测,劳拉·萨兰科(Laura Solanko)和佩卡·苏特拉(Pekka Sutela)认为,欧盟国家面对的能源安全威胁不是对俄罗斯能源的过度依赖,而是供给短缺问题。② 这里,俄罗斯长期天然气生产能力对欧洲天然气市场结构的影响被纳入俄欧能源博弈的权力分析。

新自由制度主义强调能源关系的相互依赖性影响到国际关系的架构。多米尼克·费侬(Dominique Finon)和凯瑟琳·罗卡泰利(Catherine Locatelli)指出,天然气供给安全的政治风险与地区性市场上天然气贸易竞争、俄欧寻求天然气租金中的利益依赖之间相互作用。③ 乔瑞思·莫比(Joris Morbee)和史代夫·普鲁斯特(Stef Proost)运用局部均衡模型分析了长期天然气进口合约下俄罗斯的"不可靠性"(unreliability)如何影响到欧洲天然气市场及其天然气进口战略。他们发现,当俄罗斯"不可靠性"增加时,天然气合约量和价格就会显著下降,这意味着欧洲和俄罗斯的收益均受损。④ 伊莲娜·克罗帕契娃(Elena Kropatcheva)指出,俄罗斯、欧盟和乌克兰在能源链条中的利益彼此交织,追求地缘政治收益只会导致彼此不信任和相互排斥,因此,这场能源地缘政治博弈不存在真正的赢家。⑤

在新自由制度主义看来,通过国际制度管理相互依赖关系,不仅可以防止国家间能源关系陷入无政府状态,而且可以有效促进相互依存下世界能源领域的国际合作。⑥ 相互依赖增强创造了国家对制度的需求,而制度

---

① Andreas Goldthau, "Rhetoric versus Reality: Russian Threats to European Energy Supply", *Energy Policy*, Vol. 36, 2008, pp. 686–687.

② Laura Solanko and Pekka Sutela, "Too Much or Too Little Russian Gas to Europe?", *Eurasian Geography and Economics*, Vol. 50, No. 1, 2009, p. 72.

③ Dominique Finon and Catherine Locatelli, "Russian and European Gas Interdependence: Could Contractual Trade Channel Geopolitics?", *Energy Policy*, Vol. 36, 2008, p. 424.

④ Joris Morbee and Stef Proost, "Russian Gas Imports in Europe: How Does Gazprom Reliability Change the Game?", *The Energy Journal*, Vol. 31, No. 4, 2010, p. 79.

⑤ Elena Kropatcheva, "Playing Both Ends Against the Middle: Russia's Geopolitical Energy Games with the EU and Ukraine", *Geopolitics*, Vol. 16, 2011, p. 553.

⑥ 方婷婷:《不同理论范式下的能源安全观研究》,《当代世界与社会主义》2015年第3期,第145—146页。

性结构能产生一种机制来解决与能源相关的具有经济属性特征的持续冲突。① 20世纪90年代初，为了发展与具有丰富资源的原苏联国家之间的能源关系，欧洲提出《能源宪章》倡议并为形成开放、竞争和有效益的能源市场建立法律框架。各成员国制定并通过了具有法律约束力的《能源宪章条约》，由此促进缔约方在能源贸易、能源投资、过境运输、能源效率、能源环境和能源供应安全性等领域的合作。2013年12月成立的上海合作组织能源俱乐部，是上合组织框架下发展和扩大能源合作的开放性多边平台，其目的是加强该组织内部能源生产国、消费国和过境运输国之间的对话，深化能源加工领域合作，同时推进新能源项目，共同维护能源安全。在后苏联空间，白俄罗斯和哈萨克斯坦通过讨好和迎合俄罗斯的帝国野心获取经济上的"巨额红利"②。同时，乌克兰危机后，俄罗斯更愿意与成员国妥协并接受其要求。由此，欧亚经济联盟共同能源市场建设终归逐步从理念构建过渡到具体实施。上述地区性能源合作机制的勃兴，有助于形成一个更加广阔的欧亚能源联盟。

（三）建构主义视角

与物质主义观点相对，建构主义强调观念对权力和利益的建构作用。亚历山大·温特认为，"人类关系的结构主要是由共有观念而不是由物质力量决定的；有目的行为体的身份和利益不是天然固有的，而是由这些共有观念建构而成"。③ 建构主义者将能源政治归结为关于能源安全和国家身份的不同观念相互竞争的一种表现。④ 在解释俄欧能源安全困境时，建构主义者强调身份、规范和文化因素的作用。安德烈·齐甘科夫（Andrei

---

① Tatiana Romanova, "Russian Energy in the EU Market: Bolstered Institutions and Their Effects", *Energy Policy*, Vol. 74, 2014, p. 44; A. Boussena and C. Locatelli, "Energy Institutions and Organisational Changes in EU and Russia: Revisiting Gas Relations", *Energy Policy*, Vol. 55, No. 1, 2013, pp. 180 – 189.

② Загладин Н. В., "Конфликт вокруг Грузии—Симптом Кризиса Системы Миропорядка", *Мировая Экономика и Международные Отношения*, № 5, 2010, с. 9.

③ ［美］亚历山大·温特：《国际政治的社会理论》，秦亚青译，上海世纪出版集团2011年版，第1、94页。

④ Agnia Grigas, *The Gas Relationship between the Baltic States and Russia: Politics and Commercial Realities*, Oxford: The Oxford Institute for Energy Studies, NG 67, October 2012, p. 33; Katja Yafimava, *The Transit Dimension of EU Energy Security: Russian Gas Transit Across Ukraine, Belarus, and Moldova*, Oxford: The Oxford Institute for Energy Studies, 2011.

P. Tsygankov）认为，能源过境最终成为冲突来源还是对冲资源，依赖于一国如何看待自己的能源地位以及如何通过能源贸易构建国家身份。① 托马斯·葛马特（Thomas Gomart）认为，俄欧能源关系中存在的范式冲突是二者对能源贸易规范进行不同架构（framing）的结果。② 阿格尼娅·格里盖斯（Agnia Grigas）着重考察波罗的海三国对国家身份和能源安全的认知如何影响到其对俄罗斯的能源关系。③ 拉维·阿布德拉（Rawi Abdelal）指出，在欧洲商业地缘政治观念下，俄罗斯被视为依赖出口获取关键利润的可靠供给国，而欧亚过境国则被归入经济债务之列，这一集体性观念导致欧洲天然气管道政治冲突的升级。④

能源安全概念在新现实主义和新自由制度主义语境下属于"高政治"议题，其内涵是既定不变的。然而，随着环保理念正在成为国际社会的广泛共识和主流观念，能源安全概念的内涵发生了深刻变化。能源安全越来越多地涉及经济、资源、环境和社会等领域的"低政治"议题。一方面，这些非传统安全议题的融入无疑将淡化传统能源关系中的地缘政治色彩。另一方面，新能源和低碳经济主导国的出现将引发国际体系中能源权力结构的变化。⑤ 巴贝特·尼韦尔（Babette Never）指出，全球能源消费组合转向清洁低碳燃料催生了"绿色权力"论，即国家可以通过技术创新、环境治理提升能源效率和开发可再生能源，进而产生一种新的权力形式。⑥ 约瑟夫·托曼（Joseph P. Tomain）认为，转变公众对化石能源、核能、清洁能源和气候变化等能源和环境事务的观念和舆论应被视为一种能源政治手段。⑦

此外，政策制定者对外部世界，特别是世界能源体系的认知和理念通

---

① Andrei P. Tsygankov, *Pathways after Empire: National Identity and Foreign Economic Policy in the Post-Soviet World*, Lanham, MD: Rowman and Littlefield, 2001, pp. 6–8.

② Thomas Gomart, "EU-Russia Relations Toward a Way Out of Depression", The Center for Strategic and International Studies, 2008.

③ Agnia Grigas, *The Gas Relationship between the Baltic States and Russia: Politics and Commercial Realities*, Oxford: The Oxford Institute for Energy Studies, NG 67, October 2012, p. 33.

④ Rawi Abdelal, "The Profits of Power: Commerce and Realpolitik in Eurasia", *Review of International Political Economy*, Vol. 20, No. 3, 2013, pp. 421–456.

⑤ 于宏源：《权力转移中的能源链及其挑战》，《世界经济研究》2008年第2期，第33页。

⑥ Babette Never, "Toward the Green Economy: Assessing Countries' Green Power", *GIGA Working Papers*, No. 226, 2013, p. 11.

⑦ Joseph P. Tomain, "A Perspective on Clean Power and the Future of US Energy Politics and Policy", *Utilities Policy*, Vol. 39, 2016, p. 8.

常会影响到一国能源政策的形成。在普京看来，能源是俄罗斯相对其他世界大国具有竞争优势的领域，它是重塑俄罗斯经济和政治实力的强有力外交手段。普京关于能源资源作为战略工具和政治手段的理念，决定了俄罗斯能源政治具有扩张性和资源民族主义特征。[1] 米罗斯拉夫·马锐斯（Miroslav Mares）和马丁·拉瑞思（Martin Larys）分析了俄罗斯政治精英的态度转变如何影响到俄罗斯东部天然气战略的实施。[2] 伊莲娜·克罗帕契娃认为，俄罗斯政治精英在判断和应对页岩气革命时存在对俄罗斯能源政策和权力的认知误区：基于过时的现实主义，他们对俄罗斯能源权力过度自信，由此忽视了世界能源的长期发展趋势。[3]

（四）国际政治经济学视角

对于俄罗斯能源政治的演变逻辑，国际关系主流学派均给出了部分解释，而且具有很强的时段性。然而，它们相对忽视了能源企业的商业行为对国际政治结果施加独立影响的可能性。实际上，能源政治并非国家层面利益博弈的单一维度结果。贸易和金融的全球化削弱了国家推进管道项目的能力，相反却提升了企业直接投资的可行性。政府越来越依赖私人部门来完成能源管道项目的建设与运营，其结果是跨国公司行为的国际化成为管道政治的主要特征。这促使国际政治经济学者突破以国家行为体为中心的传统分析范式，从跨国公司视角探讨能源关系演变的商业利益逻辑。

由于商品和资源的跨境流动超越单一国家的制度范畴，跨国公司管理风险的方式影响到市场以及这些市场根植的地缘政治体系。[4] 苏珊·斯特兰奇强调跨国公司在政府、公司和市场三角能源格局中的结构性权力。[5] 安德烈亚斯·高德索发现能源企业行为体的利益偏好具有引导政府行为的

---

[1] Harley Balzer, "Vladimir Putin's Academic Writings and Russian Natural Resource Policy", *Problems of Post-Communism*, Vol. 53, No. 1, 2006, pp. 48 – 54；[日] 木村泛：《普京的能源战略》，王炜译，社会科学文献出版社2013年版，第1—16页。

[2] Miroslav Mares and Martin Larys, "Oil and Natural Gas in Russia's Eastern Energy Strategy: Dream or Reality?", *Energy Policy*, Vol. 50, 2012, pp. 437 – 438.

[3] Elena Kropatcheva, "He Who Has the Pipeline Calls the Tune? Russia's Energy Power against the Background of the Shale 'Revolutions'", *Energy Policy*, No. 66, 2014, pp. 1 – 10.

[4] Rawi Abdelal, "The Multinational Firm and Geopolitics: Europe, Russian Energy, and Power", *Business and Politics*, Vol. 17, No. 3, 2015, pp. 553 – 576.

[5] [英] 苏珊·斯特兰奇：《国家与市场》，杨宇光等译，上海世纪出版集团2006年版，第205页。

路径依赖特征①，而寻求跨境合作行为使得管道政治内生于能源企业的游说活动和战略决策。② 彼得·考伊（Peter Cowhey）认为能源公司在决定政府外交选择上扮演着关键性角色：当政府机构无法制定应对国际能源市场的有效政策时，能源公司的政治谈判和投资选择将决定国际管理战略。③ 在俄欧能源关系方面，拉维·阿布德拉认为，欧洲能源地缘政治下跨国公司通过结构和进程产生的权力影响政治结果④，而莫雷纳·斯卡拉梅拉（Morena Skalamera）则强调俄欧多维能源关系下能源企业的中心地位与俄欧能源管制缺失之间具有相关性。⑤ 帕维尔·巴耶夫（Pavel K. Baev）和因德拉·奥弗兰（Indra Overland）指出，德法意等主要欧洲大陆国家和俄罗斯的国家利益正在被其国内能源财团与俄气之间的紧密关系所塑造。⑥

一些国际政治经济学者还从国内政治与国际关系的互动视角探讨企业行为如何塑造能源领域的国家利益并引起能源政治的结构性变化。在凯伦·斯蒂根（Karen Smith Stegen）看来，俄气已成为服务俄罗斯国家经济和政治权力目标的工具，其市场行为具有推进外交政策目标的浓厚色彩⑦，而俄罗斯能源贸易的政治化倾向无疑将增加地区关系的不确定性。⑧ 实际上，俄罗斯的能源扩张是其国内不断变化的"国家—资本"关系对外延伸的结果。詹姆斯·亨德森（James Henderson）认为，俄罗斯资源民族主义的能源政策遭遇

---

① Andreas Goldthau, "Energy Diplomacy in Trade and Investment of Oil and Gas", in Andreas Goldthau and Jan Martin Witte, eds., *Global Energy Governance: The New Rules of the Game*, Berlin: Global Public Policy Institute, 2010, pp. 25 – 48.

② Pepper Culpepper, *Quiet Politics and Business Power*, New York: Cambridge University Press, 2011, pp. 9 – 11.

③ Peter F. Cowhey, *The Problems of Plenty: Energy Policy and International Politics*, Berkeley: University of California Press, 1985, p. 355.

④ Rawi Abdelal, "The Profits of Power: Commerce and Realpolitik in Eurasia", *Review of International Political Economy*, Vol. 20, No. 3, 2013, pp. 422 – 423; Rawi Abdelal, "The Multinational Firm and Geopolitics: Europe, Russian Energy, and Power", *Business and Politics*, Vol. 17, No. 3, 2015, p. 553.

⑤ Morena Skalamera, "Invisible but no Indivisible: Russia, the European Union, and the Importance of 'Hidden Governance'", *Energy Research & Social Science*, Vol. 12, 2016, pp. 27 – 29.

⑥ Pavel K. Baev and Indra Overland, "The South Stream versus Nabucco Pipeline Race: Geopolitical and Economic (Ir) rationales and Political Stakes in Mega-projects", *International Affairs*, Vol. 86, No. 5, 2010, p. 1081.

⑦ Karen Smith Stegen, "Deconstructing the 'Energy Weapon': Russia's Threat to Europe as Case Study", *Energy Policy*, Vol. 39, 2011, p. 6506.

⑧ Catherine Locatelli, "The Russian Oil Industry between Public and Private Governance: Obstacles to International Oil Companies' Investment Strategies", *Energy Policy*, Vol. 34, 2006, p. 1075.

瓶颈,这促使俄罗斯重新定位自己的能源利益和战略诉求。① 默尔特·比尔金（Mert Bilgin）指出,俄罗斯国家与能源企业之间的共生关系源于贸易、市场和国际政治结构,而这一共生关系导致俄罗斯发展出为确保欧洲市场而控制欧亚、里海、中东和非洲替代供给的一种地缘政治模式。②

三 国内学界有关俄罗斯能源政治的研究现状

随着能源合作逐步成为中俄双边关系的重要内容,国内学界对俄罗斯能源政治的研究不断丰富、深入。相关研究视角从考察俄罗斯能源战略演变③、能源地缘政治博弈扩展到油气管道政治、国家—市场关系、能源治理、体系认知和美国影响因素等内容。

油气管道政治是国内学界分析俄罗斯能源政治的重要视角。管道之争的背后是对能源战略安全和战略利益的争夺。管道政治构成俄罗斯能源政治的重要内容,同时也是俄罗斯追求能源新帝国政策的重要表现。这类研究主要从管道政治视角切入对俄罗斯对外能源关系的分析,具体包括北溪管道、纳布科管道和南溪管道对俄欧能源关系的影响,俄罗斯实施跨波罗的海与跨黑海天然气管道与乌克兰过境去中介化,俄罗斯东向战略引发太平洋管道之争与东北亚能源关系演变,油气管道建设与中亚—里海能源格局等。④ 管道政治是能源合作与发展中的敏感和核心议题,因此,管道博弈通常具有明显的

---

① James Henderson, *The Strategic Implications of Russia's Eastern Oil Resources*, Oxford: The Oxford Institute for Energy Studies, WPM 41, January 2011, p. 2.
② Mert Bilgin, "Energy Security and Russia's Gas Strategy: The Symbiotic Relationship between the State and Firms", *Communist and Post-Communist Studies*, Vol. 44, 2011, p. 119.
③ 徐海燕:《俄罗斯"东向"能源出口战略与中俄油气合作》,《复旦学报》（社会科学版）2004年第5期;严伟:《俄罗斯能源战略与中俄能源合作研究》,东北大学出版社2013年版;徐小杰等:《俄罗斯及中亚西亚主要国家油气战略研究》,中国社会科学出版社2017年版。
④ 冯玉军:《纳布科管道：从构想走向现实》,《国际石油经济》2009年第8期;庞昌伟、张萌:《纳布科天然气管道与欧俄能源博弈》,《世界经济与政治》2010年第3期;徐建伟、葛岳静:《俄罗斯太平洋石油管道建设的地缘政治分析》,《东北亚论坛》2011年第4期;刁秀华:《利益争端与能源贯通——俄罗斯与欧洲天然气合作研究》,《东北财经大学学报》2013年第6期;徐友萍、丁希丽:《浅析普京时期俄罗斯在中亚里海地区的能源外交活动》,《中国地质大学学报》（社会科学版）2013年第6期;高淑琴、[英]彼得·邓肯:《从北流天然气管道分析俄罗斯与欧盟的能源安全关系》,《国际石油经济》2013年第8期;王龙:《俄罗斯与东北亚能源合作多样化进程》,上海人民出版社2014年版;方婷:《能源安全困境与俄欧能源博弈》,《世界经济与政治论坛》2015年第5期;潘楠:《俄罗斯跨波罗的海与跨黑海天然气管道比较分析》,《俄罗斯东欧中亚研究》2016年第6期;刘旭:《中亚天然气跨国管道建设的现状、影响及前景》,《现代国际关系》2018年第1期。

地缘政治色彩。冯玉军认为，与油气开采相比，能源管道作为拓展能源外交的命脉更具战略意义，而能源管道的多元化使得欧亚地区的能源权力布局呈现出日益分散化趋势。[1]

大国竞争与地缘博弈是考察俄罗斯能源政治演变的又一重要视角。很多学者从这一视角分析俄罗斯在中亚—里海地区的能源政治。[2] 为了维护自身的传统主导地位，俄罗斯竭力阻止该地区能源出口多元化。而中亚—里海国家则奉行实用的能源出口多元化战略，推动不同出口方向的油气管道建设，积极利用能源战略工具来实现利益最大化。崔宏伟从大国关系角度阐释了中国、俄罗斯与欧盟在中亚能源格局中的地位演变，在此基础上分析地缘政治因素对中俄欧能源关系的影响，以及能源相互依赖对地缘竞争的制约。[3] 杨玲认为，俄罗斯以能源为工具加强对里海地区能源的控制力与影响力，具体包括调整里海能源外交政策、与他国合作建设里海油气外运管道、加强军事力量及用武力捍卫石油利益等。[4]

能源治理因素是分析俄欧能源政治的主要视角，其中，围绕《能源宪章条约》的争议是俄欧能源博弈的集中表现。[5] 欧盟认为《能源宪章条约》是俄欧能源关系的基础，并致力于推进能源市场自由化。而俄罗斯则认为，该条约是欧盟在政治上强迫自己接受西方能源规则的政策工具。高淑琴等指出，国家资本主义和自由市场贸易的固有矛盾使欧盟与俄罗斯难以形成真正意义上的能源战略伙伴；欧盟推行市场自由化和能源进口多样化，通过第三能源法案和《能源宪章条约》保护欧盟能源利益，而俄罗斯则倾向于限制竞争和保证运输安全的多边能源治理结构，其中，长期市场

---

[1] 冯玉军：《欧亚转型：地缘政治与能源安全》，载《欧亚新秩序》第3卷，中国社会科学出版社2018年版，第212—285页。

[2] 耶斯尔：《中亚地区的能源"博弈"》，《新疆师范大学学报》（哲学社会科学版）2010年第6期；宋志芹：《试论俄罗斯与乌兹别克斯坦的能源合作》，《俄罗斯研究》2014年第2期；毕洪业：《俄罗斯与美欧在阿塞拜疆油气管线上的争夺及前景》，《国际石油经济》2014年第1—2期。

[3] 崔宏伟：《中俄欧在中亚的能源竞合关系——地缘政治与相互依赖的制约》，《国际关系研究》2014年第2期。

[4] 杨玲：《新世纪俄罗斯里海地区能源外交述评》，《国际政治研究》2011年第4期。

[5] 周凡：《俄欧能源：冲突还是合作》，《俄罗斯研究》2007年第1期；陈新明：《俄罗斯对欧盟能源政策的立场分析》，《俄罗斯东欧中亚研究》2016年第6期；程春华：《俄罗斯与欧盟能源冲突的应对机制》，《中国社会科学院研究生院学报》2012年第2期。

准入和控制上游资源是俄罗斯能源政治的核心利益。[①]

此外,一些学者还从国家—市场关系角度分析俄罗斯能源企业对其能源政治演变的影响。[②] 袁新华认为,俄罗斯大型油气公司通过"直接外交"、伴随首脑外交、游说活动和间接谏言等途径参与并影响国家的对外能源政策,同时,在寻求国家能源外交支持的基础上推行自身外交政策。[③] 张昕认为,能源企业作为能源外交的执行者,与俄罗斯国家之间存在着多重利益冲突;俄罗斯"能源帝国"和"能源超级大国"的命题高估了俄罗斯在国际能源市场的市场权力和俄罗斯政府对能源产业的控制力。[④] 刘乾等指出,俄罗斯天然气行业的国内管理与对外合作紧密相关,俄罗斯对于天然气资源、管道和市场的垄断能力决定天然气作为俄罗斯政治武器的威力。[⑤]

还有学者从建构主义的认知角度考察俄罗斯能源政治演变的动因。在俄欧能源关系方面,李扬认为,乌克兰危机爆发以来,俄欧政府对双边能源关系认知的偏差导致俄欧能源关系变得艰难而复杂,其中,俄欧双方对能源关系整合、自由化和多元化的理解各不相同。[⑥] 王铁军指出,缺少制度约束和互信缺失严重影响俄欧油气合作的正常发展;而欧盟与俄罗斯对主权和建国理念的不同理解、老欧洲与新欧洲的内部差别也对欧俄的互信发挥着影响作用。[⑦] 王铁军还通过梳理1991年至今的中俄合作历程发现,当俄罗斯对其国际地位满意时,不论政府权力是否充沛,其对华能源合作意愿都不强烈;当其对国际地位不满且政府权力不足时,即使有着强烈的

[①] 高淑琴、[英] 彼得·邓肯:《欧盟与俄罗斯的能源博弈:能源垄断、市场自由化与能源多边治理》,《世界经济研究》2014年第2期。

[②] 于春苓:《俄罗斯能源外交政策研究》,中国社会科学出版社2012年版;刘锋、朱显平:《俄罗斯能源企业"走出去"发展战略与中俄合作》,《东北亚论坛》2013年第5期;涂志明:《市场力量与俄欧能源关系》,《世界经济与政治论坛》2013年第6期;张梦秋、王栋:《天然气合作背后的中俄关系模式探析》,《国际展望》2016年第6期。

[③] 袁新华:《俄罗斯的能源战略与外交》,上海人民出版社2007年版,第160—222页。

[④] 张昕:《"能源帝国"、"能源超级大国"和"能源外交"的迷思》,《俄罗斯研究》2013年第6期。

[⑤] 刘乾等:《俄罗斯天然气:内部管理体制改革与对外合作战略转型》,《俄罗斯研究》2015年第5期。

[⑥] 李扬:《乌克兰危机下俄欧能源关系与能源合作:基础、挑战与前景》,《俄罗斯东欧中亚研究》2015年第5期。

[⑦] 王铁军:《论欧盟—俄罗斯油气关系中的合作与互信》,《俄罗斯学刊》2013年第4期。

对华能源合作意愿，实际结果也会非常有限。①

美国能源外交行为亦是影响俄罗斯能源政治的重要变量。特别是页岩革命后美国能源角色转变引发的"系统效应"使国内学界越发重视美国影响因素的作用。② 冷战以后，美国处于"一超"独大地位，其能源政治具有为美国霸权服务的目的。在美国看来，稳定的俄欧能源关系不利于跨大西洋伙伴关系的发展。③ 富景筠发现，页岩气革命引发的世界能源市场结构性变化正在改变主要行为体之间的利益关系和行为模式；页岩气的迅猛发展以及全球液化气贸易的大幅增加，使得美国成功在俄欧传统能源关系中打入楔子。④ 徐洪峰和王海燕发现，乌克兰危机后美欧对俄罗斯能源制裁的激化为中俄加强双边油气合作提供机遇，为两国间的战略协作伙伴关系注入更多的实质性内容。⑤

四 本书的研究方法及主要内容

本书主要采用国际政治经济学的理论与方法，结合能源地缘政治学、博弈论和新区域主义的研究范式和分析方法，跨学科、多视角考察俄罗斯能源政治演变的逻辑脉络和内在机制。

俄罗斯横跨欧亚大陆的地缘特征决定了其能源政治的地理多维性，而俄罗斯在欧洲、后苏联空间和东北亚等维度上的能源政治具有明显的互动关系。同时，世界能源市场层面的结构性变化影响到国际体系中能源权力结构的演变。而全球能源体系变革和地缘政治冲击引发俄罗斯在不同地区能源市场维度上的角色互动。本书力求回答以下问题：美国页岩气革命对俄罗斯在世界能源体系中的结构性权力将产生怎样的影响？市场与权力互动如何促使俄罗斯能源政治在不同维度上的演变？国家—市场关系如何向

---

① 王铁军：《体系认知、政府权力与中俄能源合作——来自新古典现实主义的视角》，《当代亚太》2015 年第 2 期。
② 王四海、闵游：《"页岩气革命"与俄罗斯油气战略重心东移》，《俄罗斯中亚东欧市场》2013 年第 6 期。
③ 涂志明：《俄欧能源关系中的美国因素》，《世界地理研究》2014 年第 4 期。
④ 富景筠：《页岩革命与美国的能源新权力》，《东北亚论坛》2019 年第 2 期。
⑤ 徐洪峰、王海燕：《乌克兰危机背景下美欧对俄罗斯的能源制裁》，《美国研究》2015 年第 3 期；徐洪峰：《普京第三任期以来中俄能源合作新进展及潜在障碍》，《俄罗斯东欧中亚研究》2016 年第 6 期。

外延伸并引发俄罗斯对外能源行为的扩张与收缩?

本书采用的主要研究方法包括以下几个方面。

一是国际政治经济学中市场与权力的互动分析。能源既具有商品属性,也具有强烈的政治属性。市场供求结构决定着国家间的权力结构,而权力结构的变动反过来会改变市场供求结构。[1] 从这一角度看,一国能源权力的强弱不可避免地受到全球能源体系变革的影响,而国际体系中能源权力结构的演变很大程度上源于世界能源市场层面的结构性变化。美国能源角色转变对传统油气出口国俄罗斯的巨大冲击、中国取代美国成为世界最大石油进口国,正在实质性地改变国际能源领域的均衡态势,由此促使全球能源体系权力结构的变化。

二是能源地缘政治学的研究方法。地缘政治作为一种研究国际关系的方法,着重考察地理位置对国家之间关系的影响。能源地缘政治学则是能源和地缘政治学相结合产生的一种理论学说。能源资源地理分布的不均衡,能源生产国和消费国在地理上的分离,形成了能源地缘政治。能源地缘政治学的核心议题是阐释国家在地理空间的能源权力关系。一国为保障能源安全通常会运用其权力来实现对国际能源体系的影响和控制,进而形成有利于自己的国际或地区能源格局。能源地缘政治的主要目标是通过对国际能源体系的影响和控制来实现国家的能源安全。其中,影响能源供给和需求因素之间的相互作用,是能源地缘政治的重要内容。[2]

三是博弈论的研究方法。自20世纪50年代被引入国际政治研究领域后,博弈论已经成为国际关系的一种主要分析工具。博弈论的基本假设是,国家是统一的理性行为体,其目标是追求自身利益最大化。在油气市场的垂直供应链条下,生产国、过境国和消费国为实现自身地缘政治和经济利益的最大化展开博弈。因此,博弈论方法被用于研究国家行为体在能源博弈中的决策行为、这一行为对其他国家或经济体的可能影响以及后者的可能反应。油气过境路线布局直接关系到生产国与消费国能源博弈的权力分配。当管道通过第三国运输时,过境国会凭借过境运输的垄断地位寻求自身利益最大化。作为寻租者的过境国试图从油气贸易中攫取租金,它

---

[1] 管清友:《加入预期因素的多重均衡模型:市场结构与权力结构——国际市场油价波动的政治经济学分析》,《世界经济与政治》2007年第1期,第71页。

[2] Melvin A. Conant and Fern Racine Racine Gold, *The Geopolitics of Energy*, Colorado: Westview Press, 1978, pp. 4 – 5.

的寻租行为构成生产国和消费国之间油气贸易的外部性。

四是新区域主义的研究方法。自20世纪90年代以来，多边主义进程受阻促使大国转向区域主义，全球区域合作呈现出大国主动推进的发展趋势。通过区分国家规模和引入非经济目标，新区域主义对大国区域合作战略的利益目标分析已不再局限于传统经济一体化的贸易收益，而是更趋多元化和多层次。由于某一地区的一体化进程必然受到其他地区相关进程的影响，考察大国区域合作战略的演进机制时，我们还需要关注不同地区一体化进程之间的互动关系。特别是，当大国的区域合作战略本身与不同的一体化地区密切相关时，不同维度区域合作战略之间的互动关系自然就构成了该国整体区域合作战略演进的关键因素。

本书主体部分共由六章构成。以下，拟分别述之。

新区域主义已成为地区性大国增强自身经济和政治实力的核心战略。俄罗斯区域合作战略的演变既是其对全球区域一体化趋势及世界经济格局调整做出的政策应对，也是基于国家利益视角重新审视自己传统对外政策的结果。第一章"俄罗斯的区域合作战略"首先评述了新区域主义视角下的大国区域合作战略研究，然后分别考察俄罗斯在欧洲、后苏联空间和亚太地区的区域合作战略以及不同维度区域合作战略之间的互动关系。一方面，融入欧洲一体化与整合后苏联空间之间的冲突与矛盾始终是俄罗斯欧洲维度区域合作战略演变的重要内容。另一方面，俄罗斯在欧洲面临的一体化困境及亚太经济的迅速增长促使其在亚太维度拓展区域合作空间。利用横跨欧亚大陆的地缘优势改善自己在欧洲和亚太维度的区域合作环境是俄罗斯推进区域合作战略的核心目标。

结构性权力理论是国际政治经济学的重要分析视角。世界能源体系中一国的结构性权力，主要包括与产量和出口有关的生产结构、与管道运输有关的安全结构以及与定价机制有关的金融结构。第二章"俄罗斯在世界能源体系中的结构性权力"即从上述三个方面分别考察世界能源体系中俄罗斯的结构性权力，特别是分析美国页岩气革命和乌克兰危机等市场和地缘政治冲击下俄罗斯结构性权力的动态变化。从世界能源体系的生产、安全和金融结构上看，俄罗斯的结构性权力具有明显的不均衡性。尽管俄罗斯在生产体系和管道政治中占据重要地位，但它始终是全球能源定价机制中的价格接受者和"石油—美元"体系下的规则接受者。页岩气革命后，非常规油气的迅猛发展引发了全球能源市场的深刻变革，这极大地削弱了传统油气出口国俄罗斯的市场地位。无论在欧洲还是在中亚—里海的生产体系或管道政治博弈中，俄罗斯的结构性权力均遭到不同程度的侵蚀。东北亚成为俄罗斯管道政治权力的唯一增量。以能源为纽带加强与该地区进口国的合作，无疑是俄罗斯走出欧洲能源地缘政治困境的重要出路。

苏联解体后，欧洲天然气市场结构从生产国与消费国的二元博弈变成了生产国、消费国与过境国的三元博弈。俄罗斯、欧盟与主要过境国乌克兰之间的能源关系构成欧洲地缘政治博弈的重要内容，而各方在欧洲天然气市场上的角色和地位决定了其在权力结构中的讨价还价能力。第三章"俄罗斯与欧洲能源政治"试图构建基于天然气商品与地缘政治双重属性的俄欧能源关系分析框架；在全球能源体系及欧洲地缘政治体系变迁的背景下，将页岩气革命和乌克兰危机作为市场层面和地缘政治层面的变量纳入对欧洲天然气市场与权力结构演变的动态分析。此外，天然气定价权博弈也是俄欧能源关系的重要组成部分。俄欧天然气贸易争端主要在于，是延续油气挂钩，还是采用竞争性枢纽模式的天然气定价机制。这也正是俄欧围绕天然气定价权博弈的集中表现。作为世界最大天然气贸易伙伴，俄欧天然气定价权博弈及能源权力转移对于当前全球天然气地缘政治演变具有关键性影响。相对于世界能源卖方市场条件下能源生产国的"破坏性权力"，能源需求权力有必要成为新兴能源需求大国谋求天然气定价权、参与全球能源治理的话语权基础。

中亚—里海地区被称作世界能源供应的心脏地带。中亚国家是内陆国，里海没有直接出海口。这一独特的地理特征决定了争夺管道运输权成为重塑该地区地缘政治的战略工具。第四章"后苏联空间的能源政治"首先从控制油气资源生产与管道运输通道两个方面考察大国在中亚—里海地区的地缘政治博弈。俄罗斯竭力通过参与能源开发和控制管道出口维持自己在该地区的传统影响力。欧美国家则力求使中亚—里海与世界市场连接，防止该地区出现一国垄断的局面。随着中国超过美国成为世界最大石油进口国，中亚—里海地区在中国构建能源供应安全体系中的地位越发凸显。此外，能源市场自由化和一体化是俄罗斯整合后苏联空间面临的重要敏感问题。本章还着重考察欧亚经济联盟共同能源市场的理念与实践、构建基础与发展前景，尤其是分析联盟内部的能源相互依赖以及有关共同能源市场的利益分歧，这对于推进丝绸之路经济带与欧亚经济联盟的能源合作无疑具有重要意义。

东北亚是世界上经济发展和能源需求增长最快，同时也是地缘政治形势最为复杂的地区之一。由于全球能源体系变革及欧洲地缘政治危机的双重影响，东北亚天然气格局正处于关键的调整期。第五章"俄罗斯与东北亚能源政治"在回顾东北亚地区经济关系演变的基础上，构建俄罗斯与东北亚能源关系演变的"双层博弈"框架，即在强调俄罗斯国内政治行为对地区能源关系影响的同时，考察东北亚能源市场上各方利益博弈对俄罗斯能源政策实施的作用。显然，有关俄罗斯与东北亚能源关系演变的研究，不仅涉及俄罗斯国内政治层面的国家—企业关系演进，而且还包括由全球能源体系变革和地缘政治冲击引发的俄罗斯在不同地区能源市场维度上的角色互动。

页岩气革命后，美国能源角色的转变引发世界能源市场与地缘政治的"系统效应"。页岩气革命不仅将世界霸主美国推上全球最大能源生产国宝座，而且正在撼动传统油气市场的博弈规则，进而改变全球能源地缘政治格局。第六章"页岩气革命对俄罗斯的地缘政治影响"首先分析页岩气革命对美国能源地位的重塑，在考察美国新油权与新气权的基础上，着重探讨美国利用能源新权力对俄罗斯的地缘政治影响。世界石油市场的分散化与多元性使得石油本身的重要性降低，这将导致地缘政治平衡发生结构性变革。页岩气的勃兴阻止了任何新的生产者卡特尔的崛起，并将重新改写天然气地缘政治。此外，能源制裁越来越被特朗普政府用作打击对手、实现自身地缘政治利益和对外政策目标的工具。美国积极推进液化气出口遏制俄罗斯在欧洲的传统能源权力，打造更为紧密的美欧伙伴关系，利用能源角色转变的外交效应增加自己干预欧洲事务杠杆。同时，美国油气出口对于中俄能源关系的发展也将具有深远影响。构建与包括美国在内的全球主要油气行为体的新型合作关系，应成为中国能源安全战略的重要内容。

第一章 俄罗斯的区域合作战略

冷战后出现的新区域主义对全球范围内的一体化进程产生了深远影响。无论在欧洲、北美还是亚太的一体化进程中，地区性大国的区域合作战略均构成该地区合作机制演进的重要变量。地区性大国联手区内国家不但能增强其解决区内问题的能力，而且有助于提升其在全球规则谈判中的讨价还价能力。显然，新区域主义已成为地区性大国增强自身经济和政治实力的核心战略。[1]

俄罗斯横跨欧亚大陆的地缘特征决定其区域合作战略的多维性。一是融入相对成熟的欧洲一体化进程。二是整合后苏联空间、构建欧亚联盟。三是参与亚太地区，尤其是正在勃兴的东亚合作进程。俄罗斯任一维度区域合作战略的演变与不同维度下地区一体化进程的互动关系密不可分。而多维互动视角下的俄罗斯区域合作战略分析不但有助于拓展大国区域合作战略的研究范式，而且对于探讨中俄两国在地区合作中的利益交叉具有积极意义。

第一节 新区域主义视角下的大国区域合作战略研究

自20世纪90年代以来，多边主义进程受阻促使大国对区域主义的转向，全球区域合作越发呈现出大国主动推进的发展趋势。分析大国推进区

---

[1] [美]罗伯特·吉尔平：《全球政治经济学：解读国际经济秩序》，杨宇光、杨炯译，上海世纪出版集团2006年版，第324—325页。

域合作的利益目标自然成为新区域主义的重要研究方向。[①] 通过区分国家规模和引入非经济目标，新区域主义对大国区域合作战略的利益目标分析已不再局限于传统经济一体化的贸易收益，[②] 而是更趋多元化和多层次。

非传统收益理论为构建大国区域合作战略的分析框架提供了重要视角。该理论由拉科尔·费尔南德斯（Raquel Fernandez）和乔纳森·波特斯（Jonathan Portes）首先提出。他们认为，区域一体化协定不仅能带来贸易创造、贸易条件改善、规模经济和竞争加剧、刺激国内外投资等传统收益，而且具有提高可信度、信号传递、增强讨价还价能力、提供"保险"和政策协调等一系列非传统收益。[③] 莫里斯·斯科夫（Maurice Schiff）和阿兰·温特斯（Alan Winters）进一步指出地区一体化与安全之间的相关性，并认为区域一体化协定的外部效应是通过增进互信、降低冲突可能性来改善成员国的安全。[④] 开罗·佩罗尼（Carlo Perroni）和约翰·瓦利（John Whalley）认为，由于小国在国际贸易中的谈判和报复能力较弱，为进入大国市场和防范贸易战，小国通过对大国进行非贸易领域的单方支付获得保险安排。而大国获得的非贸易收益包括限制小国国内政策、加强知识产权保护力度及获取对国有资源使用费安排的保证。[⑤] 瓦利进一步证明了小国对大国的单边支付表现为确立有利于大国的国内政策目标，同时指出了签订贸易协定与加强安全安排之间的相关性。[⑥] 李向阳主要关注政治因素在大国做出区域经济合作决策中的地位。他认为，由于全球化时代经

[①] Norman D. Palmer, *The New Regionalism in Asia and the Pacific*, Masachusetts/Toronto: Lexington Books, 1991, pp. 157 - 173; Sapir Andre, "Regionalism and the New Theory of International Trade", *The World Economy*, Vol. 16, Issue 4, 1993, pp. 423 - 438; Wilfred J. Ethier, "Regionalism in a Multilateral World", *Journal of Political Economy*, Vol. 106, Issue 6, 1998, pp. 1214 - 1245; Stephen M. Wheeler, "The New Regionalism: Key Characteristics of An Emerging Movement", *Journal of the American Planning Association*, Vol. 68, No. 3, 2002, pp. 267 - 278.

[②] 传统经济一体化理论是以雅各布·瓦伊纳（Jacob Viner）的关税同盟理论为基础的。关税同盟理论对资源配置效应的分析基于"贸易创造"和"贸易转向"两种影响。（［英］彼得·罗布森：《国际一体化经济学》，戴炳然等译，上海译文出版社2001年版，第18页。）

[③] Raquel Fernandez and Jonathan Portes, "Returns to Regionalism: An Analysis of Non-Traditional Gains from Regional Trade Agreement", *The World Bank Economic Review*, Vol. 12, No. 2, 1998, p. 197.

[④] Maurice Schiff and Alan Winters, "Regional Integration as Diplomacy", *The World Bank Economic Review*, Vol. 12, No. 2, 1998, p. 271.

[⑤] Carlo Perroni and John Whalley, "The New Regionalism: Trade Liberalization or Insurance?", *NBER Working Paper*, No. 4626, 1994, p. 1.

[⑥] John Whally, "Why Do Countries Seek Regional Trade Agreements", *NBER Working Paper*, No. 5552, 1996, p. 18.

济因素与非经济因素的相互交织，政治考虑常常是大国推动区域贸易协定的前提条件和主要动机，其结果是区域贸易协定中出现越来越多的政治条款。①

随着公共产品理论被引入国际关系领域，许多学者开始从区域公共产品供给与区域合作主导权间的关系角度来探讨大国推进区域合作的动机。华特·马特里（Walter Mattli）认为，主导国的存在是实现区域一体化的重要供给因素；作为协调规则和政策的"焦点"（focal point），主导国能缓解因一体化收益分配不公产生的紧张局势。② 在樊勇明看来，由于区域性国际公共产品的优势在于涵盖范围较小、避免全球性国际公共产品中普遍存在的"免费搭车"现象，地区性大国的需求可以通过区域性国际公共产品的供给得到反映。③ 王玉主探讨了区域公共产品供给的条件性、约束性和可分割性，并认为，与其相关联的区域合作主导权也具有类似特点。④ 庞珣认为，大国因实力强大对合作成本的敏感程度较低，它作为国际公共产品合作的关键群体领导着国际合作。⑤

新区域主义中的"轮轴—辐条"结构理论是分析大国区域合作战略的又一重要视角。大国因其经济实力和影响力较易成为轮轴国，并借此获取"轮轴—辐条"体系下的不对称收益。卡斯坦·科瓦尔齐克（Carsten Kowalczyk）和罗纳德·沃纳科特（Ronald Wonnacott）以北美地区为例比较了一国参与"轮轴—辐条"体系和自由贸易区的福利影响，并发现，"轮轴—辐条"体系下辐条国的福利降低、轮轴国的福利增加。⑥ 椋宽（Hiroshi Mukunoki）和馆健太郎（Kentaro Tachi）通过分析"轮轴—辐条"体系的动态效应，发现该体系下的成员国具有与局外者签署双边自贸协定

---

① 李向阳：《新区域主义与大国战略》，《国际经济评论》2003 年第 7—8 期，第 6 页。
② Walter Mattli, *The Logic of Regional Integration: Europe and Beyond*, New York: Cambridge University Press, 1999, p. 42.
③ 樊勇明：《区域性国际公共产品——解析区域合作的另一个理论视角》，《世界经济与政治》2008 年第 1 期，第 12 页。
④ 王玉主：《区域公共产品供给与东亚合作主导权问题的超越》，《当代亚太》2011 年第 6 期，第 76 页。
⑤ 庞珣：《国际公共产品中集体行动困境的克服》，《世界经济与政治》2012 年第 7 期，第 42 页。
⑥ Carsten Kowalczyk and Ronald J. Wonnacott, "Hubs and Spokes, and Free Trade in the Americas", *NBER Working Paper*, No. 4198, 1992, p. 3.

的动机，特别是辐条国具有签署"轮轴—辐条"协定的动机。[1] 戈登·汉森（Gordon Hanson）指出，一国一旦成为轮轴国，就会形成所谓的"自我强化过程"（self-reinforcing process）并进一步巩固其轮轴国地位。[2] 东艳认为，"轮轴—辐条"体系下的利益分配明显不均衡，而轮轴国不断扩张的动力和外部国家加入该体系的动力使"轮轴—辐条"体系中辐条国数量不断扩张，利益日益向轮轴国转移。[3] 理查德·鲍德温（Richard Baldwin）认为，"轮轴—辐条"体系倾向于使辐条国在经济和政治上被边缘化，但同时却给予轮轴国更多的杠杆作用。他指出，东亚存在中国和日本两个天然的轮轴国，因此，该地区最有可能形成中国—日本双轮轴的"自行车体系"。[4]

由于地区性大国之间的竞争日益转变为不同区域合作组织之间的竞争，许多学者将研究视角从地区层面扩展到全球层面，探讨了地区性大国获取区域合作的区域外收益。瓦利认为，通过地区性协议影响多边谈判的策略考虑是大国寻求区域贸易协定谈判的动机之一。其中，大国首先与若干小国依次谈判比同时启动多边谈判获得的收益更大。[5] 克拉格·凡格拉斯特克（Craig Van Grasstek）将地区性大国把区域内规则转化为多边贸易规则的过程称为"序贯谈判"（sequential negotiation），并认为，这是大国利用区域贸易协定影响全球经济规则的主要手段。[6] 李向阳认为，由于自贸区最直接的影响是扩大一国的市场规模，当大国掌握了自贸区的主导权后，它便不仅获得了区域合作的内部收益，而且增加了自己在多边贸易谈判中的筹码，进而获得制定国际经济规则的主导权。[7] 马述忠和刘文军以

---

[1] Hiroshi Mukunoki and Kentaro Tachi, "Multilaterism and Hub-and-Spoke Bilateralism", *Review of International Economics*, Vol. 14, No. 4, 2006, p. 659.

[2] Gordon H. Hanson, "Market Potential, Increasing Returns, and Geographic Concentration", *NBER Working Paper*, No. 6429, 1998, pp. 1–34.

[3] 东艳：《区域经济一体化新模式——"轮轴—辐条"双边主义的理论与实证分析》，《财经研究》2006年第9期，第17页。

[4] Richard E. Baldwin, "The Spoke Trap: Hub and Spoke Bilateralism in East Asia", *KIEP CNAEC Research Series* 04–02, 2004, p. 10.

[5] John Whally, "Why Do Countries Seek Regional Trade Agreements", *NBER Working Paper*, No. 5552, 1996, pp. 1, 33.

[6] Craig Van Grasstek, "US Plan for a New WTO Round: Negotiating More Agreements with Less Authority", *The World Economy*, Vol. 23, Issue 5, 2000, p. 686.

[7] 李向阳：《新区域主义与大国战略》，《国际经济评论》2003年第7—8期，第7—8页。

古诺均衡为基础构建理论模型,进一步论证了大国积极筹建双边自贸区是为了在将来的多边谈判中更有话语权。①

综上可见,关于新区域主义视角下的大国区域合作战略,学界目前主要从两个层面展开研究。一是着眼于区域内的力量博弈,其中包括非传统收益、地区性公共产品供给与主导权、"轮轴—辐条"体系下的不对称收益等。二是将研究视角从地区层面扩展到全球层面,探讨地区性大国通过区域合作影响国际规则的形成机理,这里,地区主义本身已然构成了通向多边主义的制度变迁过程。实际上,由于某一地区的一体化进程必然受到其他地区相关进程的影响,② 考察大国区域合作战略的演进机制时,我们还需要关注不同一体化地区之间的互动关系。特别是,当大国的区域合作战略本身与不同的一体化地区密切相关时,不同维度区域合作战略之间的互动关系自然就构成了该国整体区域合作战略演进的关键因素。

因其特殊的地缘特征,横跨欧亚大陆的俄罗斯为有关大国区域合作战略的多维互动分析提供了不可多得的研究案例。一方面,融入欧洲一体化与整合后苏联空间之间的冲突与矛盾始终是俄罗斯欧洲维度区域合作战略演变的重要内容。另一方面,俄罗斯在欧洲面临的一体化困境及亚太经济的迅速增长促使其在亚太维度拓展区域合作空间。利用横跨欧亚大陆的地缘优势改善自己在欧洲和亚太维度的区域合作环境是俄罗斯推进区域合作战略的核心目标。

第二节 "融入欧洲"与整合后苏联空间:冲突与矛盾

由于全球多边贸易自由化进程受阻,区域经济集团化趋势日趋加强。日益盛行的地区主义给游离其外的俄罗斯造成了很大压力。③ 从传统意义上讲,俄罗斯一直将自己定位为欧洲国家。可以说,回归欧洲始终是俄罗

---

① 马述忠、刘文军:《双边自由贸易区热的政治经济学分析——一个新区域主义视角》,《世界经济研究》2007 年第 10 期,第 48 页。
② Björn Hettne, "The New Regionalism: A Prologue", in Björn Hettne, András Inotai and Osvaldo Sunkel, eds., *Globalism and the New Regionalism*, London: Macmillan Press Ltd., 1999, p. xxii.
③ М. Потапов, "Куда Идет Экономическая Интеграция в Восточной Азии?", *Мировая Экономика и Международные Отношения*, № 9, 2006, с. 73.

斯的梦想。然而，俄罗斯融入欧洲一体化的进程却充满挫折、不容乐观。与此同时，俄罗斯通过整合后苏联空间力求在传统势力范围内构建自己主导的地区集团。事实上，正是欧洲一体化的局外者与后苏联空间一体化的主导者这一双重身份构成了俄罗斯欧洲维度区域合作战略演变的内在动因。

一 俄罗斯作为欧洲一体化的局外者

欧盟是当今世界一体化程度最高的地区性组织，也是俄罗斯重要的战略伙伴。苏联解体之初，为了获取西方的政治支持和经济援助，俄罗斯奉行亲西方的大西洋主义外交政策。该政策的鲜明特点是回归欧洲，在共同价值的基础上建立俄罗斯与欧洲的新型国家关系。进入21世纪，俄罗斯将欧盟视为最重要的政治和经济伙伴之一，并寻求与其发展全面、稳定和长期的合作关系。[1] 在政治方面，俄罗斯与欧盟在1994年签署的《俄欧伙伴关系与合作协议》基础上继续巩固和发展战略伙伴关系。在经济领域，双方积极推进"统一经济空间"计划并开展能源对话。目前，俄罗斯已成为欧盟最大的原油、天然气、煤炭和铀供应国，而欧盟则是俄罗斯最大的贸易伙伴和最重要的外资来源。[2]

尽管俄罗斯与欧盟经济上的相互依赖不断加深，但俄罗斯加入欧盟的愿望却未能得到后者的积极回应。[3] 在融入欧洲一体化方面，俄罗斯面临着两个不可克服的困境。一是俄罗斯无法达到欧盟设定的软硬标准。二是俄罗斯本身的国家规模令欧盟无法容纳。一旦建立了全欧统一空间，俄罗斯就会占据重要一席，而这是欧盟所无法接受的。[4] 然而，在将俄罗斯排除在外的同时，欧盟开始与原属俄罗斯势力范围的中东欧国家启动入盟谈判。2004年，包括八个中东欧国家在内的十国入盟，这被称为欧盟历史上

---

[1] "Концепция Внешней Политики Российской Федерации", *Независимая Газета*, 11 июля 2000.

[2] 2012年，俄罗斯对欧盟贸易占其外贸总额的份额为49%。（Федеральная Таможенная Служба, *Экспорт-Импорт России Важнейших Товаров За январь-декабрь 2012 года*, 2013.）

[3] 马风书：《融入欧洲：欧盟东扩与俄罗斯的欧洲战略》，《欧洲研究》2003年第2期，第54页。

[4] 邢广程：《俄罗斯的欧洲情结和西进战略》，《欧洲研究》2011年第5期，第3页。

前所未有的"爆炸式扩大"。① 2007年，罗马尼亚和保加利亚正式入盟。由此，欧盟成为横跨东西欧27个国家的超国家机构。

从传统意义上讲，俄罗斯一直将自己定位为欧洲国家。出于地缘政治和经济发展的需要，俄罗斯高度重视与欧洲各国发展合作关系。② 可以说，回归欧洲始终是俄罗斯的梦想。③ 但融入欧洲一体化的进程却是缓慢而充满挫折的。苏联解体后，为了获取西方的政治支持和经济援助，俄罗斯将西方制度和价值观作为其改革方向和发展目标，奉行避免对抗、谋求合作的对欧政策。然而，西方并未按照承诺提供大规模援助，甚至一些援助还附加苛刻条件。其结果是俄罗斯的经济形势未见好转，政治地位一落千丈。

与此同时，西方国家加紧了对俄罗斯传统势力范围的渗透和瓦解。北约和欧盟的强劲东扩严重挤压了俄罗斯的传统战略空间。美国通过"大中亚计划"引导该地区走向"去俄化"、亲西方的发展道路。俄罗斯面临着地缘政治上被孤立、国际地位被削弱的现实威胁。

中东欧国家的入盟意味着欧盟关税和贸易政策的延伸，这使得俄罗斯作为欧盟局外者的经济损失增大。一方面，东扩后的欧盟因市场规模扩大和关税取消对成员国产生贸易创造效应，但却对区域外国家俄罗斯造成了巨大的贸易转移。另一方面，入盟的中东欧国家将采用欧盟的标准和认证程序，并对俄罗斯实行欧盟的进口配额、反倾销和高标准商检等限制，④ 这自然提高了俄罗斯对这些国家的市场准入门槛。

同时，失去昔日盟友的俄罗斯与东扩后的欧盟形成了真正的"零距离"接触，由此，欧盟便拥有了影响独联体国家的新杠杆。作为《欧洲邻国政策》（ENP）的继承和发展，2009年，欧盟与欧亚六国（它们是亚美尼亚、阿塞拜疆、白俄罗斯、格鲁吉亚、摩尔多瓦和乌克兰）签署了《东

---

① 金玲：《欧盟东扩对共同外交与安全政策内部决策环境的影响》，《欧洲研究》2007年第2期，第78页。

② 欧盟是世界上最大的区域经济一体化组织，拥有雄厚的资金和先进的技术，产业和技术的地区转移潜力巨大。俄罗斯与欧洲国家发展经贸关系具有地缘上得天独厚的优势，而且二者的经济互补性很强。目前，欧盟已成为俄罗斯第一大贸易伙伴。俄罗斯绝大多数的进出口贸易是与欧盟进行的，俄罗斯的技术和资金也主要来自欧盟国家。

③ 邢广程：《俄罗斯的欧洲情结和西进战略》，《欧洲研究》2011年第5期，第1页。

④ 徐之明、王正泉：《中东欧国家加入欧盟对俄罗斯的不利影响》，《东北亚论坛》2006年第1期，第90页。

部伙伴关系宣言》(EaP),旨在鼓励伙伴国与欧盟发展经济一体化,并最终与欧盟形成经济共同体。① 由此可见,欧盟的强劲东扩严重挤压了俄罗斯的传统战略空间,并导致二者力量的此消彼长。

二 俄罗斯作为后苏联空间一体化的主导者

为了加强自己在传统势力范围内的主导地位、避免被西方分化瓦解,俄罗斯首先调整对独联体的政策,从亲西方的单向政策转向"新欧亚主义"外交,通过加强该地区的一体化进程巩固了自己作为欧亚大国的基础。整合后苏联空间是俄罗斯区域合作战略的核心利益、恢复大国地位的基石。首先,独联体地区直接涉及俄罗斯的国家安全。北约和欧盟的东扩吸纳了许多中东欧国家,使俄罗斯经济政治安全受到空前威胁。独联体作为俄罗斯传统势力范围的最后安全屏障,势必成为俄罗斯力保的对象。其次,俄罗斯不满足于地区性大国身份,仍致力于恢复和巩固自己的大国地位并在国际事务中成为世界多极中的一极。② 而独联体地区则是俄罗斯走向世界、发挥大国作用的重要依托。③

进入 21 世纪,通过主导独联体一体化构筑欧亚大国支点的战略构想在俄罗斯对外政策中占据优先地位。整合分散的后苏联空间力量,最大限度地推动以俄罗斯为主导的区域一体化是俄罗斯一贯推行的方针政策。考虑到独联体各国政治经济发展水平的差异和原苏联地区不同层次、不同速度的一体化状况,俄罗斯在多边层面经营欧亚经济共同体、集体安全条约两个机制的同时,在双边层面有选择地加强与后苏联空间中具有影响力的国家间的关系。④ 具体来看,2000 年 10 月,俄、白、哈、吉、塔五国总统在阿斯塔纳签署了《关于建立欧亚经济共同体条约》。⑤ 欧亚经济共同体的成立标志着俄主导的原苏联地区一体化从自由贸易区、关税同盟迈向共同

---

① 徐刚:《欧盟"东部伙伴关系"计划评析》,《国际论坛》2010 年第 9 期,第 26—27 页。
② Olga Oliker, Keith Crane, Lowell H. Schwartz, and Catherine Yusupov, *Russian Foreign Policy: Sources and Implications*, Santa Monica: Rand Corporation, 2009, p. 116.
③ 李兴:《北约欧盟双东扩:俄罗斯不同政策及原因分析》,《俄罗斯中亚东欧研究》2005 年第 2 期。
④ 郑润宇:《海关同盟:俄哈促进的欧亚一体化的起点》,《国际经济评论》2011 年第 6 期,第 86 页。
⑤ 具体目标是全面实现自由贸易制度,保障资本自由流动,建立共同金融市场,制定统一商品和服务贸易规则及市场准入规则,形成共同运输服务市场和统一运输体系,建立共同能源市场、共同劳动市场、统一教育空间、法律空间等。

市场。乌克兰、摩尔多瓦和亚美尼亚随后取得观察员资格。2002 年 5 月，独联体集体安全条约理事会会议通过决议，将"独联体集体安全条约"改为"独联体集体安全条约组织"，当时其成员国包括俄罗斯、白俄罗斯、亚美尼亚、哈萨克斯坦、吉尔吉斯斯坦和塔吉克斯坦。同年 10 月，在摩尔多瓦举行独联体国家首脑会议期间，独联体集体安全条约组织成员国签署了该条约组织章程及有关该组织法律地位的协议。2006 年 1 月，俄罗斯与哈萨克斯坦签署了关于设立欧亚开发银行的协议，亚美尼亚（2009 年 4 月）、塔吉克斯坦（2009 年 6 月）、白俄罗斯（2010 年 6 月）、吉尔吉斯斯坦（2011 年 8 月）相继加入欧亚开发银行。2007 年，在欧亚经济共同体首脑峰会上，俄罗斯正式提议建立关税同盟并由超国家主权委员会进行管理，会议通过了俄白哈组建关税同盟的决定。① 同年 10 月，俄白哈三国签署了成立关税同盟委员会的协定和建立统一关境及建立关税同盟的协定，这表明三国在欧亚经济共同体框架内重启建立关税同盟的进程。②

2008 年全球金融危机后，共同保护内部市场免受外部商品冲击成为独联体国家的共同愿望。这也直接促使多年来毫无进展的关税同盟开始实质性运转。2008 年 12 月，在俄罗斯政府工作会议上，普京强调"在这个非常时期，俄罗斯应当成为后苏联空间经济稳定的主要担保方"；俄罗斯应加快建立新市场机制的步伐，并高度重视与白俄罗斯、哈萨克斯坦建立"欧亚空间名副其实的关税同盟"，使之成为克服全球金融危机的杠杆。2009 年，俄白哈三国签署了《关税同盟海关法典》，从 2010 年 1 月起正式实行统一关税税率、关税配额、优惠和特惠体系及对第三国禁止或限制进出口的商品清单。③ 在以俄白哈为轴心扩大关税同盟成员国的同时，俄罗斯也在进一步提升后苏联空间一体化的水平和层次。2011 年 11 月，俄白哈三国通过《欧亚经济一体化宣言》，并签署《欧亚经济委员会条约》及《欧亚经济委员会工作章程》。根据上述文件，统一经济空间从 2012 年 1 月 1 日开始生效并全面运作，而欧亚经济联盟则将在 2015 年前建立起来。

---

① 王厚双、王兴立：《俄罗斯区域经济一体化战略的调整及其前景分析》，《东北亚论坛》2006 年第 7 期，第 97 页。

② Договор о Таможенном Кодексе Таможенного Союза от 27 ноября 2009 г.

③ 在俄白哈关税同盟中，俄罗斯有 57% 的投票权，白俄罗斯和哈萨克斯坦均有 21.5% 的投票权。（В. Оболенский, "Россия в Таможенном Союзе и ВТО: Новое в Торговой Политике", *Мировая Экономика и Международные Отношения*, № 12, 2011, c. 23.）

届时，俄白哈三国不仅要实现商品、资本和劳动力的自由流动，而且将建立协调各成员国经济政策的超国家机构。按照普京总统的战略设计，欧亚经济联盟未来将与欧盟和亚太经合组织实现经济模式、规制和技术标准的深度一体化，① 同时与区域外大国建立平衡关系，即与其在具有共同利益方面进行合作，但不能容忍其插手地缘战略周边国家的事务。② 至此，俄罗斯主导的原苏联地区"统一经济空间"已粗具雏形。

在扩展关税同盟规模的同时，俄罗斯将后苏联空间的合作层次提升为统一经济空间，并确定了欧亚经济联盟的目标。2010年12月，欧亚经济共同体莫斯科元首峰会就如何在统一经济空间基础上建立欧亚联盟达成一致。2011年10月，普京撰文《欧亚新的一体化计划：未来诞生于今天》。③ 该文提出在原苏联地区建立欧亚联盟、把欧洲与亚太地区联系起来的设想。由此，勾画了从欧亚经济联盟迈向欧亚联盟的更高水平一体化的蓝图。具体来看，欧亚联盟的终极目标是除经济联盟外实现政治联盟和军事联盟；把欧亚联盟打造成当代多极世界中的一极，与欧盟、美国和中国共同主导全球的可持续发展；使欧亚联盟成为连接欧洲和亚太地区的有效纽带和坚实环节。④ 欧亚联盟是全球化背景下俄罗斯为自己勾勒的发展前景，是俄罗斯恢复大国地位、对盟国发挥影响的关键一步。⑤

尽管独联体地区一直被俄罗斯视为"战略缓冲区"和外交"最优先方向"，⑥ 但是，作为俄罗斯战略重点的独联体国家总体上经济实力较弱。⑦ 就经济规模而言，它既远远落后于欧盟和北美自贸区，又不可与崛起中的东亚相抗衡。再者，独联体本身一体化的进程更是困难重重。许多国家在资源、产业结构、外贸商品等方面具有很强的相似性。这导致它们在经济

---

① Vladimir Putin, "An Asia-Pacific Growth Agenda", *Wall Street Journal*, September 6, 2012.
② 李新：《俄罗斯经济现代化战略评析》，《俄罗斯中亚东欧研究》2011年第1期，第44页。
③ В. Путин, "Новый Интеграционный Проект для Евразии—Будущее, Которое Рождается Сегодня", *Известия*, 3 октября, 2011.
④ 李新：《普京欧亚联盟设想：背景、目标及其可能性》，《现代国际关系》2011年第11期，第7—8页。
⑤ 欧阳向英：《欧亚联盟——后苏联空间俄罗斯发展前景》，《俄罗斯中亚东欧研究》2012年第4期，第76页。
⑥ 王郦久：《试析俄罗斯外交政策调整》，《现代国际关系》2010年第12期，第34页。
⑦ 2009年，独联体国家的国内生产总值（以购买力平价计算）占世界国内生产总值的份额为4.26%。（IMF, *World Economic Outlook Database*, April 2011.）

上的竞争关系占主导地位,而互补关系则比较弱,很难形成高层次的区域经济集团。① 同时,独联体内部的分裂倾向也越发强烈。一些国家竭力减少对俄罗斯的经济依赖,积极转向美国和欧盟。②

综上可见,俄罗斯主导的后苏联空间一体化实际上沿循了从经济一体化过渡到政治共同体的欧洲传统一体化模式。俄白哈关税同盟的重启为俄罗斯开启了与欧洲(通过白俄罗斯)和亚洲(通过哈萨克斯坦)进行经济合作的广阔前景。③ 同时,以俄白哈三驾马车为核心不断推进统一经济空间向欧亚经济联盟、欧亚联盟的提升,已成为俄罗斯实现"欧亚强国"梦想的切实路径。④

三 "融入欧洲"与整合后苏联空间的冲突与矛盾

独联体地区一直被俄罗斯视为"战略缓冲区"和外交"最优先方向",⑤ 因此,整合后苏联空间是俄罗斯重塑欧亚大国地位的基石,属于俄罗斯区域合作战略的核心利益。一方面,欧盟东扩吸纳了范围广泛的中东欧国家,这导致俄罗斯经济政治安全遭受空前威胁。独联体作为俄罗斯传统势力范围的最后安全屏障,势必成为俄罗斯力保的对象。另一方面,俄罗斯不满足于地区性大国身份,仍致力于恢复和巩固自己的全球大国地位并在国际事务中成为多极世界中的一极。⑥ 而独联体地区则是俄罗斯走向世界、发挥大国作用的重要战略依托。⑦

然而,俄罗斯整合后苏联空间不可避免地与欧盟的进一步扩张产生利益冲突。其突出例证便是二者对乌克兰的争夺。作为欧盟和俄罗斯两大地

---

① 张弛:《独联体经济一体化问题的若干分析》,《俄罗斯中亚东欧研究》2005年第1期,第18—19页。

② 尽管俄罗斯竭力拉拢乌克兰加入由俄罗斯、白俄罗斯和哈萨克斯坦组成的关税同盟,但乌克兰仍将同欧洲一体化作为自己外交的优先发展方向。

③ П. Мозиас, "Экономическое Взаимодействие России и Китая: От Двустороннего Формата к Региональному", *Мировая Экономика и Международные Отношения*, № 11, 2011, с. 46.

④ 欧阳向英:《欧亚联盟——后苏联空间俄罗斯发展前景》,《俄罗斯中亚东欧研究》2012年第4期,第76页。

⑤ 王郦久:《试析俄罗斯外交政策调整》,《现代国际关系》2010年第12期,第34页。

⑥ Olga Oliker, Keith Crane, Lowell H. Schwartz, and Catherine Yusupov, *Russian Foreign Policy: Sources and Implications*, Santa Monica: Rand Corporation, 2009, p. 116.

⑦ С. Дорофеев, "Интересы России и США в Центральной Азии: Перспективы Возможного Сотрудничества", *Мировая Экономика и Международные Отношения*, № 2, 2011, с. 92.

缘政治经济体的共同邻国，乌克兰对俄罗斯统一后苏联空间及欧盟扩张均具有重要的战略意义。① 在俄罗斯方面，乌克兰是独联体内仅次于俄罗斯的第二大经济体，是俄罗斯实现欧亚联盟及独联体一体化的关键国家。正如布热津斯基所言："没有乌克兰，俄罗斯就不再是一个欧亚帝国。"② 而对于欧盟而言，乌克兰是具有地缘优势的欧洲国家，欧盟的长期目标是通过推行《欧洲邻国政策》和《东部伙伴关系计划》让乌克兰完全接受欧盟的价值标准，脱俄入欧。

显然，尽管欧盟是俄罗斯最大的贸易伙伴，俄罗斯又是欧盟最重要的能源供给国，二者经济上的相互依赖却无法弥合政治上的巨大分歧。③ 特别是欧洲一体化的扩张与俄罗斯维持独联体这一传统势力范围之间存在根本性冲突，而后者无疑是俄罗斯对外战略的重中之重。倘使推行一种平行路线，即与独联体国家构建优惠关系体系，同时寻求与欧盟之间的最优合作模式，那么，俄罗斯又将无法融入传统的欧洲一体化之中。④ 随着以俄白哈关税同盟和统一经济空间为基础的欧亚经济联盟逐步上升为欧亚联盟，俄罗斯整合后苏联空间与欧盟扩张之间的矛盾必将不断加深。⑤

第三节　欧亚经济联盟的历史演进

根据巴拉萨的一体化次序理论，经济一体化具有五种形式，即自由贸易区、关税同盟、共同市场、经济联盟和完全的经济一体化（包括货币、财政、社会和反周期政策的统一）。⑥ 欧亚经济联盟主要经历了四个发展阶段，具体包括苏联解体后俄白哈三国建立关税同盟的最初尝试、欧亚经济共同体框架下俄白哈关税同盟的重启、俄白哈从关税同盟向统一经济空间

---

① В. Пантин, В. Лапкин, "Внутри- и Внешнеполитические Факторы Интеграции Украины с Россией и ЕС", *Мировая Экономика и Международные Отношения*, № 11, 2012, с. 50.

② [美] 兹比格纽·布热津斯基：《大棋局：美国的首要地位及其地缘战略》，中国国际问题研究所译，上海人民出版社2007年版，第39页。

③ Dmitri Trenin, "Russia Leaves the West", *Foreign Affairs*, Vol. 85, No. 4, 2006, p. 87.

④ А. Байков, "'Интеграционные Маршруты' Западно-центральной Европы и Восточкой Азии", *Международные Процессы*, т. 5, № 3, 2007, с. 5.

⑤ Derek Averre, "Competing Rationalities: Russia, the EU and the 'Shared Neighbourhood'", *Europe-Asia Studies*, Vol. 61, No. 10, 2009, p. 1689.

⑥ Bela Balassa, *The Theory of Economic Integration*, Homewood: Richard D. Irwin, Inc., 1961, p. 2.

的提升、最终启动欧亚经济联盟。

一 俄白哈建立关税同盟的最初尝试

俄白哈关税同盟是在欧亚经济共同体基础上逐渐演变而成的。而欧亚经济共同体的前身则是1995年俄白哈三国组成的独联体关税同盟。1995年1月，白俄罗斯、哈萨克斯坦和俄罗斯建立了独联体关税同盟，吉尔吉斯斯坦和塔吉克斯坦分别于1996年3月和1998年11月加入。2000年10月，俄罗斯、白俄罗斯、哈萨克斯坦、吉尔吉斯斯坦和塔吉克斯坦五国签署了关于建立欧亚经济共同体的协议，由此取代了原来的关税同盟机制。

欧亚经济共同体成员国的初衷是建立共同的外部关税并协调非关税壁垒，然而这一机制并未超越自贸区水平。[①] 究其原因，成员国间的经济结构和发展水平存在巨大差异，这导致它们难以协调经济部门面对国际竞争的保护和开放意愿。因此，这一阶段后苏联空间一体化的相关协议实际上名存实亡。

2000年，普京执掌俄罗斯政权后开始了重振一体化尝试。2000年10月10日，白俄罗斯、哈萨克斯坦、吉尔吉斯斯坦、俄罗斯和塔吉克斯坦在阿斯塔纳签署了关于建立欧亚经济共同体的协议。该协议于2001年5月30日生效。尽管各成员国领导人每年齐聚峰会并签署了一些协议，这个新的一体化组织（后乌兹别克斯坦加入，亚美尼亚、摩尔多瓦和乌克兰拥有观察员地位）却从未运转起来。2003年9月，俄罗斯、乌克兰、白俄罗斯和哈萨克斯坦签署了统一经济空间协议。这四国是独联体中经济最发达、彼此间经济联系最密切的国家。统一经济空间不仅预期将实现共同市场内商品、服务、资本和劳动力的自由流动，而且将引入统一货币、协调贸易、财政、货币和信贷体系及汇率和金融政策。

然而，乌克兰在参与独联体一体化进程的同时也在积极融入欧洲一体化。它不愿使自己在独联体一体化框架下面临更多约束，因此避免统一经济空间进行超越自贸区水平的一体化合作。为此，乌克兰引入了保留条款，即统一经济空间不能与乌克兰融入欧盟的战略目标相抵触。其结果是

---

① Svetlana Glinkina, "Russian Ideas on Integration within the CIS Space: How Do They Match or Clash with EU Ideas?", Institute for World Economics of the Hungarian Academy of Sciences, *Working Paper*, No. 182, 2008, p. 6.

统一经济空间各成员国对地区贸易协议的发展方向具有不同的立场和看法。俄罗斯和白俄罗斯倾向于引入共同货币和形成关税同盟，而乌克兰则坚持建立没有例外和限制的自贸区。这些矛盾和分歧最终导致俄乌白哈的统一经济空间倡议归于失败。①

二 欧亚经济共同体框架下俄白哈关税同盟的重启

自 2007 年起，独联体内出现了新一轮的区域主义。由于由所有成员国参加的关税同盟收效甚微，欧亚经济共同体决定以不同速度和水平推进后苏联空间的一体化进程。2007 年 10 月，俄白哈三国宣布在欧亚经济共同体框架内建立关税同盟。三国达成关税同盟协议，并建立了关税同盟委员会作为唯一的常设监督机构。吉尔吉斯斯坦、塔吉克斯坦和乌兹别克斯坦将在各自准备好的情况下加入。

作为通向更高层次一体化的重要一步，2009 年 11 月，俄白哈三国元首签署了包括《关税同盟海关法典》②在内的 9 个文件，上述文件成为建立统一关境的法律基础。三国同意建立统一进口税率的关税同盟，这标志着俄白哈三国率先在欧亚经济共同体框架下正式成立关税同盟。

2010 年 1 月 1 日，俄白哈关税同盟开始正式启动，同年 7 月，《关税同盟海关法典》生效，关税同盟内的海关手续被取消。俄白、俄哈分别于 2010 年 7 月 1 日、2011 年 7 月 1 日取消了两国的边境海关。2011 年 7 月 1 日，俄白哈三国的统一关境正式形成，三国建立了共同的对外关税，其中包括通过针对第三国的共同贸易政策、取消同盟内的关税和非关税壁垒，进而实现同盟内商品的自由流动。俄白哈三国在关税同盟关税收入中的分配比例分别为 87.97%、4.7% 和 7.33%，俄罗斯占绝对主导地位。③ 继

---

① Н. Н. Шумский, "Единое Экономическое Пространство Беларуси, Казахстана, России и Украины: Проблемы и Перспективы", *Вопросы Экономики*, № 8, 2005, с. 114 – 123.

② 该法典是在 1973 年颁布的《关于简化和协调海关制度的国际公约》（1999 年 6 月 26 日修正）和世贸组织要求的基础上制定的。《关税同盟海关法典》和《统一关税法则》是关税同盟各成员国制定海关调节法的法律基础。《关税同盟海关法典》引入了商品清关便利化机制，减少了文件的等待时间和数量，取消了原产于关税同盟国家和第三国商品的海关清关。《统一关税法则》对俄白哈三国《对外经济贸易商品目录》做出统一的诠释与修改，同时确立了部分特殊商品的类型。

③ 这一比例的计算基础是来自第三国的进口总额（数据来源于 UN COMTRADE 数据库），平均有效进口关税的税率为 23.77%（该税率根据 2009 年俄罗斯进口数据估计得到）。关税收入以该国本币形式转入其特殊账户。（http://www.tsouz.ru/KTS/meeting_2010_03_25/Pages/R_199.aspx.）

2007年在欧亚经济共同体框架内重启关税同盟后，① 2009年，俄白哈三国签署了《关税同盟海关法典》，从2010年1月起正式实行统一关税税率、关税配额、优惠和特惠体系及对第三国禁止或限制进出口的商品清单。② 2011年7月，统一关税空间成立，这标志着关税同盟开始实际运行。至此，俄罗斯主导的原苏联地区"统一经济空间"已粗具雏形，它对该地区日后建立共同市场和统一货币空间起到了有力的促进作用。随着吉尔吉斯斯坦和塔吉克斯坦加入关税同盟谈判的积极开展，关税同盟即将扩大至整个欧亚经济共同体。③

三 从关税同盟向统一经济空间的提升

在以俄白哈为轴心扩大关税同盟成员国的同时，俄罗斯也在进一步提升后苏联空间一体化的水平和层次。2011年11月，俄白哈三国首脑签署了《欧亚经济一体化宣言》《欧亚经济委员会条约》及《欧亚经济委员会工作章程》，宣布在世贸组织原则和标准基础上开始一体化进程的新阶段，即创建"统一经济空间"。2012年1月1日，俄罗斯、白俄罗斯和哈萨克斯坦的统一经济空间正式启动，同时，超国家机构欧亚经济共同体跨国委员会也取代关税同盟委员会正式运行。④ 根据统一经济空间原则，成员国将实现除商品之外的资本、劳动力、技术和服务等的自由流动，构建包括交通和通信等统一的基础设施，协调税收、货币和信贷、外汇和金融、贸易和关税等方面的经济政策。⑤ 这意味着统一经济空间建成后，俄白哈将形成一个幅员广阔的共同市场，实现商品、劳动力、服务和资本在成员国

---

① 王厚双、王兴立：《俄罗斯区域经济一体化战略的调整及其前景分析》，《东北亚论坛》2006年第7期，第97页。

② 在俄白哈关税同盟中，俄罗斯有57%的投票权，白俄罗斯和哈萨克斯坦均有21.5%的投票权。（В. Оболенский, "Россия в Таможенном Союзе и ВТО: Новое в Торговой Политике", *Мировая Экономика и Международные Отношения*, № 12, 2011, с. 23.）

③ 李新：《普京欧亚联盟设想：背景、目标及其可能性》，《现代国际关系》2011年第11期，第7—8页。

④ 统一经济空间的最高权力机构是欧亚经济共同体跨国委员会。该委员会提出合作的战略方向，并对与一体化进程有关的争议问题具有决定权。目前统一经济空间的组织架构已初步完善，形成了由各国元首和政府首脑组成的欧亚最高经济理事会、由各成员国两名法官组成的欧亚经济共同体法院及执行机构欧亚经济委员会。

⑤ 目前统一经济空间已通过17项基础法律文件，涉及协调宏观经济政策、经济管理、统一竞争规则、农业扶持、石油和石油产品市场、电力、天然气运输、铁路运输、政府采购、技术调节、知识产权、服务贸易和投资、资本自由流动、外汇政策、打击非法劳务、劳动移民等。

间的自由流动。而以俄白哈关税同盟为基石的统一经济空间将成为三国最终实现欧亚经济联盟目标的重要里程碑。① 按照普京总统的战略设计，欧亚经济联盟未来将与欧盟和亚太经合组织实现经济模式、规制和技术标准的深度一体化。②

在欧亚联盟方面，2010年12月，欧亚经济共同体莫斯科元首峰会就如何在统一经济空间基础上建立欧亚联盟达成一致。根据普京的设想，欧亚联盟的终极目标是实现经济、政治及军事联盟，成为连接欧洲和亚太地区的有效纽带和坚实环节；作为当代世界多极中的一极，欧亚联盟将与欧盟、美国和中国共同保证全球的可持续发展。③

四 欧亚经济联盟正式启动

由俄罗斯、白俄罗斯和哈萨克斯坦组成的欧亚经济联盟于2015年1月1日正式启动。1月2日，亚美尼亚成为欧亚经济联盟成员国。5月1日，吉尔吉斯斯坦完成了加入欧亚经济联盟的全部法律手续，成为该联盟正式成员。从2010年1月1日成立俄白哈关税同盟，到2012年1月1日形成统一经济空间，再到2014年5月签署欧亚经济联盟条约，最后到2015年1月1日欧亚经济联盟正式启动，欧亚经济一体化在短短五年内完成了从关税同盟、统一经济空间、欧亚经济联盟到欧亚联盟四步走战略的前三步。欧亚经济联盟是目前苏联解体后后苏联空间、欧亚大陆出现的最为紧密的经济一体化组织。

俄白哈三国元首2014年5月签署的《欧亚经济联盟条约》基本上是对已有的关税同盟以及统一经济空间条规的梳理和整合。未来的欧亚经济联盟国家将放宽对一些敏感领域（包括能源市场和药品、服务贸易自由化）的限制，并建立一个共同的金融监管权威。该联盟计划在2025年以前实现商品、资本、服务和劳动力的自由流动，形成一个拥有1.7亿人口的统一市场，包括统一药品市场、共同电力市场以及统一的石油、天然气

---

① 俄白哈关税同盟的潜在成员国包括塔吉克斯坦、吉尔吉斯斯坦、乌兹别克斯坦、亚美尼亚和乌克兰。其下一目标是吸纳已加入世贸组织的吉尔吉斯斯坦和具有战略地位的塔吉克斯坦。2011年4月，吉尔吉斯斯坦开始启动加入关税同盟和统一经济空间的谈判进程。

② Vladimir Putin, "An Asia-Pacific Growth Agenda", *Wall Street Journal*, September 6, 2012.

③ В. Путин, "Новый Интеграционный Проект для Евразии—Будущее, Которое Рождается Сегодня", *Известия*, 3 октября, 2011.

和石油制品市场，并在能源、工业、农业、交通运输等重点领域推行协调一致的政策。① 欧亚经济联盟将在最近几年继续完善在货物运输、服务以及资金方面的标准条例框架，使各国相关法律条规达成统一；确保货物流通以及服务、资金、劳动力的自由流动，同时在各领域保持经济政策的一致性和同步性；将致力于进一步消除联盟内部的关税壁垒；确定法律框架基础，建立有效预防和解决国际争端的方式；建立欧亚联盟内部市场抵抗外部经济挑战的保护机制，加强成员国在各种问题上的谈判地位。

具体来看，哈萨克斯坦参与欧亚经济联盟的原因主要有三个。一是通过关税同盟和统一经济空间全面进入俄罗斯和白俄罗斯市场。哈萨克斯坦仅有1700万人，市场狭小。参与欧亚经济联盟后，哈萨克斯坦将得到10倍于本国市场的统一市场。这被哈萨克斯坦视为促进其经济发展和经济多元化的重要途径。二是获得从中亚经俄罗斯至欧盟的能源运输干线管道。长期以来，哈萨克斯坦一直试图与欧洲直接签署石油和天然气供应合同，但却遭到俄罗斯的阻止。其结果是哈萨克斯坦只能在边境将石油和天然气卖给俄罗斯，而俄罗斯再转手高价卖给欧盟。三是以更低税收吸引俄罗斯和白俄罗斯对哈萨克斯坦进行投资。哈萨克斯坦的利润所得税为20%，俄罗斯为24%；哈萨克斯坦的增值税为12%，俄罗斯为18%；哈萨克斯坦的社会税为11%，白俄罗斯为28%，俄罗斯为34%。②

对白俄罗斯来说，关税同盟、统一经济空间和欧亚经济联盟框架内的一体化是在不危及卢卡申科政府现行制度的情况下改善国家经济状况的唯一途径。在2010年总统选举和2012年议会选举后，白俄罗斯一直处于被西方国家孤立的状态。尽管卢卡申科试图与欧盟和美国谈判以解除制裁，但是收效甚微。俄白哈关税同盟启动之初，白俄罗斯抱怨"入盟"导致关税上升及本国产品竞争力下降。白俄罗斯批评欧亚经济联盟至今未能实现成员国间商品自由流动，对俄罗斯禁止其在联盟市场销售西方商品极为不满。此外，俄罗斯拒绝向白俄罗斯提供无出口关税的石油，对其农产品出口俄罗斯实行禁运，这极大地打击了白俄罗斯的经济。对于白俄罗斯而

---

① 2016年欧亚经济联盟计划进行药品监管合并，2019年建立统一的电力能源市场，2022年建立统一的金融调节监管体系，2024—2025年建立统一的石油、天然气和石油制品市场。
② ［俄］卡布耶夫：《欧亚经济联盟：理想与现实》，《欧亚经济》2015年第3期，第10—11页。

言，与俄罗斯和哈萨克斯坦的一体化是保证其获得俄罗斯廉价石油①以及确保农产品和机械产品自由进入主要市场的唯一可行途径。

后苏联空间的深度一体化是俄罗斯重振大国地位的重要战略布局。随着2010年俄白哈三国对外实行统一进口税率、成员国之间取消关境，独联体内形成了一个由俄罗斯主导的拥有近1.7亿人口、900亿桶石油储量、超过2万亿美元GDP总量的资源出口型统一经济体。② 乌克兰危机使得欧亚经济联盟的其他成员国担心俄罗斯不断增长的影响力以及本国对俄罗斯的经济依赖加深。与此同时，乌克兰危机的爆发使得俄罗斯更加注重保持并维系欧亚经济联盟，因此，俄罗斯可能会更加愿意妥协并接受其他成员国的诉求。③ 根据斯坎卡恩对欧亚经济联盟条约早期草案和最终文本的比较研究，俄白哈三国都促成了欧亚经济联盟最终文本的一些变化。④

与其他地区的一体化进程相比，欧亚经济联盟具有其自身的特殊性。首先，它是由资源出口型国家组建的关税同盟，⑤ 能源产品的特殊性决定了关税同盟贸易创造与贸易转移效应的特殊性。其次，关税同盟成员国之间较弱的区域经济关联与三国的机制化合作极不匹配。显然，创建和管理这些机制的过程具有明确的政治动机。再次，俄白哈关税同盟可被视为一个"危机驱动型"的区域一体化案例。哈萨克斯坦受到2008年全球经济危机的重大打击，白俄罗斯经历了本国的货币危机，因此，在经济危机背景下，两国都期待在后苏联空间内部维持经济联系并支持关税同盟。⑥ 最后，作为由欧亚大陆重要经济体组成的关税同盟，俄白哈关税同盟升级为欧亚经济联盟，必将对其东西两翼的中国和欧盟同时产生重要影响。欧亚

---

① 这些石油在白俄罗斯炼油厂加工后卖到欧盟，对俄罗斯原油出口税收收入的再分配是白俄罗斯外汇收入的重要来源。

② 根据联合国贸易和发展会议（UNCTAD）数据库的统计数字，2012年，俄白哈三国人口总量为1.688亿，名义GDP总量为22362.84亿美元。

③ ［俄］亚历山大·利布曼：《乌克兰危机、俄经济危机和欧亚经济联盟》，《俄罗斯研究》2015年第3期，第55页。

④ N. Schenkkan, "Central Asia and the Eurasian Economic Union: The Global Picture and Country Perspectives", *GWU Central Asia Program Central Asia Policy Brief*, No. 21, 2015.

⑤ 俄罗斯和哈萨克斯坦属于资源出口型国家，白俄罗斯是石油再出口国。

⑥ E. Vinokurov and A. Libman, "Do Economic Crisis Impede or Advance Regional Economic Integration in the Post-Soviet Space?", *Post-Communist Economies*, Vol. 26, No. 3, 2014, pp. 341–358.

经济联盟的启动使得中国和欧盟之间仅剩下一个关税国境。①

目前，俄罗斯、哈萨克斯坦、白俄罗斯、亚美尼亚和吉尔吉斯斯坦五国已加入欧亚经济联盟。然而，欧亚经济联盟在原苏联地区进一步扩员的可能性微乎其微。首先，乌克兰、摩尔多瓦和格鲁吉亚不可能选择加入。2014年6月，乌克兰、摩尔多瓦和格鲁吉亚三国与欧盟签署了联系国协议。这从法律角度排除了三国与欧亚经济联盟深化合作的可能。其次，阿塞拜疆、乌兹别克斯坦和土库曼斯坦选择不结盟。土库曼斯坦在外交政策方面倾向于中立，未参加独联体。阿塞拜疆推行独立外交，但其实施多元化战略的同时向西方倾斜。乌兹别克斯坦则对俄罗斯存有戒心，近期不会加入。仅塔吉克斯坦表示过入盟的兴趣。

乌克兰危机后西方制裁的加剧导致欧亚经济联盟内部出现了贸易战，这使得经济一体化进程遭受打击。2014年8月，俄罗斯总理梅德韦杰夫宣布针对西方国家的反制裁措施，禁止从美国和欧洲进口水果、蔬菜、肉类、鱼、牛奶和乳制品。反制裁措施出台后，俄罗斯寻求哈白两国的支持，希望合作伙伴遵守禁止再出口在俄禁止的产品的承诺。但是，白俄罗斯和哈萨克斯坦政府不愿限制转口，尤其是位于俄罗斯与欧盟之间的白俄罗斯，在制裁中获利颇多。②

西方经济制裁和俄罗斯经济的下滑趋势不同程度地波及中亚国家。欧亚经济联盟成员国的本币贬值压力增大。为应对俄罗斯卢布持续贬值对本国出口造成的影响，2014年2月11日，哈萨克斯坦宣布本币贬值20%，1美元兑换155.5坚戈。俄罗斯经济衰退导致失业人数大幅增加。乌兹别克斯坦、吉尔吉斯斯坦、塔吉克斯坦等国在俄罗斯务工人员寄回本国的侨汇收入大幅减少。此外，欧亚经济联盟成员国的利益诉求差异阻碍了联盟发展。欧亚经济联盟成员国经济实力差距较大，亚美尼亚和吉尔吉斯斯坦经济基础相对薄弱，市场规模也不大，无法同俄罗斯、哈萨克斯坦相比。

第四节 俄罗斯区域合作战略的亚太维度

俄罗斯区域合作战略的演变既是其对全球区域一体化趋势及世界经济

---

① ［俄］谢尔盖·卡拉加诺夫等：《构建中央欧亚："丝绸之路经济带"与欧亚国家协同发展优先事项》，《俄罗斯研究》2015年第3期，第26页。

② ［俄］卡布耶夫：《欧亚经济联盟：理想与现实》，《欧亚经济》2015年第3期，第14页。

格局调整做出的政策应对，也是基于国家利益视角重新审视自己传统对外政策的结果。而俄罗斯亚太区域合作战略的形成与扩展又取决于其区域合作战略不同维度下经济利益与政治考量的权衡。冷战后随着俄罗斯国家定位的变化，其对外战略发生相应调整。

根据2000年俄罗斯发布的《俄罗斯联邦对外政策构想》，多维性成为其外交的重要原则。[1] 其中，欧、亚两个维度的任何相互排斥或补充都将不被接受。[2] 近年来，亚太维度在俄罗斯区域合作战略中的权重迅速提升。一方面，俄罗斯在欧洲面临的区域合作困境使其"东向"需求变得格外迫切。另一方面，随着亚太在世界经济中地位的提升，俄罗斯寄希望于搭乘亚太"经济快车"分享区域合作收益，进而带动远东和西伯利亚地区的经济增长。[3] 由此，俄罗斯确定了"欧亚平衡、东西兼顾"的全方位区域合作战略。显然，俄罗斯亚太维度区域合作战略的拓展，既是其融入欧洲一体化进程受阻后的现实选择，又是自身实现国内区域间均衡发展的迫切需要。

一 俄罗斯作为亚太一体化的参与者

考虑到亚太地区大国间的复杂关系，俄罗斯的亚太区域合作将不会定位在一个或两个国家，而是推行多方面、多元素的政策，[4] 广泛参与亚太地区的国际组织和多边机制。[5] 继1998年加入亚太经合组织后，俄罗斯与亚太国家在该组织框架下就贸易制度自由化、相互投资等问题进行了多方面的对话与合作。2012年，俄罗斯在符拉迪沃斯托克主办了亚太经合组织第20次领导人非正式会议。此次会议通过的《共同宣言》反映了俄罗斯的四个目标议题。它们是推动亚太经合组织的多边贸易谈判取得实质性进展，为本国融入亚太地区经济一体化创造有利条件；扩大俄罗斯对亚太国

---

[1] "Концепция Внешней Политики Российской Федерации", *Независимая Газета*, 11 июля, 2000.

[2] С. Лавров, "Подъём Азии и Восточный Вектор Внешней Политики России", *Россия в Глобальной Политике*, № 4, 2006, с. 130, 131.

[3] М. Потапов, "Куда Идет Экономическая Интеграция в Восточной Азии?", *Мировая Экономика и Международные Отношения*, № 9, 2006, с. 72.

[4] Т. Бордачёв, "Будущее Азии и Политика России", *Россия в Глобальной Политике*, № 4, 2006, с. 125.

[5] С. Севастьянов, "Регионализм в Восточной Азии и Россия", *Мировая Экономика и Международные Отношения*, № 12, 2008, с. 102.

家的粮食出口、与亚太经合组织成员实施农业合作项目;利用横跨欧亚的地理优势,承担亚太与欧洲之间的过境运输国角色,构建有利的地区交通物流体系;与亚太经合组织成员在生物技术、核能和太空等领域发展创新合作。①

在东北亚区域合作方面,俄罗斯参与图们江次区域开发项目并与中国就发展次区域合作进行国家级战略对接。为落实联合国开发计划署的开发计划,1995年,中、俄、朝、韩、蒙五国在联合国总部正式签署了《关于建立图们江经济开发区及东北亚开发协调委员会的协定》《图们江地区经济开发区及东北亚环境谅解备忘录》。中、俄、朝三国还签署了《关于建立图们江地区开发协调委员会的协定》。此外,为协调实施中国《东北地区振兴规划》与俄罗斯《远东及外贝加尔地区2013年前经济社会发展联邦专项规划》,中俄两国于2009年签署了《中国东北地区与俄联邦远东及东西伯利亚地区合作规划纲要(2009—2018年)》②,通过与中国毗邻地区的次区域合作促进俄东部地区的经济发展。

由于东盟在东亚一体化进程中占据重要地位,发展与东盟的对话伙伴关系是俄罗斯亚太区域合作战略的又一优先方向。③ 1992年,俄罗斯成为东盟磋商伙伴国,这标志着冷战后俄罗斯对东盟外交的重新起航。1996年,俄罗斯从东盟磋商伙伴国升级为全面对话伙伴国,这标志着俄罗斯与东盟的整体性交往进入一个新阶段。④ 继2004年俄罗斯加入《东南亚友好合作条约》后,在2005年首届俄罗斯—东盟首脑峰会上,双方签署了《关于发展全面伙伴关系的联合宣言》,并达成《2005—2015年推进全面合作行动计划》。⑤ 2010年,第5届东亚峰会同意吸收俄罗斯和美国,并扩大为"10+8"机制,这意味着俄罗斯与东盟的关系已涵盖现有各个层次。2016年,俄罗斯总统普京签署法律批准了欧亚经济联盟与越南的自贸

---

① Г. Ивашенцов, "Саммит АТЭС - 2012: Тихоокеанские Горизонты России", *Международная Жизнь*, № 2, 2012, с. 26 - 29.

② 《中华人民共和国东北地区与俄罗斯联邦远东及东西伯利亚地区合作规划纲要(2009—2018年)》,振兴东北网(http://www.chinaeast.gov.cn)。

③ С. Лузянин, *Восточная Политика Владимира Путина*, Москва: Восток-Запад, 2007, с. 314.

④ 宋效峰:《亚太格局视角下俄罗斯的东南亚政策》,《东北亚论坛》2012年第2期,第74页。

⑤ Leszek Buszynski, "Russia and Southeast Asia", in Hiroshi Kimura, ed., *Russia's Shift toward Asia*, Tokyo: The Sasakawa Peace Foundation, 2007, pp. 195 - 197.

协定。欧亚经济联盟与新加坡关于建立自贸区的协定谈判已进入最后阶段，计划2019年完成全部谈判工作。

从俄罗斯亚太区域合作战略的演变来看，国内经济发展需要是决定其战略东向的直接原因。俄罗斯远东和西伯利亚地区的经济发展在很大程度上依赖其与亚太国家的经济合作。融入富有活力的亚太地区一体化进程，不仅可以促进该地区经济增长、降低区域间发展不平衡，而且能够加强俄罗斯在亚太地区格局中的优势地位。[1]反之，倘若一直被排挤在亚太合作进程之外，那么，这些经济落后地区将长期处于封闭状态，而俄罗斯整体上也将缺乏重要的增长动力。因此，随着亚太经济规模的扩大，俄罗斯必然会调整其偏向西方的传统对外政策，着力解决亚太重要性的提升与自己亚太政策严重滞后这一突出矛盾。[2]

在推行"东向政策"过程中，俄罗斯逐渐从偏重东北亚合作转向与东南亚多边合作并重。长期以来，俄罗斯一直将东北亚视为自己通向东亚乃至亚太地区的门户，远东和西伯利亚地区的发展也主要是寄希望于依托与东北亚国家的合作而实现。[3]然而，无论是联合国开发计划署倡导的图们江次区域开发，还是日本积极推动的"环日本海经济圈"合作项目，都无一例外地一度趋冷甚至搁浅。鉴于东北亚复杂的地缘政治环境，特别是朝鲜半岛局势的起伏不定，东北亚区域合作在很长时间里未能取得实质性进展。与此相对，东南亚成为东亚一体化的核心，而东盟则是推进该地区融合的重要机制。俄罗斯可以借助与东盟加强合作涉足东亚、跻身亚太，进而在一定程度上恢复其在亚太地区的影响力。因此，考虑到东北亚未能充分发挥通向东亚门户的作用，俄罗斯逐渐从依托东北亚转向重视东南亚，采取直接进入东南亚的"东向政策"。[4]

俄罗斯重视东盟的又一现实考虑是，试图采取一种均衡策略来降低远东和西伯利亚地区参与区域一体化的可能风险，即在与邻国扩大合作的同

---

[1] М. Потапов, "Куда Идет Экономическая Интеграция в Восточной Азии?", *Мировая Экономика и Международные Отношения*, № 9, 2006, с. 72.

[2] М. Титаренко, *Геополитическое Значение Дальнего Востока*, Москва: Памятники Исторической Мысли, 2008, с. 25.

[3] И. Целищев, "Восточная Азия: Перспективы Развития. Восточная Азия: Интеграция?", *Мировая Экономика и Международные Отношения*, № 8, 2003, с. 41, 42.

[4] С. Лузянин, *Восточная Политика Владимира Путина*, Москва: Восток-Запад, 2007, с. 396.

时促进对外经济关系的多样化。① 远东和西伯利亚是俄罗斯国内的经济落后地区。这些地区与周边国家,特别是中国的经贸关系要比与俄罗斯欧洲部分的联系密切得多。在俄罗斯看来,远东和西伯利亚地区已经参与到由中国主导的一体化进程之中。因此,它不得不考虑自己亚洲部分转向区域经济合作的潜在风险。② 再者,与东南亚国家开展油气开发合作,有利于解决俄罗斯油气工程投资不足的问题,带动相关产业的发展。同时,能源供给的多样化也有助于提高俄在能源出口价格上的讨价还价能力。③ 通过积极参与东亚合作、相对降低对中国的经济依赖,以一种均衡的策略来最大化地分享区域合作收益,这是经济上弱势地区参与区域合作的根本出发点。④

作为实现欧亚强国战略的重要组成部分,亚太维度在俄罗斯多维区域合作战略中占据越来越重要的地位。通过整合后苏联空间和推行积极的"东向政策",俄罗斯致力于在欧亚地区构筑多层级的战略依托结构。作为第一层次的独联体集体安全条约组织、欧亚经济共同体及欧亚联盟构成多层战略依托的内核。中俄战略协作伙伴关系和上海合作组织是其战略依托的第二层次。⑤ 而俄罗斯广泛参与的亚太地区多边机制和其与亚洲传统盟国的双边关系则是处于外围的第三层次。

然而,作为俄罗斯多层战略依托内核的独联体国家总体上经济实力较弱,⑥ 其经济规模既远远落后于欧盟和北美自贸区,又不可与崛起中的东亚相抗衡。再者,独联体国家在资源禀赋和产业结构方面的相似性,导致它们经济结构的竞争性大于互补性,很难形成高层次的区域经济集团。⑦

---

① А. Федоровский, "Возможности и Проблемы Регионального Сотрудничества в Восточной Азии", *Мировая Экономика и Международные Отношения*, № 1, 2010, с. 91.

② Т. Бордачёв, "Будущее Азии и Политика России", *Россия в Глобальной Политике*, № 4, 2006, с. 125.

③ С. Севастьянов, "Регионализм в Восточной Азии и Россия", *Мировая Экономика и Международные Отношения*, № 10, 2008, с. 105.

④ 富景筠:《俄罗斯与东亚合作——动因、制约因素及前景》,《俄罗斯中亚东欧研究》2012年第2期,第50页。

⑤ 赵华胜:《普京外交八年及其评价》,《现代国际关系》2008年第2期,第18页。

⑥ 2012年,独联体国家的国内生产总值(以购买力平价计算)占世界国内生产总值的份额为4.34%。(IMF, *World Economic Outlook Database*, 2012.)

⑦ 张弛:《独联体经济一体化问题的若干分析》,《俄罗斯中亚东欧研究》2005年第1期,第18—19页。

由此，俄罗斯意识到要想增强对西方外交的独立自主性，就需要同东方建立持久的密切联系。可以说，俄罗斯成为亚太事务的"全权参与者"能凸显其欧亚大国地位，进而有助于其取得对欧盟关系上的优势地位。[①] 由此可见，从多维互动的角度看，俄罗斯亚太维度区域合作战略的重要特征是借助欧亚的战略依托来平衡欧盟扩张的外部压力。

从根本上讲，俄罗斯是一个帝国思想根深蒂固的国家，但面对日益增强的区域集团化趋势，它既无法融入欧洲一体化进程，又无法在短期内实现整个独联体地区的一体化。俄罗斯面临的区域合作困境及亚太经济规模的增大，使得亚太在俄罗斯区域合作战略中的权重迅速提升。远东和西伯利亚地区的经济增长需要依托更富效率的亚太多边合作机制，同时，区域经济关系的多样化又可以降低俄罗斯对欧洲的传统高度依赖。因此，俄罗斯与亚太国家的区域合作具有明确的多重战略目标，即在搭乘亚太"经济快车"、带动远东和西伯利亚地区乃至整个俄罗斯经济增长的同时，谋求更大的地区规则制定权，进而借助亚太制衡西方，重塑俄罗斯的全球大国地位。

二 制约因素与未来展望

俄罗斯参与亚太地区一体化的战略方针是利用区域经济集团化趋势下国际分工的机遇进行生产要素的跨国最佳组合，吸取亚太地区的资金和先进技术，开发远东和西伯利亚的丰富资源，以促进东部地区及全国经济的稳定和发展。俄罗斯对亚太区域合作的参与程度及这种参与对该地区经济关系的影响，取决于俄自身经济优势与地区经济关系之间的互动可能。

一国在国际分工体系中的地位和作用依赖于其自身的比较优势。俄罗斯融入全球化的过程在很大程度上依靠其丰富的资源禀赋优势，而其在亚洲分工体系中的地位也主要体现在能源出口方面。在垂直型分工体系下，俄罗斯属于生产并出口能源和原材料、进口工业制成品的下游国家。俄罗斯经济现代化战略的提出意味着俄将从工业化阶段向后工业化阶段过渡。这种发展战略的调整将促使其未来的商品贸易结构发生改变，即具有高附加值的资源类产品的增长速度将快于燃料和原材料等初级资源型产品。俄

[①] "Основные Положения Концепции Внешней Политики Российской Федерации", *Дипломатический Вестник*, Специальное Издание, 1993.

罗斯产业结构调整与升级的过程，实际上扩展了其与亚太国家开展经济合作的空间。具体方式是吸引亚太国家的外国直接投资进入远东和西伯利亚地区，进行能源产品的初级加工和深加工，然后将具有高附加值的能源产品出口到亚太地区。一方面，这保证了俄罗斯对亚太地区的稳定原油供应。成为亚太重要的能源供给国是俄罗斯参与该地区经济合作的重要途径。另一方面，亚太国家参与俄罗斯能源产品的加工将提升二者经济合作的层次和水平。由此，在保持资源出口导向的发展模式不变，甚至可能更强的情况下，俄罗斯能够通过增加资源型产品的附加值和技术含量改善自身的出口商品结构。同时，俄罗斯能源出口向亚太地区的转移，也符合其追求能源输出多元化、利益最大化的政策目标。

俄罗斯于2012年正式成为世贸组织成员。俄罗斯的入世意味着长期受政府保护的农业、轻工业、机器制造业、银行业和保险业将逐步开放。亚太国家对俄的商品和服务出口、对俄投资的格局将发生较大变化。总体关税的降低将促进亚太国家对俄机电、纺织、轻工、金属制品的出口。在服务贸易方面，亚太国家能够发挥在通信、工程承包等方面的比较优势，使其成为双方经贸合作的新增长点。同时，俄罗斯投资环境的改善将降低亚太国家对俄投资成本，促进这些国家在矿产资源开发、建筑业、加工制造业等领域的投资。俄罗斯的亚太区域合作战略将是推出与亚太伙伴国相一致的意见和想法，并使这些意见和想法最大限度地保留俄罗斯在亚太的战略利益。[1] 面对亚太地区广泛兴起的自贸协定，俄罗斯积极与该地区国家进行双边自贸协定的可行性研究，即从双边自贸协定着手提升其参与亚太地区经济合作机制的水平。[2]

在俄罗斯亚太区域合作战略的实施中，远东和西伯利亚地区必将发挥重要作用，但是俄罗斯已经认识到，该地区自身的经济实力不足以支撑俄罗斯与其他亚太国家的深度合作。如果在与亚太国家建立双边或多边经贸关系时只依赖上述地区，那么，俄罗斯在未来很长时间内将只能与亚太地区的伙伴国发展传统模式的对外贸易联系。更具前景的是逐步把俄罗斯欧洲部分的经济潜力直接或通过其亚洲部分纳入亚太地区的一体化过程。由

---

[1] А. Федоровский, "Эволюция АТЭС и Перспективы Региональных Интеграционных Процессов", *Мировая Экономика и Международные Отношения*, № 1, 2012, с. 50.

[2] ADB's Asia Regional Integration Center (ARIC) FTA Database (http://www.aric.adb.org).

此可见，在俄罗斯未来的亚太区域合作战略中，俄罗斯将更加强调国家层面的合作，在发展与亚太国家的关系时加强欧洲部分的参与程度。

尽管俄罗斯经济现代化战略的提出和入世为其与亚太国家的地区合作提供了广泛的可能和机遇，但我们也应看到俄罗斯在深化与亚太国家合作方面仍面临诸多困境。

首先，俄罗斯经济自身的结构性因素限制了其在生产和消费层面参与亚洲地区分工的能力。亚洲地区经济关系的演变实际上依托于以加工制造业为主的地区生产网络的发展。这是一种集合多国生产优势的分散化生产方式，即将制造业（特别是汽车和电子等行业）最终产品的整个生产链条分为若干环节，并分散在最具效率和成本最低的地方分别进行生产。[1] 在这种"生产分享型"垂直分工体系下，最终产品的完成是生产网络内部东亚各国共同协作的结果。[2] 而美国和欧洲市场对东亚商品的吸纳则从需求上带动了这一地区出口工业的发展。

对于俄罗斯而言，它可以通过两种途径参与亚洲区域生产网络。一是通过生产链条的向下延伸加入这一垂直分工体系。二是扩大国内市场的消费能力，进而吸纳亚洲地区不断膨胀的生产能力。然而，俄罗斯经济的结构性因素决定了该国在国际分工格局中的定位困境。[3] 一方面，在长期偏向发展重工业的畸形产业结构下，俄罗斯在技术创新和精密制造业方面落后于美国、欧洲和日本。另一方面，由于劳动力供给长期短缺，俄罗斯在承接亚洲的低端制造业转移上又缺乏劳动力成本的优势。产业结构的调整与转型终非一朝一夕之事。特别是考虑到俄罗斯在制造业方面的长期落后状况，它对亚洲区域生产网络的参与必将经历曲折而漫长的过程。而在最终消费方面，俄罗斯不但市场规模狭小而且购买力有限，它显然不能与欧

---

[1] Alan V. Deardorff, "Fragmentation in Simple Trade Models", *The North American Journal of Economics and Finance*, No. 12, 2001, p. 121.

[2] 具体而言，日本作为东亚重要的技术和资本提供者，它的分工集中在技术密集型的零部件生产环节；"亚洲四小龙"是居于日本和东盟、中国之间的资本、技术和中间产品的传递者，它们在资本密集型及少量技术密集型的零部件和中间产品生产环节进行专业化分工；东盟国家和中国是生产过程的最终完成者，其具体分工是生产劳动力密集型的零部件和中间产品并完成最后的组装。(Prema-chandra Athukorala and Nobuaki Yamashita, "Production Fragmentation and Trade Integration: East Asia in a Global Context", *The North American Journal of Economics and Finance*, No. 17, 2006, pp. 233 – 256.)

[3] 关雪凌、程大发：《全球产业结构调整背景下俄罗斯经济定位的困境》，《国际观察》2005年第4期，第77页。

美巨大的消费能力相比。因此，从中长期看，俄罗斯既无法成为亚洲区域生产网络的一环，也无从构建一个消化其巨大生产能力的最终消费市场。

其次，对于经济结构单一、过度依赖能源出口的俄罗斯而言，自贸区显然是超出其参与能力的高水平合作方式。签署自贸区意味着相互开放，这必然伴随着来自外部的竞争，其结果是本国弱势产业的利益将受到损害。因此，当一国与其他国家的产业内贸易比重很低时，该国面对降低关税、开放市场的国内阻力便会增大。因此，俄罗斯对于东亚合作的主要需求并不是参与自贸区建设，而是通过签署双边合作协议或特惠贸易安排，大量引进外资、加快能源产业部门的发展，从而带动远东和西伯利亚地区的经济增长。此外，能源的战略特殊性赋予了俄罗斯在全球层面广泛参与区域合作的可能。因此，对于俄罗斯而言，它在与东亚国家扩大双边经贸关系、保证最大商业利润的同时，还力求保留对更具前景经贸伙伴的选择自由。[①] 由此可见，能源出口国本身对于区域合作的需求与东盟积极推动的自贸区建设很难在统一的制度框架内实现。而合作机制的缺失意味着二者在贸易和投资领域深化合作的进程中必将任重道远。

显然，俄罗斯亚太政策的战略性弱点在于它对该地区生产网络和地区经济合作机制缺乏广泛参与的可能，由此制约了其与亚太国家提升区域合作层次的空间。亚太经合组织是俄罗斯在亚太地区具有完全意义上的成员国的唯一地区性经济组织。然而，俄罗斯成为亚太经合组织成员国，并未解决其与亚太国家合作机制构建的落后状况。尽管该组织存在诸多缺陷和不足，但由于其自身在该地区经贸联系中微不足道的地位，俄罗斯对亚太经合组织的潜力利用不够。该地区经济关系的迅速演变导致各种合作机制的层出不穷，这促使俄罗斯重新调整自己的亚太区域合作战略，从而在外交上服务于经济现代化战略。

三 中俄推进区域合作战略的利益交叉

俄罗斯区域合作战略的演变既是其对全球区域一体化趋势及世界经济格局调整做出的政策应对，也是其对不同维度下区域合作的政治经济收益的权衡结果。作为彼此相邻的地区性大国，俄罗斯与中国在各自推进区域

[①] Е. Митыпов, "Восточноазиатская Интеграция: Плюсы и Минусы для России", *Мировая Экономика и Международные Отношения*, № 10, 2004, с. 101.

合作战略时存在利益交叉。俄罗斯区域合作战略的核心目标是以俄白哈关税同盟和统一经济空间为基础构建自己主导的欧亚经济联盟。而中国区域合作战略的重心则是积极参与和推进东亚自由贸易区建设。俄罗斯的欧亚属性与中国的亚洲属性决定了这种利益交叉主要集中在东亚和中亚两个地区。

首先,美国对中国的战略围堵及其对俄罗斯整合后苏联空间的遏制,使得中俄两国在应对美国战略挤压上具有了共同利益。为了将中亚从后苏联空间中独立出来,使之不再是俄罗斯的"主场",美国通过实施"大中亚"战略试图将中亚和南亚连成新的地缘政治板块。[①] 普京提出欧亚联盟后,美国又以俄罗斯借助经济一体化方案试图重建"新版苏联"为由加以遏制。美国对当前国际环境的评估是"自由和开放的世界秩序遭遇系统性失败、国际秩序回归到大国竞争的传统模式"。美国目前改变了对中俄分而治之的战略逻辑,从奥巴马时期的"双遏制"转为特朗普政府的"双攻击"。在美国看来,中国的挑战是全局性的,俄罗斯的挑战是区域性的,但中国的挑战是渐进性的,而俄罗斯的挑战则更直接、更具冲击性,因此必须同时加以遏制。2017年12月,美国出台了新版《国家安全战略报告》。该报告首次将中俄同时界定为"战略竞争对手"。美国同时认定中俄为美国全球利益的挑战者和现存国际秩序的修正者,并且不断在各个领域同时加强对中俄的遏制力度。面对共同的外部压力,中俄两国在推进区域合作战略时产生了合作需求。一方面,中国积极支持俄罗斯参与东亚合作进程,通过大国关系的互动与发展来平衡美国在该地区的影响力。另一方面,俄罗斯依赖上海合作组织这一多边合作平台与中国进行战略协作以应对美国在中亚的势力扩张。

然而同时,俄罗斯与亚洲国家经济合作的机制化趋势及中国与中亚国家加强能源合作,意味着中俄两国也面临着地区性大国扩张区域合作空间的利益竞争。为了相对降低远东和西伯利亚地区对中国经济的高度依赖,俄罗斯凭借能源外交优势积极谋求与越南、韩国、印度及新西兰进行自贸区可行性研究或启动自贸区谈判。2016年,俄罗斯总统普京签署法律批准了欧亚经济联盟与越南的自贸区协定。欧亚经济联盟与新加坡关于建立自

---

① S. Frederick Starr, "A Partnership for Central Asia", *Foreign Affairs*, Vol. 84, No. 4, 2005, p. 165.

贸区的协定谈判已进入最后阶段，计划于 2019 年完成全部谈判工作。欧亚经济联盟与韩国也有望于 2019 年签署自贸区协定。① 其结果是俄罗斯可能会成为未来东亚地区一体化的新的轮轴国。对于中美两国在东亚的力量博弈，俄罗斯将作为东亚地区的一支中立力量存在，在保持选择和行动自由的同时谋求中美竞争下的地缘政治和经济利益。②

随着中国—哈萨克斯坦原油管道及中国—中亚天然气管道的开通，中国与中亚国家的能源合作取得重大进展。这客观上威胁到俄罗斯油气公司在中亚的垄断利益。实际上，在俄罗斯看来，任何大国在中亚扩大经济影响都会损害其既得利益。特别是在对中亚国家的合作方面，中国在国家实力和经济结构互补性上较俄罗斯更具优势。这使得俄罗斯担心自身经济影响力的降低会削弱其在中亚的政治影响力。因此，尽管中国对上海合作组织框架下的经济合作具有高度的积极性，但俄罗斯始终提防上海合作组织加强多边经济合作功能会成为中国进行经济扩张的工具。③

此外，俄罗斯致力于构建欧亚经济联盟客观上也会冲击到上海合作组织框架下经济合作层次的提升。欧亚经济联盟是俄罗斯一家独大的"独轮车体系"，而上海合作组织则是中俄两国共同发挥主导作用的"自行车体系"，两个轮轴的方向决定了整个地区组织的发展方向。显然，为了保持自己在未来中亚政治和经济秩序中的主导地位，俄罗斯势必会尽力打造欧亚经济联盟，而非寻求在上海合作组织框架下建立自由贸易区或关税同盟的传统一体化模式。④

俄罗斯是中国在欧亚地区最重要的伙伴国。受乌克兰危机后俄罗斯与西方关系恶化的影响，俄罗斯国内最初对"一带一路"倡议的质疑与批评声音渐趋降低。随着俄罗斯将外交战略方向积极转向东方、中俄领导人在战略层面上积极深化两国合作，俄罗斯对"一带一路"倡议表示理解并寻求以欧亚经济联盟形式与丝绸之路经济带进行谈判并对接。2015 年 5 月 8 日，习近平主席在访俄期间与普京总统共同签署了《中华人民共和国与俄

---

① ADB's Asia Regional Integration Center (ARIC) FTA Database (http://www.aric.adb.org).
② П. Салин, "Три Пути России в Азии", *Россия в Глобальной Политике*, т. 10, № 5, 2012, с. 170.
③ 王晓泉：《俄罗斯对上海合作组织的政策演变》，《俄罗斯中亚东欧研究》2007 年第 3 期，第 69 页。
④ П. Мозиас, "Экономическое Взаимодействие России и Китая: От Двустороннего Формата к Региональному", *Мировая Экономика и Международные Отношения*, № 11, 2011, с. 48.

罗斯联邦关于丝绸之路经济带建设和欧亚经济联盟建设对接合作的联合声明》。它标志着中俄关于"一带一盟"对接合作的共识正式形成。该政治声明的签署表明中俄对彼此重大倡议和构想的相互理解与支持,这对于化解双方在"一带一盟"问题上的分歧与矛盾,引领两国在欧亚大陆协同发展、打造命运共同体,尤其是将"一带一路"建设推向纵深发展具有深远意义。

总体上看,作为互为最主要、最重要的战略协作伙伴,中俄两国目前在推进区域合作战略上的合作需求高于相互竞争。由于美国加紧对欧亚大陆及亚太地区的潜在竞争者进行战略围堵,中俄两国加强地区层面的战略合作无疑是重要的务实选择。然而,随着中俄两国经济实力差距的进一步扩大,俄罗斯对中国的防范心态将与日俱增,这必然会成为影响两国在彼此区域合作战略上相互支持的现实障碍。

中俄关系目前处于历史最好时期,但同时也不能忽视两国关系潜在的脆弱性。一是中俄实力对比将持续扩大,俄罗斯对华依赖程度将继续增加。中俄实力对比出现近 400 年来前所未有的反差。中国目前的 GDP 总量是俄罗斯的 10 倍,军费开支是俄罗斯的 3 倍。乌克兰危机后西方持续加大经济制裁迫使俄罗斯积极向东看,依赖中国的资金、技术和市场向其国内经济"输血"。然而,尽管中国已成为俄罗斯最大贸易伙伴国,但两国经济合作的广度和深度都有待提高。中俄经贸合作难以实现大的突破,两国难以形成更加紧密的经济共同体。2017 年,中俄双边贸易额为 840.71 亿美元,而该年中美双边贸易额则突破 5800 亿美元。俄罗斯缺乏合理的产业结构导致中俄经贸合作的增长点有限。

二是俄罗斯对华关系一直具有两面性,维护自身利益的自私性凸显。2015 年,中俄就丝绸之路经济带与欧亚经济联盟对接达成一致,随后,俄罗斯便提出大欧亚伙伴关系来对冲"一带一路"倡议。俄罗斯积极推动欧亚经济联盟建设的政治考虑是要保住自己在"后苏联空间"的市场份额,防止其他经济体深度渗透。目前,俄罗斯对"一带一路"倡议的态度更多是在西方制裁下为获得中国资金、技术和市场的迫不得已之举。俄罗斯科学院院士、世界经济与政治研究所副所长瓦西里·米谢耶夫在访谈中指出,"一带一路"与欧亚经济联盟对接的重大突破在于中俄能否建立自由贸易区,但俄罗斯因担心中国企业的竞争力威胁将不会启动与中国建立自贸区的谈判。

三是出于历史原因，俄决策圈和智囊团在地缘政治战略上始终对中国存有戒心。俄罗斯对中国在西伯利亚、远东地区的贸易和开发行动一直存在疑心，通过积极吸引日、韩参与稀释中国影响，宁可让这些地区开发迟滞也不让中国一家独大。失去乌克兰后，中亚地区作为俄罗斯传统势力范围的最后安全屏障，势必成为俄罗斯力保的对象。中亚国家在经济和政治上已经形成了对中国较深的依赖关系。中国是中亚国家最大的贸易和投资伙伴。中亚国家更倾向于参与丝绸之路经济带，而不是欧亚经济联盟。中亚国家对俄罗斯利用欧亚经济联盟输出通胀的行为很不满。中国通过增加在中亚地区的经济存在提升了该地区的经济增长，而经济增长有助于改善该地区的安全状况。中亚国家目前从战略高度看待中国在该地区的存在。它们不仅感受到中国经济增长的外溢效应，而且认为丝绸之路经济带会使自己更加安全。

从新区域主义视角考察大国区域合作战略时，俄罗斯因其特殊的地缘特征提供了重要的研究案例。俄罗斯区域合作战略本身与欧洲、后苏联空间和亚太地区的一体化进程密切相关，因此，不同维度区域合作战略之间的互动关系构成了该国整体区域合作战略演进的关键因素。利用横跨欧亚大陆的地缘优势改善自己在欧洲和亚太维度的区域合作环境是俄罗斯推进区域合作战略的核心目标。

作为彼此相邻的地区性大国，俄罗斯与中国在各自推进区域合作战略时存在利益交叉。中国与中亚国家加强能源合作与俄罗斯在中亚的传统利益出现碰撞。而俄罗斯积极融入东亚合作的重要目的是相对降低国内亚洲地区对中国的经济依赖，同时在东亚谋求中美竞争下的地缘政治和经济利益。因此，尽管就目前而言，应对美国的外部威胁构成了中俄联手的战略安全利益，但从长期看，中俄扩展区域合作空间中的利益竞争可能会不断凸显。

第二章 俄罗斯在世界能源体系中的结构性权力

结构性权力理论是国际政治经济学的重要分析视角。苏珊·斯特兰奇认为,结构性权力是"形成和决定全球各种政治经济结构的权力"以及"构造国与国之间关系、国家与人民之间关系或国家与企业之间关系框架的权力"。它"不是存在于单一的结构中",而是存在于生产、安全、金融、知识这"四个各不相同但互有联系的结构中"。① 显然,"在经济事务中,发挥关键性作用的不是物质上的资源禀赋,而是结构与联系"。②

世界能源体系中一国的结构性权力主要包括以下三个层面,即与产量和出口有关的生产结构、与管道运输有关的安全结构以及与定价机制有关的金融结构。③ 首先,就生产结构而言,当生产国占据卖方垄断地位时,便具有了对消费国的结构性权力。相反,如果消费国能源自给率提高或具有替代性能源供给,生产国的结构性权力则相应减弱。其次,管道运输布局直接关系到能源博弈各参与国的权力分配,④ 特别是当能源管道通过第三国运输时,过境国便会凭借能源过境运输的垄断地位寻求自身利益最大化。这种寻租行为构成了生产国与消费国之间能源贸易的外部性。⑤ 最后,石油的金融属性使得油价波动不仅受到市场供求因素影响,而且是世界主

---

① [英]苏珊·斯特兰奇:《国家与市场》,杨宇光等译,上海世纪出版集团2006年版,第21—23页。

② [美]本杰明·科恩:《国际政治经济学:学科思想史》,杨毅、钟飞腾译,上海世纪出版集团2010年版,第56页。

③ 在斯特兰奇提出的四个结构中,知识结构包含信仰、知识和理解及相应传送渠道,与本章主题并无紧密关联,故在后文中笔者主要从前三个层面展开论述。

④ Chloe Le Coq and Elena Paltseva, "Assessing Gas Transit Risks: Russia vs. the EU", *Energy Policy*, Vol. 42, 2012, p. 642.

⑤ Yuri Yegorov and Franz Wirl, "Gas Transit, Geopolitics and Emergence of Games with Application to CIS Countries", USAEE-IAEE WP 10–044, 2010, p. 3.

要石油期货市场上金融资本的博弈结果。一国对"石油—美元"体系下油价定价机制的挑战即意味着对美元霸权地位的挑战。

本章将从上述三个层面分别考察世界能源体系中俄罗斯的结构性权力,特别是分析在美国页岩气革命和乌克兰危机等市场和地缘政治冲击下俄罗斯结构性权力的动态变化。目前,全球能源正处于从"石油时代"向多元化和低碳时代转型的重要阶段。考察传统油气出口国俄罗斯的结构性权力演变将有助于分析世界能源市场结构与权力格局的发展趋势。

第一节 俄罗斯在世界能源生产体系中的结构性权力

截至2017年,俄罗斯具有世界最大天然气储量和第六大石油储量,分别占世界天然气和石油总储量的18.1%和6.3%。[①] 长期以来,俄罗斯是全球第二大石油生产国和出口国、最大天然气生产国和出口国,在世界能源生产和出口体系中占据重要地位。然而,由于美国页岩油气的巨大冲击,俄罗斯目前已退居为世界第三大石油生产国和第二大天然气生产国。

就石油生产而言,由于水平钻井和水力压裂技术带来了页岩油革命,2017年,美国超过沙特阿拉伯成为世界最大石油生产国,俄罗斯则退居第三。2000—2016年,俄罗斯石油产量占全球石油总产量的比重从9.02%升至12.2%。2016年,美国(13.41%)以微弱优势超过沙特阿拉伯(13.40%)继续居首位,俄罗斯的石油产量比重则降至12.2%。在出口方面,2000—2013年,俄罗斯石油出口占全球石油总出口的比重从8%升至12.6%。自2015年12月取消长达40年的本土48州石油出口禁令后,美国不仅将页岩油出口至传统产油地中东地区,而且强力挺进世界最大和增长最快的亚洲市场。2015年,美国石油出口占世界石油总出口的比重达到7.18%,而俄罗斯(13.43%)则超过沙特阿拉伯(12.73%)成为世界最大石油出口国。2016年,俄罗斯(13.19%)继续保持最大石油出口

[①] BP, *BP Statistical Review of World Energy 2018*, https://www.bp.com/content/dam/bp/en/corporate/pdf/energy-economics/statistical-review-2018/bp-statistical-review-of-world-energy-2018-full-report.pdf.

国地位,沙特阿拉伯居第二(13.03%),美国第三(7.22%)。[1]

从出口地区结构看,欧洲和亚洲是俄罗斯石油出口的两大市场。2000—2016年,俄罗斯对欧洲的石油出口占其石油总出口的比重从92.32%降至63.2%,其中,俄罗斯对德国、意大利和法国的石油出口占其石油总出口的比重分别从14.73%、12.81%和1.18%降至9.6%、6.4%和0.4%。在亚洲市场,2000—2016年,俄罗斯对东北亚地区的石油出口占其石油总出口的比重从1.15%升至28.6%,其中,俄罗斯对中国、日本和韩国的石油出口占其石油总出口的比重分别从0.95%、0%和0.20%增至19.5%、4.1%和5.1%。(见表2-1)

表2-1　俄罗斯石油生产比重及对欧洲、东北亚地区/国家的出口比例
(2000—2016年)

年份	俄罗斯	欧洲	德国	意大利	法国	中日韩	中国	日本	韩国
2000	9.02%	92.32%	14.73%	12.81%	1.18%	1.15%	0.95%	—	0.20%
2001	9.71%	81.92%	12.89%	12.92%	1.87%	1.31%	0.92%	—	0.39%
2002	10.64%	82.84%	12.03%	11.43%	2.87%	2.81%	1.46%	0.32%	1.03%
2003	11.39%	81.79%	12.07%	10.16%	2.72%	2.88%	2.12%	0.38%	0.38%
2004	11.85%	81.06%	11.01%	10.68%	2.31%	4.00%	3.07%	0.58%	0.35%
2005	12.03%	85.80%	11.74%	12.45%	1.34%	4.43%	3.46%	0.60%	0.37%
2006	12.24%	85.38%	11.08%	12.98%	1.47%	5.94%	4.82%	0.51%	0.61%
2007	12.56%	80.96%	9.91%	12.74%	1.20%	10.34%	4.92%	2.32%	3.09%
2008	12.36%	79.93%	8.86%	13.05%	2.18%	9.81%	5.05%	2.16%	2.60%
2009	12.87%	78.03%	8.88%	13.38%	1.37%	10.45%	5.37%	2.37%	2.72%
2010	12.86%	76.20%	7.91%	11.26%	1.43%	13.67%	5.48%	3.89%	4.30%
2011	12.93%	74.09%	9.62%	10.07%	1.57%	17.46%	9.73%	3.23%	4.50%
2012	12.77%	67.90%	8.93%	8.22%	0.80%	16.24%	9.34%	3.17%	3.73%
2013	12.86%	65.30%	7.91%	8.98%	0.43%	18.57%	9.73%	4.83%	4.00%
2014	12.7%	55.3%	7.1%	8.6%	0.3%	21.5%	12.3%	4.8%	4.4%
2015	12.4%	59.8%	8.6%	8.0%	0.4%	26.8%	15.8%	5.1%	6.0%

---

[1] BP, *BP Statistical Review of World Energy-underpinning Data*, 1965 – 2016, https://www.bp.com/en/global/corporate/energy-economics/statistical-review-of-world-energy/downloads.html.

续表

年份	俄罗斯	欧洲	德国	意大利	法国	中日韩	中国	日本	韩国
2016	12.2%	63.2%	9.6%	6.4%	0.4%	28.6%	19.5%	4.1%	5.1%

资料来源及计算说明：俄罗斯一栏表示俄罗斯石油生产量占世界石油生产总量的比重，数据来自 BP Statistical Review of World Energy June 2001 – 2017。其余各栏表示俄罗斯对该地区/国家石油出口量占俄罗斯石油总出口量的比重，数据来自俄罗斯海关统计数据。

在天然气生产方面，2000 年以后，俄罗斯与美国一直轮流占据世界最大天然气生产国的头把交椅。然而，由于页岩气革命对美国能源独立的重要贡献[1]，自 2009 年起，美国取代俄罗斯成为世界最大天然气生产国[2]，并且迅速领先于后者。俄罗斯退居为世界第二大天然气生产国。2009—2016 年，美国天然气产量在世界天然气总产量中的比重从 19.67% 升至 21.10%，俄罗斯则从 17.54% 降至 16.3%。[3] 2017 年，美国天然气产量达到每日 736 亿立方米。据预测，2018 年，其产量将创造每日 817 亿立方米的新纪录。[4]

在欧洲市场，2000—2016 年，俄罗斯对欧洲天然气出口占其天然气总出口的比重从 57.45% 升至 76.1%，其中，俄罗斯对德国、意大利和法国的天然气出口占其天然气总出口的比重分别保持在 17%、10% 和 5% 左右。在东北亚市场，2009—2016 年，俄罗斯对东北亚的天然气出口占其天然气总出口的比重从 3.94% 增至 5.96%，其中，俄罗斯对日本和韩国的出口比重分别从 3.23% 和 0.71% 增至 4.64% 和 1.17%。而俄罗斯对中国出口的天然气最少，2010 年和 2011 年分别为 0.24% 和 0.18%，2016 年则为 0.15%。（见表 2 – 2）

---

[1] 根据美国能源信息署，2000—2010 年，页岩气在美国国内天然气生产总量中的比重从不足 1% 升至超过 20%。[EIA, *Annual Energy Outlook 2016 with Projections to 2040*, August 2016, https://www.eia.gov/outlooks/aeo/pdf/0383（2016）.pdf.]

[2] 根据美国能源信息署预测，2035 年，页岩气在美国国内天然气总产量的比重将达到 46%。(Paul Stevens, "The 'Shale Gas Revolution': Developments and Changes", *Chatham House Briefing Paper*, EERG BP 2012/04, 2012, p. 2.)

[3] BP, *BP Statistical Review of World Energy-underpinning Data*, 1965 – 2016, https://www.bp.com/en/global/corporate/energy-economics/statistical-review-of-world-energy/downloads.html.

[4] EIA, *Short-Term Energy Outlook*（*STEO*）, March 2018, p. 1, https://www.eia.gov/outlooks/steo/.

表2-2 俄罗斯天然气生产比重及对欧洲、东北亚地区/国家的出口比例
（2000—2016年）

年份	俄罗斯	欧洲（OECD）	德国	意大利	法国	中日韩	中国	韩国	日本
2000	22.07%	57.45%	16.74%	10.16%	5.81%	—	—	—	—
2001	21.28%	64.59%	18.26%	10.86%	5.74%	—	—	—	—
2002	21.29%	65.02%	18.05%	11.22%	5.73%	—	—	—	—
2003	21.31%	62.22%	16.52%	10.83%	5.16%	—	—	—	—
2004	21.08%	59.91%	17.44%	10.94%	4.46%	—	—	—	—
2005	20.70%	66.14%	18.12%	11.06%	4.48%	—	—	—	—
2006	20.43%	71.91%	19.73%	11.62%	3.77%	—	—	—	—
2007	19.77%	75.83%	20.74%	12.52%	3.29%	—	—	—	—
2008	19.44%	75.51%	20.44%	12.38%	3.57%	—	—	—	—
2009	17.54%	65.61%	15.72%	10.65%	3.95%	3.94%	—	0.71%	3.23%
2010	18.33%	58.35%	15.89%	6.99%	3.52%	5.99%	0.24%	1.84%	3.91%
2011	18.29%	58.61%	14.40%	8.65%	2.88%	6.52%	0.18%	1.57%	4.77%
2012	17.56%	60.18%	15.27%	8.46%	3.01%	6.77%	—	1.29%	5.48%
2013	17.79%	65.70%	17.82%	10.40%	3.75%	6.46%	—	1.14%	5.32%
2014	16.7%	68.8%	19.07%	10.55%	3.47%	6.99%	—	1.29%	5.70%
2015	16.1%	72.29%	18.55%	10.27%	3.37%	6.75%	—	1.69%	5.06%
2016	16.3%	76.1%	22.46%	11.08%	5.13%	5.96%	0.15%	1.17%	4.64%

资料来源及计算说明：俄罗斯一栏表示俄罗斯天然气生产量占世界天然气生产总量的比重，其余各栏表示俄罗斯对该地区/国家天然气出口量占俄罗斯天然气总出口量的比重，其中，俄罗斯从2009年开始向东北亚地区出口天然气，数据来自BP Statistical Review of World Energy 2000–2017。

长期以来，俄罗斯在世界能源生产体系中占据重要地位，它是全球第二大石油生产国和出口国、最大天然气生产国和出口国。然而，由于美国页岩油气的冲击，俄罗斯目前已退居为世界第三大石油生产国和第二大天然气生产国。在欧洲和亚洲能源生产体系中，俄罗斯对欧洲石油出口占其石油总出口的比重不断下降，但对东北亚石油出口的比重却大幅上升。这意味着俄罗斯石油出口市场多元化程度逐步增加。与石油不同，俄罗斯在欧洲天然气市场上占据卖方垄断地位，但在亚洲天然气市场，它仅是新兴出口国且主要集中于液化气出口。显然，俄罗斯目前天然气出口的多元化

程度仍非常有限。尽管美国页岩气革命的供给冲击导致俄罗斯在世界能源生产体系中的地位有所下降，但通过垄断欧洲天然气市场和加强油气出口市场多元化，俄罗斯仍在欧洲和亚洲能源生产体系中占据重要一席。

第二节 俄罗斯在欧亚能源管道政治中的结构性权力

当石油和天然气通过管道运输时，油气管道政治便随之产生。在油气市场的垂直供应链条下，生产国、过境国与消费国为实现自身地缘政治和经济利益的最大化展开博弈。欧洲、中亚—里海和亚洲是俄罗斯油气管道布局的三大地区。就市场角色而言，俄罗斯不仅是欧洲能源市场上的重要生产国，同时也是中亚—里海能源出口的关键过境国，以及向亚洲能源市场积极挺进的新兴出口国。这些在地区能源市场上的不同角色决定着俄罗斯在管道政治中结构性权力的多样性。

一 俄罗斯在欧洲管道政治中的结构性权力

苏联解体导致俄罗斯与欧洲市场的地理分离。过境国的出现使得生产国与消费国的双边博弈演变为生产国、消费国与过境国的三边博弈。就生产国与消费国二者博弈而言，俄罗斯与欧盟的能源利益目标存在根本性冲突。前者作为生产国，竭力维持自己在欧洲市场的垄断地位，而后者作为消费方则寻求能源供给多元化。为了加强对消费国的结构性权力，俄罗斯利用能源领域的国有化来提升国有大型能源集团在世界能源体系中的地位；[1] 同时，通过引发消费国或地区对能源供给的竞争来增强自身地缘政治影响力。[2]

在生产国与过境国博弈方面，乌克兰竭力将油气过境作为能源权力，与俄罗斯争夺"管道租金"，而后者则通过过境国和管线多元化降低对前者的过境依赖，同时采取经由海洋而非邻国的输送方式，提升自身在管道

---

[1] 涂志明：《市场力量与俄欧能源关系》，《世界经济与政治论坛》2013 年第 6 期，第 31 页。

[2] Dominique Finon and Catherine Locatelli, "Russian and European Gas Interdependence: Could Contractual Trade Channel Geopolitics?", *Energy Policy*, Vol. 36, 2008, p. 425.

运输中的议价权力。① 在石油管道方面，为了绕开经由乌克兰和白俄罗斯的友谊管线②，俄罗斯扩大了向北欧市场直接出口的波罗的海石油管线系统③。在天然气管道方面，俄罗斯已完成了亚马尔—欧洲和北溪管道项目④，并积极实施北溪 – 2 管道项目和土耳其溪管道项目⑤。

页岩气革命和乌克兰危机对俄罗斯在欧洲市场上的传统能源权力造成了巨大冲击。非常规油气的发展为寻求能源进口来源多元化的欧洲带来更多选择。美国原油出口解禁后首批低硫轻质页岩原油于 2016 年 1 月被运往欧洲，而来自北美、中东和北非的液化气也将逐步替代俄罗斯管道气。因此，欧洲将在能源对外依存度上升的情况下相对降低对俄罗斯的进口依赖。毋庸置疑，随着欧洲能源市场上的主导方从卖方转向买方，俄欧博弈能力将出现此消彼长。⑥ 同时，由于乌克兰危机后乌克兰正式与欧盟签署《乌欧联系国协定》，欧盟与乌克兰之间产生了更紧密的政治经济联系。这意味着欧盟在对俄能源关系上将获得更大的议价权力，⑦ 而俄罗斯的传统能源武器效力必将因之减弱。

二 俄罗斯在中亚—里海管道政治中的结构性权力

中亚—里海丰富的油气储备和独特的地理特点决定了争夺管道运输权成为重塑该地区地缘政治的战略工具。⑧ 中亚和里海一直被俄罗斯视为

---

① 周凡：《俄欧能源：冲突还是合作》，《俄罗斯研究》2007 年第 1 期，第 50 页。
② 该管道是俄罗斯向欧洲出口石油的最重要管道。它由两个支线构成，北部支线穿过白俄罗斯、波兰和德国，南部支线经由白俄罗斯、乌克兰、斯洛伐克、捷克共和国到达匈牙利。
③ 该系统使俄罗斯西西伯利亚和季曼—佩霍拉区的石油向西输送至普里莫尔斯克港，二期工程将石油从布良斯克州的乌涅恰输送至波罗的海沿岸的乌斯季—卢加。
④ 该管道东起俄罗斯海港维堡，进入波罗的海海底后途经芬兰、瑞典、丹麦，最终到达德国城市普鲁敏。它是世界首个跨海直接连接西欧大陆和俄罗斯的管道工程。
⑤ 2014 年 12 月，俄罗斯迫于欧盟压力宣布放弃经由保加利亚输往欧洲的南溪管道项目，选择与土耳其合作建设输气管道。
⑥ 富景筠：《"页岩气革命"、"乌克兰危机"与俄欧能源关系——对天然气市场结构与权力结构的动态分析》，《欧洲研究》2014 年第 6 期，第 96 页。
⑦ Daisuke Nagayama and Masahide Horita, "A Network Game Analysis of Strategic Interactions in the International Trade of Russian Natural Gas through Ukraine and Belarus", *Energy Economics*, Vol. 43, 2014, p. 99.
⑧ Onur Cobanli, "Central Asian Gas in Eurasian Power Game", *Energy Policy*, Vol. 68, 2014, p. 348.

向欧洲出口能源的重要来源地。① 长期以来,俄罗斯竭力阻止该地区能源出口通道多元化,通过垄断油气过境影响该地区国家的政治定位,② 维护自己的传统地缘政治影响力。③ 在石油管道方面,俄罗斯已通过西向的里海管道财团所属的田吉兹—新罗西斯克管道④、北向的阿特劳—萨马拉管道⑤以及东向的阿塔苏—阿拉山口管道控制了哈萨克斯坦石油的外运和销售。在天然气管道方面,俄罗斯延续使用苏联时期的中亚—中央输气管道及布哈拉—乌拉尔输气管道,并继续成为中亚天然气出口的主要过境国。

为了打破俄罗斯对中亚—里海能源出口的过境垄断,美国和欧盟积极支持铺设绕开俄罗斯、直通欧洲的油气管道。由美国主导的巴库—第比利斯—杰伊汉输油管道⑥的开通,率先打破了俄罗斯垄断里海石油出口的局面。而与此平行的南高加索输气管道——巴库—第比利斯—埃尔祖鲁姆天然气管道的建成则再次挑战了俄罗斯在里海输气格局中的传统霸权。与此同时,欧盟也竭力推进建设穿越里海的纳布科天然气管道⑦、跨亚得里亚海天然气管道⑧和跨安纳托利亚管道⑨等项目。2013年6月,以英国石油公司为首的沙赫德尼兹财团选择跨亚得里亚海天然气管道作为沙赫德尼兹气田项目二期向欧洲输送天然气的运输管道。这实际上宣告了纳布科天然气管道的流产。但跨安纳托利亚管道项目和跨亚得里亚海管道项目仍分别于2014年和2015年启动建设。

---

① Uwe Remme, Markus Blesl and Ulrich Fahl, "Future European Gas Supply in the Resource Triangle of the Former Soviet Union, the Middle East and Northern Africa", *Energy Policy*, Vol. 36, 2008, p. 1628.

② Faig Galib Abbasov, "EU's External Energy Governance: A Multidimensional Analysis of the Southern Gas Corridor", *Energy Policy*, Vol. 65, 2014, p. 35.

③ Andrei Kazantsev, "Russian Policy in Central Asia and the Caspian Sea Region", *Europe-Asia Studies*, Vol. 60, No. 6, 2008, p. 1085.

④ 该管道将哈萨克斯坦西北部的田吉兹和卡拉查干纳克两大油田和俄罗斯黑海的新罗西斯克港连接起来。其股东包括美国雪佛龙公司、俄罗斯卢克石油公司、俄罗斯石油管道运输公司、荷兰皇家壳牌公司、埃克森美孚公司、哈萨克斯坦国家石油和天然气公司以及意大利埃尼集团。俄方持股比例达31%。

⑤ 该管道经哈萨克斯坦北部边境连接俄罗斯国家石油管道运输公司管网管道。

⑥ 该管道东起阿塞拜疆巴库油田,经格鲁吉亚首都第比利斯至土耳其杰伊汉港。

⑦ 该管道在已建成的"巴库—第比利斯—埃尔祖鲁姆"天然气管道基础上,将中亚和里海天然气通过东中欧的保加利亚、罗马尼亚和匈牙利输往奥地利。

⑧ 该管道将天然气从阿塞拜疆沙赫德尼兹气田经格鲁吉亚运至土耳其。

⑨ 该管道将天然气从阿塞拜疆沙赫德尼兹气田经土耳其东部通向西部,最终输送至欧洲。

毋庸置疑，油气管道路线的选择对于中亚—里海管道政治的大国权力结构具有重要影响。而该地区管道出口的多元化进程无疑意味着俄罗斯的传统结构性权力将被逐渐侵蚀。乌克兰危机后俄罗斯与欧盟对中亚—里海管道路线的争夺越发激烈。为了加速能源进口来源多元化进程，欧盟迫切需要打通"南部走廊"。而增加绕开乌克兰的油气供给则成为俄罗斯为推进管道建设而考虑的核心内容。同时，中亚—里海国家寻求东向能源出口市场的需求与中国能源进口来源多元化的目标相契合。随着中国—哈萨克斯坦石油管道和中国—中亚天然气管道相继投入运营，中亚—里海管道博弈的重心开始向东扩展。对俄罗斯而言，中国对中亚油气管道的介入是一把"双刃剑"。一方面，这对俄罗斯在该地区的主导性进口国地位构成挑战，同时也导致俄罗斯油气在中国市场面临更激烈的供给竞争。另一方面，中亚国家对中国的管道出口"锁定"（interlock）了其对欧盟"南部走廊"的供给量，由此在一定程度上有助于俄罗斯捍卫中亚天然气西向出口的过境主导权及在欧洲市场的出口份额。①

三 俄罗斯在亚洲管道政治中的结构性权力

相对欧洲和中亚—里海地区而言，俄罗斯在亚洲能源市场上扮演着新兴出口国角色。受页岩气革命和乌克兰危机的双重冲击，俄罗斯开始积极推进能源东向战略，进而实现出口市场的地缘最优平衡。作为东北亚地区唯一的油气出口国，俄罗斯在亚洲市场上的结构性权力来自利用进口国间的相互竞争实现出口市场多元化，同时依托油气管道布局提升其在亚洲的地缘政治地位。

就石油管道而言，在中国和日本就"安大线"与"安纳线"展开激烈争夺时，俄罗斯于2004年提出第三方案"泰纳线"。该方案将输油管道的起点和终点分别定在伊尔库茨克州的泰舍特和太平洋沿岸的纳霍德卡。"泰纳线"对"安大线"和"安纳线"的折中本质上是对日本"安纳线"建设方案的认可和支持，但在中日关于管线建设次序的争夺中，俄罗斯决定先行建设泰舍特—斯科沃罗季诺一期工程及斯科沃罗季诺—大庆的中国

---

① Onur Cobanli, "Central Asian Gas in Eurasian Power Game", *Energy Policy*, Vol. 68, 2014, pp. 349, 354.

支线。① 东西伯利亚—太平洋输油管线②最终成为俄罗斯石油东向出口的重要依托。由于同时控制管道的出入口，该管线的贯通助推了俄罗斯对日本、朝鲜半岛及其他亚太国家的石油外交。

在天然气管道方面，俄罗斯对东北亚天然气出口将着重依赖雅库特恰扬金斯基经哈巴罗夫斯克至符拉迪沃斯托克的天然气管线（"西伯利亚力量"）和阿尔泰管线（"西伯利亚力量－2"）。③ 2014年，中俄相继签署了《东线供气购销合同》和《西线天然气供气协议》④，历时20年的中俄天然气"马拉松谈判"取得实质性突破。围绕中俄西线天然气管道的过境国地位，蒙古国与哈萨克斯坦展开竞争，并提出经该国铺设管道具有"安全、路程短和草原条件"等优势。在跨朝鲜半岛天然气管道方面，尽管俄韩于2011年达成了从符拉迪沃斯托克经朝鲜至韩国的管道气项目路线图，⑤ 但来自潜在过境国朝鲜方面的政治风险直接影响到该项目的实现可能性。⑥ 就俄日合作而言，2011年福山核泄漏事件后，天然气被日本认为是替代核能、克服能源危机的最可行方式。2012年，日本同意与俄气就天然气管道项目展开共同研究。对日本而言，俄罗斯是稳定的油气供给国，而提升对俄能源关系将相对降低对中东的进口依赖并提升自身能源安全。⑦

由于亚洲能源市场的融合程度远远滞后于欧洲和北美，俄罗斯便具有了利用进口国之争寻求利益最大化的契机。俄罗斯对东北亚的石油出口与东北亚国家降低对中东石油进口依赖的迫切需求相吻合。根据2009年正

---

① 徐建伟、葛岳静：《俄罗斯太平洋石油管道建设的地缘政治分析》，《东北亚论坛》2011年第4期，第61页。

② 该管道西起泰舍特，东至俄罗斯太平洋沿岸的科济米诺湾。一期和二期工程分别于2009年和2012年正式投入运营。

③ 东线管道将萨哈（雅库特）天然气输送至远东市场，而西线管道将西西伯利亚天然气经阿尔泰共和国输入中国新疆并与西气东输管道相连。

④ 根据《中俄东线供气购销合同》，俄方从2018年起向中国供气，最终达到每年380亿立方米，合同期为30年。《西线天然气供气协议》规定未来供气规模为每年300亿立方米，供气期限为30年。未来中俄东线和西线天然气管道开通后，中国将超过德国成为俄罗斯最大的天然气进口国。

⑤ Youn Seek Lee, "The Gas Pipeline Connecting South Korea, North Korea, and Russia: Effects, Points of Contention, and Tasks", *KINU Policy Study* 11-05, 2011, p. 1.

⑥ Miroslav Mares and Martin Larys, "Oil and Natural Gas in Russia's Eastern Energy Strategy: Dream or Reality?", *Energy Policy*, Vol. 50, 2012, p. 445.

⑦ Masumi Motomura, "Japan's Need for Russian Oil and Gas: A Shift in Energy Flows to the Far East", *Energy Policy*, Vol. 74, 2014, pp. 75, 78.

式批准的《2030年前俄罗斯能源战略》，俄罗斯计划在东西伯利亚和远东地区建立一套完整的石油和天然气提炼、运输和供给体系。① 俄罗斯促进统一天然气管道系统的努力将有助于其成为连接东北亚天然气市场的地区内纽带。② 然而，俄罗斯的能源出口多元化政策将难免受到东北亚地缘政治局势的影响，其中包括朝鲜半岛局势走向及美日、美韩同盟关系等因素。特别是页岩革命后，美国已分别取代沙特阿拉伯和俄罗斯成为全球最大的石油和天然气生产国。这一因素的掣肘必将导致东北亚能源市场的利益博弈更趋复杂化。③

第三节　俄罗斯在国际能源定价机制中的结构性权力

能源出口通常是一国经济崛起和本币国际化的助推器。作为世界能源市场上的油气生产大国，俄罗斯具有强烈意愿谋求与自身油气生产和出口实力相匹配的能源定价权。俄罗斯推出"石油卢布"计划和"天然气欧佩克"设想的根本目的是借助油气出口之力推动卢布成为能源交易的结算货币，进而启动卢布国际化进程。然而，由于本国经济对世界能源市场的脆弱性依赖以及其在国际金融体系中结构性权力的缺失，俄罗斯撬动现行国际能源定价体系的努力严重受挫。

自20世纪60年代至今，国际石油定价机制经历了从西方跨国公司寡头垄断到石油输出国组织合谋定价，再到与石油期货和现货市场价格挂钩定价模式的演变过程。④ 目前，美国、欧佩克和非欧佩克石油输出国、世界主要石油期货市场是国际石油定价权的主要拥有者。具体来看，在"石油—美元"体系下，美国通过调整国内货币政策影响作为石油交易媒介的美元币值，进而达到控制国际油价的目的。纽约商品交易所和伦敦洲际期

---

① Министерство Энергетики РФ, *Энергетическая Стратегия России на Период до 2030 года*, 2009, http://www.minprom.gov.ru；[俄]日兹宁：《俄罗斯在东北亚地区的对外能源合作》，《俄罗斯研究》2010年第3期，第78页。

② Elena Shadrina, "Russia's Natural Gas Policy toward Northeast Asia: Rationales, Objectives and Institutions", *Energy Policy*, Vol. 74, 2014, p. 65.

③ 富景筠：《东北亚天然气格局的演变逻辑——市场结构与权力结构的分析》，《东北亚论坛》2015年第4期，第67页。

④ 刘叶等：《现行国际原油定价机制下中东利益保障机制及其启示》，《世界经济与政治论坛》2013年第1期，第83页。

货交易所利用西得克萨斯中质原油（WTI）和北海布伦特原油（Brent）的期货价格影响全球石油现货价格。由于全球能源市场供求基本面因素变化，欧佩克通过减产推高油价的市场影响力正在减弱。

俄罗斯对现行国际石油交易规则的挑战主要包括石油定价权及美元的结算货币地位。就石油基准价而言，在欧洲市场上，俄罗斯乌拉尔原油主要挂靠北海布伦特原油计价。2011年后，北海布伦特原油价格反超西得克萨斯中质原油价格，这一历史性逆转为俄罗斯石油出口带来巨大收益。在亚洲市场上，东西伯利亚—太平洋石油管道（ESPO）开通后，作为远东输油管道的唯一油源，俄罗斯力推俄罗斯混合原油成为亚太地区的基准原油，但俄罗斯混合原油最终与新加坡交易所推出的迪拜原油挂钩。

在结算货币方面，俄罗斯积极推进以卢布取代美元作为本国石油出口的结算货币，力求打造"石油卢布"。2006年，普京在国情咨文中提出建立用卢布结算的石油交易所。俄罗斯石油交易所随即于2007年在圣彼得堡正式成立。2008年，俄罗斯经济发展与贸易部同圣彼得堡交易所筹划并正式推出了石油交易平台。[①] 该平台的正式开盘意味着俄罗斯成功取得国内成品油的定价权。同年，俄罗斯又建立了圣彼得堡国际商品原料交易所（СПбМТСБ）。[②] 俄罗斯"石油卢布"的长远计划是，首先推进独联体内石油贸易的卢布结算，然后扩展到与亚洲和欧洲的石油交易，同时争取伊朗、阿尔及利亚、委内瑞拉、墨西哥等产油国组成以卢布为结算货币的石油联盟，最终形成以卢布为基础的"新欧佩克"。

2014年乌克兰危机后美欧对俄罗斯的制裁不断扩大至新的企业和行业，这使得俄罗斯石油公司难以在海外获取融资。随着欧盟与美国之间的贸易进一步升级，俄罗斯与欧盟关系趋向回暖。2018年11月，俄罗斯第一副总理兼财政部长安东·西卢阿诺夫（Anton Siluanov）表示，俄罗斯愿与欧洲国家展开合作，尝试用欧元来结算石油贸易。在采用非美元货币结

[①] 孙溯源：《俄罗斯对世界石油体系的挑战及其局限》，《俄罗斯研究》2010年第3期，第108页。

[②] 该交易所于2008年开始从事石油产品交易，自2010年起从事石油产品期货交易，于2013年开始从事原油交易，2014年至今从事天然气交易。俄罗斯储蓄银行、天然气工业银行和对外贸易银行计划向圣彼得堡国际商品原料交易所共同注资7.5亿卢布。俄罗斯石油公司、海外石油公司、石油运输公司、天然气工业石油公司、苏尔古特石油天然气公司、鞑靼石油公司共同参与筹建。为了独享石油出口定价权，俄政府坚持拒绝美国公司加入。（Санкт-Петербургская Международная Товарно-сырьевая Биржа, http://spimex.com/.）

算石油贸易问题上，欧洲与俄罗斯存在共同利益。欧盟也一直在计划提升欧元的国际地位。欧盟曾表示，将建立一个向伊朗、中国、俄罗斯等国开放的 SPV 机制，欧洲企业借此可绕开 SWIFT 支付系统。

与石油不同，由于全球天然气市场不存在统一的定价机制，各地区因市场成熟程度和供求结构差异实行不同的定价方式。[①] 俄罗斯对欧洲大陆的天然气贸易具有一定的垄断性定价权，具体表现为基于石油价格指数的长期天然气合约和"照付不议"条款。[②] 在独联体内部的天然气贸易中，俄罗斯则根据对俄关系程度实行相应价格补贴。[③] 同时，通过与中亚和北非国家的地区或双边协议，通过与伊朗和卡塔尔等重要天然气生产国之间的和解与合作，俄罗斯力求扩大自己在全球天然气市场上的主导权。[④] 特别是，俄罗斯还努力构建由自己主导的国际能源组织，即试图依托"天然气出口国家论坛"（GECF）[⑤] 来筹建"天然气欧佩克"（Gas OPEC），并由此确定天然气生产和出口配额及价格机制。

然而，受限于金融实力和经济地位，俄罗斯仍是全球能源定价机制中的价格接受者和"石油—美元"体系下的规则接受者。究其原因，作为能源生产国，俄罗斯在油气定价权中的结构性权力与其在生产体系中的地位以及全球能源供求格局变化密不可分。俄罗斯与欧佩克之间的竞争关系决定了其长期以来未能与欧佩克就石油产量结成联盟，因此便难以在"限产保价"战略上形成合作。[⑥] 目前，页岩油的迅速扩张正在促使国际石油市场形成新的权力组合。从未来一段时期看，美国页岩油与欧佩克和非欧佩

[①] 北美、欧洲和亚洲是世界三大天然气市场，彼此价格互不关联。北美市场的天然气价格由供求关系决定，欧洲市场包括欧洲大陆的石油指数化定价和西北欧以英国为中心的竞争性枢纽定价，亚洲市场的天然气价格则与日本进口石油综合价格（JCC）挂钩。

[②] Kenneth Barry Medlock III, "Modeling the Implications of Expanded US Shale Gas Production", *Energy Strategy Reviews*, Vol. 1, Issue 1, 2012, p. 39.

[③] Andrey A. Konoplyanik, "Russian Gas at European Energy Market: Why Adaptation is Inevitable", *Energy Strategy Reviews*, Vol. 1, Issue 1, 2012, p. 46.

[④] Dominique Finon, "Russia and the 'Gas-OPEC'. Real or Perceived Thread?", *Ifri Russia/NIS Center*, November 2007, p. 5.

[⑤] 2001 年成立，"天然气出口国家论坛"由世界 11 个主要天然气生产国组成，其中，俄罗斯、伊朗和卡塔尔共拥有全球天然气储备的 57%。(Eldar O. Kassayev, "The Myth of a Natural Gas OPEC", *The National Interest*, February 11, 2013.)

[⑥] Jareer Elass and Amy Myers Jaffe, "The History and Politics of Russia's Relations with OPEC", The Energy Forum of the James A. Baker III Institute for Public Policy, Rice University, May 2009, p. 7.

克之间的"减产合作联盟"①将成为国际油价的"调节器",前者将凭借反应灵活、产能充足优势进一步压缩后者联手操纵油价的空间。②倘若美国继续保持强劲的石油生产能力,那么,任何缺少美国参与配合的国际油价协调机制都将失去既有作用。③

页岩革命后非常规油气的迅速发展导致俄罗斯与美国在世界能源生产体系中的力量对比出现消长。液化气贸易以及新的天然气基础设施建设正在改变全球天然气贸易版图。④美国剑桥能源研究协会(CERA)主席丹尼尔·耶金曾在21世纪初期预言,美国页岩气革命将挫败石油指数化全球天然气市场的出现。⑤未来美国液化气出口对欧洲天然气市场价格的下行压力⑥,将进一步恶化俄罗斯对欧天然气贸易条件,使欧洲市场的油气挂钩机制加速转向竞争性定价机制。⑦美国页岩气革命对常规天然气生产国的巨大冲击,实际上也宣告了俄罗斯建立"天然气欧佩克"蓝图的破灭。

作为资源依赖型国家,俄罗斯挑战现有能源定价体系的能力与国际市场油价水平直接相关。这种对世界能源市场的脆弱性依赖意味着俄罗斯推进卢布国际化进程存在诸多的外部不确定性。相对美元在国际金融体系中的霸主地位而言,卢布并非国际交易、结算和储备货币。作为卢布国际化战略第一步,卢布从2006年7月1日开始正式成为可自由兑换货币。此

---

① 以沙特和俄罗斯为首的欧佩克和非欧佩克之间达成联合减产协议的"维也纳联盟",这促使国际油价进入持续稳定回升通道。目前,沙特和俄罗斯正考虑签署为期10—20年的石油减产长期协议,将"维也纳联盟"的短期减产协议变为长期"减产合作联盟"。减产协议的常态化和机制化将重组影响国际油价的传统力量。

② Meghan L. O'Sullivan, *Windfall: How the New Energy Abundance Upends Global Politics and Strengthens America's Power*, New York: Simon & Schuster, 2017, p. 34.

③ 李扬、徐洪峰:《特朗普政府"美国第一能源计划"及其影响》,《东北亚论坛》2017年第5期,第106页。

④ Agnia Grigas, *The New Geopolitics of Natural Gas*, Cambridge: Harvard University Press, 2017, p. 9.

⑤ Daniel Yergin, *The Quest: Energy, Security and the Remaking of the Modern World*, New York: Penguin, 2012, p. 344.

⑥ Paul Stevens, "The 'Shale Gas Revolution': Developments and Changes", *Chatham House Briefing Paper*, EERG BP 2012/04, 2012, p. 1.

⑦ Kenneth Barry Medlock III, "Modeling the Implications of Expanded US Shale Gas Production", *Energy Strategy Reviews*, Vol. 1, Issue 1, 2012, p. 39; Deloitte Center for Energy Solutions, "Exporting the American Renaissance: Global Impacts of LNG Exports from the United States", *A Report by the Deloitte Center for Energy Solutions and Deloitte Market Point LLC*, 2013, p. 16.

后，俄罗斯大力推动双边贸易的本币结算，特别是能源贸易的卢布结算，力图使卢布成为地区储备货币。① 但2014年油价下跌与乌克兰危机后西方经济制裁的不断升级，导致卢布急剧贬值，俄罗斯外汇储备大幅缩水。卢布的颓势表现无疑意味着卢布与国际交易货币的梦想渐行渐远。而油价暴跌和西方制裁引发的中长期衰退，客观上中断了俄罗斯对世界能源定价体系及交易规则的挑战。

从世界能源体系的生产、安全和金融结构上看，俄罗斯的结构性权力具有明显的不均衡性。尽管在生产体系和管道政治中占据重要地位，俄罗斯始终是全球能源定价机制中的价格接受者和"石油—美元"体系下的规则接受者。页岩气革命后非常规油气的迅猛发展引发了全球能源市场的深刻变革，这极大地削弱了传统油气出口国俄罗斯的市场地位。② 无论在欧洲，还是在中亚—里海的生产体系或管道政治博弈中，俄罗斯的结构性权力均遭到不同程度的削弱。东北亚成为俄罗斯管道政治权力的唯一增量。以能源为纽带加强与该地区进口国的合作，无疑是俄罗斯走出欧洲地缘政治困境的重要出路。

就中俄能源合作而言，目前俄罗斯扩大对华能源合作的需求远远大于中国对俄罗斯的进口依赖。页岩气革命和乌克兰危机两大市场和地缘政治冲击，促使俄罗斯加速实现出口市场多元化，这直接使得历时20年的中俄天然气谈判于2014年取得突破。随着2015年5月欧亚经济联盟与丝绸之路经济带正式启动战略对接，俄罗斯越发意识到对接丝绸之路经济带不仅有助于缓解自身在欧洲面临的地缘政治压力，而且将提升欧亚经济联盟对成员国的吸引力，由此抵制欧美在其传统势力范围中亚和里海的强势扩张。

目前，东北方向的中俄油气管道、西北方向的中哈油气管道和中亚天然气管道、西南方向的中缅油气管道以及海上液化气管道共同构成中国的

---

① 李中海：《卢布国际化战略评析——兼论中俄贸易本币结算》，《俄罗斯研究》2011年第4期，第92页。

② Petr Ocelik and Jan Osicka, "The Framing of Unconventional Natural Gas Resources in the Foreign Energy Policy Discourse of the Russian Federation", *Energy Policy*, Vol. 72, 2014, p. 97.

能源进口格局。随着中国能源进口增加及中俄能源合作深化，俄罗斯在中国多元能源供应体系中的地位将不断上升。而中亚地区则是丝绸之路经济带的必经之地，同时也是俄罗斯实施对外能源战略最重要的优先方向之一。考虑到当前俄罗斯对亚洲能源市场的转向及丝绸之路经济带与欧亚经济联盟的战略对接，加强中俄能源合作对于中国扩展欧亚能源合作空间、提升自身在世界能源体系中的话语权具有重要现实意义。

第三章　俄罗斯与欧洲能源政治

全球能源体系变革及地缘政治危机对地区性天然气市场及权力结构的演变具有重要意义。在市场层面，以页岩气为代表的非常规天然气的发展正在影响着欧洲天然气供给格局的演变，而乌克兰危机后欧盟降低对俄能源依赖的政治意愿成为促使欧洲天然气需求格局转变的强烈动机。在地缘政治层面，页岩气革命和乌克兰危机对俄罗斯在欧洲天然气市场上的传统能源权力产生了冲击效应，进而使俄欧能源博弈能力出现此消彼长。页岩气革命和乌克兰危机双重冲击下的俄罗斯能源战略重心东移将对中国能源安全及未来亚洲能源格局产生深远影响。

第一节　俄罗斯、欧盟与乌克兰能源博弈

作为世界最大能源供给国之一，俄罗斯在全球能源市场上扮演着重要角色，其能源政策已成为影响地缘政治演变的关键因素。[1] 根据美国能源信息署（EIA）的统计，俄罗斯具有世界上最大的天然气储备和第八大原油储备。[2] 这些丰富的资源储备赋予俄罗斯外交政策极大的能源权力。随着俄罗斯能源战略的政治色彩越来越浓烈，其在能源领域的对外贸易和对外政策之间形成了事实上的"干涉"关系，[3] 特别是，在对其能源依赖的

---

[1] Elena Kropatcheva, "He Who Has the Pipeline Calls the Tune? Russia's Energy Power against the Background of the Shale 'Revolutions'", *Energy Policy*, Vol. 66, 2014, p. 1.

[2] U. S. Energy Information Administration, *Russia*, Last updated: November 26, 2013, Revised: March 12, 2014, http://www.eia.gov/countries.

[3] Dominique Finon and Catherine Locatelli, "Russian and European Gas Interdependence: Could Contractual Trade Channel Geopolitics?", *Energy Policy*, Vol. 36, 2008, p. 425.

欧盟中具有了能源"武器化"(weaponization)倾向。[1]

然而,能源武器作为外交工具也具有自身的局限性。一是能源出口国的经济增长与财政收入高度依赖能源出口。这意味着俄罗斯与欧盟之间的能源关系并非仅是后者对前者的单边依赖,而是具有相互依赖性。也就是说,俄罗斯不得不考虑能源武器的成本,并在获取能源收入与利用能源杠杆之间保持一种平衡。二是一国能源权力的强弱不可避免地受到全球能源体系变革的影响。正在勃兴的页岩气革命不仅将促使美国从天然气净进口国转变成净出口国,而且以页岩气为代表的非常规天然气的发展将可能成为欧洲天然气市场版图及俄欧能源关系的博弈改变者(game changer)。[2]三是地缘政治危机后消费国的进口依赖降低将减弱出口国的能源武器效力。俄欧能源利益冲突经过此次乌克兰危机的发酵将更加激化。通过加速推进能源进口市场多元化,欧盟能够在一定程度上降低对俄天然气的刚性需求。由此可见,为了应对新替代能源的潜在竞争及乌克兰危机后欧洲市场需求萎缩的持续影响,横跨欧亚大陆的俄罗斯自然会将能源贸易与外交的重心转向亚洲,而俄罗斯对亚洲天然气市场的深度介入将对中国能源安全及未来亚洲能源格局产生深远影响。

由于供给和过境被赋予战略意义,俄欧天然气贸易也相应地从经济关系升级为地缘政治关系,即产生与天然气贸易相关的"天然气地缘政治效应"。因此,在分析俄欧能源关系时,天然气的商品属性和地缘政治属性需要被同时加以考察。前者决定了一国为获得来自贸易的收益需要进行合作性博弈。而后者则意味着一国为保证自身权力和安全,也可能与伙伴国展开竞争性零和博弈。[3] 实际上,与石油相比,天然气的地区垄断性及地缘政治不确定性更为强烈。究其原因,首先,具有高度流动性的石油是一种全球性商品,而主要依靠管道运输的天然气则是一种地区性商品,缺乏

---

[1] Karen Smith Stegen, "Deconstructing the 'Energy Weapon': Russia's Threat to Europe as Case Study", *Energy Policy*, Vol. 39, 2011, p. 6505; Angela Stent, "An Energy Superpower? Russia and Europe", in Kurt M. Campbell and Jonathon Price, eds., *The Global Politics of Energy*, Washington D. C.: The Aspen Institute, 2008, p. 78; Frank Umbach, "Global Energy Security and the Implications for the EU", *Energy Policy*, Vol. 38, 2010, p. 1229.

[2] Florence Geny, *Can Unconventional Gas be a Game Changer in European Gas Markets*? Oxford: The Oxford Institute for Energy Studies, 2010, p. 1.

[3] [英]戴维·维克托、埃米·贾菲、马克·海斯编著:《天然气地缘政治——从1970到2040》,王震、王鸿雁等译,石油工业出版社2010年版,第5页。

流动性和灵活性。① 不同地区天然气市场的成熟程度和供求结构决定了差异性的地区定价方式。其次，在石油贸易中，单一生产国不具有对单一消费国的重要杠杆作用，其使用石油作为能源武器的唯一方式是形成生产者卡特尔，即石油输出国组织欧佩克。然而，天然气对管道运输的高度依赖使得天然气市场具有地区垄断性。由于消费国对供给中断难以灵活应对，单一生产国便凭借卖方垄断地位产生对消费国的杠杆作用。最后，天然气管道通过第三国运输使得生产国与消费国之间的能源关系复杂化。一方面，作为寻租者的过境国试图从天然气贸易中攫取租金，它的寻租行为构成生产国和消费国之间天然气贸易的外部性。② 另一方面，过境路线布局直接关系到生产国与消费国能源博弈的权力分配。③ 特别是当过境国游离于两个地缘政治联盟之间时，它作为管道过境国的地缘政治地位急剧上升并成为生产国和消费国的争夺对象。由此可见，从地缘政治和经济利益角度看，天然气市场垂直供应链条下生产国、过境国与消费国的能源权力具有多层分散性与相互制约性。

同时，以往关于俄欧天然气地缘政治的研究集中探讨了生产国、消费国和过境国之间的双方或三方博弈，相对忽视了全球能源体系变革和地缘政治危机对三者能源关系的重要影响。实际上，区域外大国能源角色的转变对于地区性能源市场与权力结构的演变具有不容忽视的作用。特别是，新替代能源页岩气的发展有效地增加了全球天然气的供给弹性，其对传统市场结构的冲击效应将引发能源供应与运输链条上国家间权力格局的变化。而地缘政治危机的爆发将加剧地区性天然气市场与权力结构的调整过程。鉴于此，本节试图构建基于天然气商品与地缘政治双重属性的俄欧能源关系分析框架；在全球能源体系及欧洲地缘政治体系变迁的背景下，将页岩气革命和乌克兰危机作为市场层面和地缘政治层面的影响变量纳入对欧洲天然气市场与权力结构演变的动态分析。

---

① Andreas Goldthau, "Rhetoric versus Reality: Russian Threats to European Energy Supply", *Energy Policy*, Vol. 36, 2008, p. 686.
② Yuri Yegorov and Franz Wirl, "Gas Transit, Geopolitics and Emergence of Games with Application to CIS Countries", USAEE-IAEE WP 10 – 044, 2010, p. 3.
③ Chloe Le Coq and Elana Paltseva, "Assessing Gas Transit Risks: Russia vs. the EU", *Energy Policy*, Vol. 42, 2012, p. 642.

一 传统市场结构下俄罗斯、欧盟与乌克兰的三角能源关系

苏联解体后,欧洲天然气市场结构从生产国与消费国的二元博弈变成了生产国、消费国与过境国的三元博弈。俄罗斯、欧盟与主要过境国乌克兰之间的能源关系构成欧洲地缘政治博弈的重要内容,而各方在欧洲天然气市场上的角色和地位决定了其在权力结构中的讨价还价能力。

(一) 俄罗斯在欧洲天然气市场上的卖方垄断地位

俄罗斯对欧洲天然气市场的卖方垄断突出表现在市场份额和定价机制两个方面。由于天然气需求上升、自身生产能力下降,作为世界第二大天然气市场的欧洲对天然气的进口依赖不断增强。根据英国石油公司(BP)预测,至2035年,欧洲对管道气的净进口依赖将从2014年的37%升至51%。[①] 俄罗斯一直是欧洲重要的天然气供给国。2006—2008年,俄罗斯天然气占欧洲天然气总进口的比重保持在33%左右的水平上。2009—2012年,这一比重降至29%,2013年反弹至36%,至2017年达到39%。(见表3-1)需要强调的是,国家控制天然气出口强化了俄罗斯的卖方垄断地位。作为国家垄断的天然气工业巨头,俄气掌控了俄罗斯65%的已探明天然气储备及90%的天然气生产份额。在克里姆林宫与俄气领导层之间的旋转门机制下,俄气已成为服务于俄罗斯国家经济和政治权力目标的工具,其市场行为具有推进外交政策目标的浓厚色彩。[②]

表3-1 欧洲天然气进口总量及对俄罗斯天然气、液化气的进口依赖
(2006—2017年)

年份 项目	2006	2007	2008	2009	2010	2011	2012	2013	2014	2015	2016	2017
欧洲天然气进口总量(单位:10亿立方米)	406.64	405.44	429.3	411.56	443.36	437.38	446.5	448.6	414	456.4	472.2	489.1
其中:俄罗斯管道气	136.23	133.42	141.16	119.76	118.61	128.16	130	162.4	147.7	159.8	166.1	189.3

---

① BP, *BP Energy Outlook 2035*, 2014, p. 59, http://www.bp.com/energyoutlook.
② Karen Smith Stegen, "Deconstructing the 'Energy Weapon': Russia's Threat to Europe as Case Study", *Energy Policy*, Vol. 39, 2011, p. 6506.

续表

项目\年份	2006	2007	2008	2009	2010	2011	2012	2013	2014	2015	2016	2017
液化气	57.42	53.34	55.29	69.02	87.75	90.67	69.3	51.5	52.1	55	56.4	65.7
欧洲对俄罗斯天然气的进口依赖（单位：%）	34	33	33	29	27	29	29	36	36	35	35	39
欧洲对液化气的进口依赖（单位：%）	14	13	13	17	20	21	16	11	13	12	12	13

资料来源：笔者根据 BP Statistical Review of World Energy (2007 – 2018) "Natural Gas: Trade Movements" (available at http://www.bp.com/statisticalreview) 统计数据计算得出。

由于欧洲大陆对俄罗斯管道气的高度依赖，俄罗斯在欧洲天然气市场上获得了垄断性定价权。这种垄断性定价权主要表现在两个方面。一是与国家间关系相挂钩的政治性定价，即根据独联体国家对俄关系程度实行不同的天然气价格补贴。[①] 二是以市场为基础的歧视性定价，即与欧盟进口国签订基于石油价格指数的长期天然气合约，同时，通过供需双方的"照付不议"条款保证自己作为供气方的权益。尽管长期天然气合约为生产国和消费国提供了稳定、可靠的天然气供给，但石油指数化天然气价格实际上是一种歧视性定价机制。由于地区性供给缺乏弹性，生产国能够区分具有不同需求弹性的消费国，并使它们之间无法进行天然气贸易。[②]

（二）欧洲主要国家对俄罗斯天然气的进口依赖

欧洲国家对俄罗斯天然气的进口依赖具有高度差异性，可根据进口依赖比例分为四类。第一类是完全依赖型，即对俄罗斯天然气的进口依赖达100%的国家，包括芬兰和斯洛伐克。第二类是高度依赖型，即对俄罗斯天然气的进口依赖超过50%的国家，包括奥地利、捷克、希腊、匈牙利、波兰和土耳其。第三类是依赖型国家，即对俄罗斯天然气的进口依赖大于

[①] 苏联解体后，无论是作为出口国，还是作为中亚天然气的再出口国，俄罗斯对原苏联国家的天然气出口均按照"成本加成"原则定价。俄罗斯于 2006 年和 2007 年分别对乌克兰、白俄罗斯两个独联体过境国的出口天然气定价从"成本加成"原则转为"重置价值原则"。(Andrey A. Konoplyanik, "Russian Gas at European Energy Market: Why Adaptation is Inevitable", *Energy Strategy Reviews*, Vol. 1, Issue 1, 2012, p. 46.)

[②] Kenneth Barry Medlock III, "Modeling the Implications of Expanded US Shale Gas Production", *Energy Strategy Reviews*, Vol. 1, Issue 1, 2012, p. 39.

20%的国家,包括德国、法国、比利时、意大利和荷兰。第四类是不依赖型国家,即对俄罗斯天然气的进口依赖基本为零的国家,包括爱尔兰、西班牙和英国。(见表3-2)

表3-2　欧洲主要国家对俄罗斯天然气的进口依赖(2006—2017年)　单位:%

年份 国家	2006	2007	2008	2009	2010	2011	2012	2013	2014	2015	2016	2017
芬兰	100	100	100	100	100	100	100	100	100	100	100	100
斯洛伐克	100	100	100	100	100	100	100	100	100	29	75	100
奥地利	78	75	72	68	78	51	62	76	51	72	77	100
匈牙利	76	75	77	89	87	84	81	100	100	100	71	100
捷克	75	75	77	68	73	57	66	65	64	53	56	64
希腊	83	78	68	62	53	57	78	79	74	76	81	79
波兰	66	67	73	78	89	86	82	84	84	79	81	76
土耳其	63	63	63	52	45	56	57	59	65	67	62	64
德国	40	42	42	35	37	37	35	42	45	43	46	51
法国	19	16	18	17	16	18	16	21	26	26	33	34
意大利	30	32	32	30	19	22	20	44	45	48	38	41
荷兰	16	12	24	25	24	27	14	10	15	8	39	21
比利时	3	2	0	0	0	25	24	37	37	46	24	0
爱尔兰	0	0	0	0	0	0	0	0	0	0	0	0
西班牙	0	0	0	0	0	0	0	0	0	0	0	0
英国	0	0	0	0	0	0	0	0	0	0	0	10

资料来源:笔者根据 BP Statistical Review of World Energy (2007 – 2018) "Natural Gas: Trade Movements" (available at http://www.bp.com/statisticalreview) 统计数据计算得出。

就绝对进口量而言,欧洲国家中进口俄罗斯天然气最多的是德国、意大利和土耳其。作为俄罗斯最大的天然气出口市场,2006—2017年,德国从俄罗斯进口的天然气占俄罗斯对欧洲天然气总出口的比重平均为26%。这一期间,意大利和土耳其的进口比重在16%—17%的水平上,法国、波兰和比利时的进口比重在5%—10%,捷克、匈牙利、奥地利、斯洛伐克、芬兰、希腊和荷兰等国的进口比重则在5%以下。(见表3-3)

表 3-3　　欧洲主要国家进口俄天然气在俄对欧总出口中的比重
（2006—2017 年）　　　　　　　　　　　　　　单位：%

年份 国家	2006	2007	2008	2009	2010	2011	2012	2013	2014	2015	2016	2017
德国	27.12	26.93	26.08	26.3	29.03	24	25.19	26.14	26.07	28.29	27.69	25.62
意大利	17.01	18.03	17.65	17.37	11.97	12.04	11.46	16.34	14.42	15.02	13.67	11.78
土耳其	14.58	17.53	16.97	14.41	14.03	18.35	20.53	17.17	18.21	16.65	13.97	14.58
法国	7.05	5.78	6.34	6.85	6.79	6.73	6.11	5.3	4.74	5.94	6.32	6.08
波兰	5.2	4.7	5.19	5.97	7.66	7.24	7.55	6.32	6.03	5.51	6.14	5.86
比利时	0.47	0.38	0	0	0	5.76	6.16	8.04	6.70	6.82	3.25	0.00
捷克	5.29	4.87	4.76	5.34	7.12	5.37	5.53	4.72	3.18	2.57	2.53	2.85
匈牙利	6.18	5.95	6.41	6.01	5.45	4.42	4.02	3.87	3.52	3.63	3.07	4.33
奥地利	5.08	4.24	4.18	4.54	4.43	3.83	3.97	3.37	2.64	2.69	3.37	454
斯洛伐克	4.68	4.39	4.04	4.51	4.61	4.16	3.18	3.5	2.91	2.32	2.05	7.24
芬兰	3.35	3.26	3.24	3.79	3.42	2.97	2.3	2.10	1.69	1.38	1.16	
希腊	1.78	2.19	2.02	1.71	1.73	2.05	1.9	1.56	1.15	1.19	1.51	1.43
荷兰	2.2	1.74	3.12	3.56	3.4	3.09	1.76	1.37	2.37	1.44	8.85	4.54

资料来源：笔者根据 BP Statistical Review of World Energy （2007 - 2018） "Natural Gas: Trade Movements" （available at http://www.bp.com/statisticalreview）统计数据计算得出。

（三）乌克兰作为管道过境国在俄欧天然气贸易中的地位

乌克兰是俄欧天然气贸易的关键过境国。在 2011 年北溪管道开通前，俄罗斯出口欧洲 80% 的天然气途经乌克兰境内的天然气管道，[①] 剩余部分通过亚马尔—欧洲管道经由白俄罗斯运至欧洲。作为管道过境国的乌克兰力求运用能源权力实现自身利益最大化。具体来看，一是将天然气过境作为"武器"与生产国俄罗斯争夺"管道租金"，即高额的过境运输费及优惠的天然气价格。二是作为欧盟与俄罗斯及里海和中亚气源地之间的主要

[①] 俄罗斯经乌克兰运往欧洲的天然气管道主要有 5 条，分别是兄弟管道、联盟管道、乌连戈伊管道、进步管道、北极光管道。其中，兄弟管道和联盟管道在俄罗斯境内从进步管道、乌连戈伊管道和北极光管道获取天然气供给。（Uwe Remme, Markus Blesl, and Ulrich Fahl, "Future European Gas Supply in the Resource Triangle of the Former Soviet Union, the Middle East and Northern Africa", *Energy Policy*, Vol. 36, 2008, p. 1628.）

能源桥梁，利用过境运输提升自己对欧盟能源安全及地缘政治的价值。[1]为此，乌克兰竭力维持其在欧洲天然气过境运输中的垄断地位，并以此在俄欧地缘政治博弈中谋求最大收益。

然而，在俄罗斯与欧盟的地缘竞争下，乌克兰的两大目标收益之间存在实质性矛盾，而其最终倒向欧盟则导致乌克兰危机的爆发。自2004年底乌克兰"橙色革命"及亲西方的尤先科总统上台以来，俄乌之间围绕天然气价格、过境运输费等问题已发生多次争端。2006—2009年，俄乌天然气冲突导致俄罗斯对中东欧天然气供应中断，一些西欧国家天然气严重短缺。[2]而2013年11月乌克兰准备与欧盟签署联系国协议使得俄乌天然气风波最终演变成乌克兰危机。

（四）传统市场结构下的欧洲天然气地缘政治博弈

传统市场结构下的欧洲天然气地缘政治博弈包括以下三个层面。第一层面是生产国与消费国之间的利益博弈，即俄罗斯维持自己的卖方垄断地位与欧盟寻求能源供给多元化之间的目标冲突。作为生产国的俄罗斯倾向于使用能源权力来重塑自己的地缘政治地位。具体来看，一方面，通过战略性资源的再国有化加强国有大型能源集团在世界能源领域中的地位。[3]另一方面，将自己定位为重要地区性能源市场的关键供给国，通过引发消费国或地区之间的竞争关系提升其地缘政治影响力。[4]对欧盟而言，市场自由化原则和《能源宪章条约》是确保其能源安全的基础。为打破俄罗斯对天然气的卖方垄断、保障自身的能源供应安全，欧盟在统一内部天然气市场的同时，积极推进能源进口渠道多元化及能源贸易的竞争机制。

第二层面是过境国与生产国之间的利益博弈。过境国乌克兰的经济利益在于获取能源过境的最大收益，包括过境运输费和廉价天然气。尽管过境国在现有管线布局下具有讨价还价能力，但考虑到对管线的未来投资，

---

[1] ［俄］С. З. 日兹宁:《俄罗斯能源外交》，王海运、石泽译审，人民出版社2006年版，第209—210页。

[2] Michael Ratner, et al., "Europe's Energy Security: Options and Challenges to Natural Gas Supply Diversification", *CRS Report for Congress*, 2013, p. 1.

[3] 涂志明:《市场力量与俄欧能源关系》，《世界经济与政治论坛》2013年第6期，第31页。

[4] Dominique Finon and Catherine Locatelli, "Russian and European Gas Interdependence: Could Contractual Trade Channel Geopolitics?", *Energy Policy*, Vol. 36, 2008, p. 425.

生产国将占据明显主导地位。[1] 通过推进过境国和运输路线的多元化,俄罗斯试图降低对乌克兰的传统过境依赖。[2] 具体而言,一是完成了通过白俄罗斯出口波兰然后到德国的平行管道建设,即亚马尔—欧洲管道。二是积极实施直供欧洲的天然气管道项目,包括穿越波罗的海、连接俄罗斯与德国的北溪管道项目[3]和穿越黑海、直供欧洲的南溪管道项目[4]。这两条天然气管道均采取经由海洋而非邻国的输送方式,可以减少过境国对俄罗斯的牵制,[5] 进而提升俄罗斯在天然气贸易中的议价能力。

第三层面是生产国、消费国与过境国之间的三方博弈,这突出表现为俄罗斯与欧盟对乌克兰的战略争夺。乌克兰不但是欧盟和俄罗斯两大地缘政治经济体的共同邻国,同时也是二者天然气贸易的关键过境国。在俄罗斯方面,整合后苏联空间是俄罗斯重塑欧亚大国地位的基石,属于俄罗斯对外战略的核心利益。而乌克兰则是俄罗斯实现欧亚联盟及独联体一体化的地缘政治"支轴国"。对欧盟而言,乌克兰的地缘优势在于,它不仅是俄欧天然气贸易的关键过境国,而且是欧洲战略格局和安全稳定的重要因素。因此,欧盟的长期目标是通过推行《欧洲邻国政策》和《东部伙伴关系计划》让乌克兰完全接受欧盟的价值标准,脱俄入欧。[6] 由于乌克兰对俄罗斯统一后苏联空间及欧盟扩张均具有重要的地缘战略意义,争夺乌克兰成为欧洲一体化扩张与俄罗斯维持独联体这一传统势力范围之间的根本性冲突。[7] 由此,乌克兰危机的发生实属必然。

---

[1] Franz Hubert and Svetlana Ikonnikova, "Investment Options and Bargaining Power: The Eurasian Supply Chain for Natural Gas", *The Journal of Industrial Economics*, Vol. 59, No. 1, 2011, p. 85.

[2] 周凡:《俄欧能源:冲突还是合作》,《俄罗斯研究》2007年第1期,第50页。

[3] 2005年,俄罗斯与德国签署了建设北溪管道的协议。2011年11月,北溪管道正式开通。该管道东起俄罗斯海港维堡,进入波罗的海海底后途经芬兰、瑞典、丹麦,最终到达德国城市普鲁敏。它是世界上首个跨海直接连接西欧大陆和俄罗斯的管道工程。(http://www.nord-stream.com.)

[4] 2007年,俄气和意大利埃尼集团共同发起南溪管道项目。该管道路线将绕过土耳其,经黑海至保加利亚后分为两条支线。一条经匈牙利、斯洛文尼亚通向奥地利,另一条经希腊通往意大利。2012年12月,南溪管道项目在俄罗斯克拉斯诺达尔边疆区阿纳帕开工,预计从2016年开始商业供气,2018年全面投产。(http://www.south-stream.info.)

[5] 余建华、孙霞:《俄乌天然气争端反思》,《俄罗斯中亚东欧研究》2010年第3期,第65页。

[6] 徐刚:《欧盟"东部伙伴关系"计划评析》,《国际论坛》2010年第9期,第26—27页。

[7] В. Пантин и В. Лапкин, "Внутри- и Внешнеполитические Факторы Интеграции Украины с Россией и ЕС", *Мировая Экономика и Международные Отношения*, № 11, 2012, с. 50.

二 页岩气革命和乌克兰危机对欧洲天然气市场结构及权力结构的影响

目前,页岩气革命和乌克兰危机已成为影响俄欧能源关系走向的两大重要因素。就市场层面而言,以页岩气为代表的非常规天然气的发展正在影响欧洲天然气供给格局的演变,而乌克兰危机则从需求层面加速了欧洲天然气市场结构的调整进程。就地缘政治层面而言,页岩气革命和乌克兰危机对俄罗斯在欧洲天然气市场上的传统能源权力产生了冲击效应。然而,由于短期内欧盟降低对俄能源依赖的政治意愿大大超出非常规天然气对常规天然气的替代能力,在相当一段时间内,传统区内生产国、潜在区外生产国、消费国及过境国之间的角力将主导欧洲天然气市场及权力格局的演变过程。

(一)页岩气革命对欧洲天然气市场的冲击效应

由于页岩气革命对美国能源独立的重要贡献[1],自2009年,美国超过俄罗斯成为世界最大的天然气生产国。[2] 根据美国能源信息署(EIA)报告,由于液化气出口量增长以及通过管道输往墨西哥的天然气量加大,2017年,美国在自1957年以来的60年间首次成为天然气净出口国。[3] 与美国在全球天然气市场上角色转变相伴的是,非常规天然气的发展正在实质性地改变全球天然气市场的博弈规则,这无疑将侵蚀传统天然气生产国的市场主导地位。[4]

就欧洲市场而言,页岩气革命将改变欧洲天然气的供给结构,使液化气成为俄罗斯管道气的重要替代。据估计,至2030年,欧洲液化气与管道气的进口比例将升至1∶1.93,也就是说,液化气在欧洲天然气总进口中的比重将达到34%。[5] 目前,液化气对俄罗斯管道气的替代并

---

[1] 页岩气在美国国内天然气生产总量中的比重从2000年的不足1%升至2010年的超过20%。根据美国能源信息署预测,2035年,这一比重将达到46%。(Paul Stevens, "The 'Shale Gas Revolution': Developments and Changes", *Chatham House Briefing Paper*, EERG BP 2012/04, 2012, p. 2.)

[2] BP, *BP Statistical Review of World Energy*, 2010, p. 4, http://www.bp.com/statisticalreview.

[3] U. S. Energy Informational Administration, "United States Expected to Become a Net Exporter of Natural Gas This Year", August 9, 2017, https://www.eia.gov/todayinenergy/detail.php?id=32412.

[4] Petr Ocelik and Jan Osicka, "The Framing of Unconventional Natural Gas Resources in the Foreign Energy Policy Discourse of the Russian Federation", *Energy Policy*, Vol. 72, 2014, p. 97.

[5] Uwe Remme, Markus Blesl and Ulrich Fahl, "Future European Gas Supply in the Resource Triangle of the Former Soviet Union, the Middle East and Northern Africa", *Energy Policy*, Vol. 36, 2008, p. 1636.

非美国天然气出口的直接结果，而是源于页岩气革命后全球天然气供给的再平衡。具体来看，页岩气革命后，美国页岩气产量增加，其天然气进口需求大幅降低。原本运往美国市场的液化气不得不重新进行市场定位，欧洲因此获得了来自北非和波斯湾更多的液化气。[1] 就中长期而言，美国液化气的出口是俄罗斯天然气出口面临的潜在竞争。由于美国天然气市场处于供过于求和高库存状态，北美发展液化气的空间已经缩小，这将迫使一些液化气出口商将目标转向国外市场。随着用于进口液化气的再气化设施被成功改造成液化气出口终端，2018年，美国将成为仅次于卡塔尔和澳大利亚的世界第三大液化气出口国。而来自东海岸和墨西哥湾的美国液化气将因距离近、可靠性和政治考虑为欧洲提供替代能源。[2]

除市场挤出效应外，页岩气革命还改变了俄罗斯在欧洲天然气市场上的贸易条件，进而削弱其天然气出口的垄断性定价权。欧洲的天然气定价机制目前处于"油气价格挂钩"和"气对气竞争"的共存与碰撞阶段，即主导欧洲大陆的石油指数化定价和西北欧以英国为中心的竞争性枢纽定价。[3] 页岩气的发展增加了天然气供给曲线的弹性，这将限制传统供给国进行超过边际成本的定价能力。因此，美国液化气出口必然会对欧洲油气挂钩的传统定价机制产生脱钩压力，这意味着俄欧长期天然气合约下的传统石油指数化定价模式将在欧洲天然气市场上失去主导地位。[4] 目前，俄气已将其对欧天然气贸易中长期合约价格的15%转成更低的现货价格，而俄欧天然气合约中的"照付不议"条款也从85%降至60%。[5] 可以预期，

---

[1] 卡塔尔是欧洲最大的液化气供给国，阿尔及利亚是北非最大的天然气出口国，利比亚和埃及具有大量的天然气储备（BP, *BP Statistical Review of World Energy*, 2014, p. 28, http://www.bp.com/statisticalreview.）。

[2] Seksun Moryadee, Steven A. Gabriel, and Hakob G. Avetisyan, "Investigating the Potential Effects of U. S. LNG Exports on Global Natural Gas Markets", *Energy Strategy Reviews*, Vol. 2, Issue 3–4, 2014, p. 273.

[3] Anthony J. Melling, *Natural Gas Pricing and Its Future—Europe as the Battleground*, Washington D. C.: Carnegie Endowment for International Peace, 2010, p. 10.

[4] Kenneth Barry Medlock III, "Modeling the Implications of Expanded US Shale Gas Production", *Energy Strategy Reviews*, Vol. 1, Issue 1, 2012, p. 39.

[5] Andrey A. Konoplyanik, "Russian Gas at European Energy Market: Why Adaptation is Inevitable", *Energy Strategy Reviews*, Vol. 1, Issue 1, 2012, p. 53.

具有明显价格优势[①]的美国液化气出口将增强区域市场的价格联动性,对欧洲天然气市场价格产生进一步的下行压力。[②] 这不但将使俄罗斯遭受更为严重的天然气价差冲击[③],而且将加速欧洲从长期合约下油气挂钩的定价机制转向竞争性定价机制。

(二) 乌克兰危机对欧洲天然气市场的冲击效应

乌克兰危机后,欧盟降低对俄能源依赖的政治意愿成为促使欧洲天然气需求格局转变的强烈动机。欧盟对俄罗斯天然气需求层面的调整具体表现在以下三个方面。

一是欧洲大陆将在一定程度上降低对俄罗斯管道气的进口依赖。美国页岩气革命的示范作用给寻求天然气进口来源多元化的欧洲带来了更多选择。通过增强与北美、中东和北非国家的液化气贸易,欧洲能够在天然气对外依存度上升的情况下相对降低对单一供给国的依赖程度,进而改变天然气受制于俄罗斯的被动局面。

二是传统过境国乌克兰努力降低对俄罗斯天然气的进口依赖。乌克兰危机后欧盟、俄罗斯和乌克兰三方会谈未能就关键的天然气供气价格达成一致。2014年6月,俄气在欠款最终支付期限到期后开始彻底切断对乌克兰供气。为了应对俄罗斯的"断气"冲击,乌克兰寻求从波兰、匈牙利、斯洛伐克等周边国家的储备走廊获取天然气供给。然而,俄罗斯又通过减少天然气供应惩罚欧盟国家向乌克兰反向供气。10月,俄罗斯、乌克兰和欧盟就恢复对乌、欧天然气供应签署了冬季供气协议。根据协议,乌克兰将分两笔向俄偿还31亿美元的天然气欠款;俄罗斯则将采用预付款、按月结算方式向乌克兰输送天然气。显然,乌克兰降低对俄天然气依赖的可能性与欧盟推进天然气供给多元化的成效密切相关。

三是除了降低对俄罗斯天然气供给的进口依赖外,欧盟还力求降低对俄罗斯管道气的过境依赖。这突出表现为欧盟与俄罗斯对中亚和里海天然

[①] 就每百万英国热力单位而言,2013年,美国亨利交易中心价格(Henry Hub)是3.71美元,德国平均进口到岸价为10.72美元,英国全国名义指数价格(Heren NBP Index)是10.63美元。(BP, *BP Statistical Review of World Energy*, 2014, p. 27, http://www.bp.com/statisticalreview.)

[②] Paul Stevens, "The 'Shale Gas Revolution': Developments and Changes", *Chatham House Briefing Paper*, EERG BP 2012/04, 2012, p. 1.

[③] Deloitte Center for Energy Solutions, "Exporting the American Renaissance: Global Impacts of LNG Exports from the United States", *A Report by the Deloitte Center for Energy Solutions and Deloitte Market Point LLC*, 2013, p. 16.

气管道线路的利益博弈。中亚和里海一直被俄罗斯视为向欧洲出口的重要气源地。[①] 通过控制中亚—中央和布哈拉—乌拉尔输气管道两大通道,俄罗斯成功阻止中亚天然气直接进入欧洲市场与本国天然气竞争,从而保卫了自己的欧洲市场份额。为了打破俄罗斯垄断中亚天然气过境局面、打通南部天然气走廊,欧盟开始支持建设绕开俄罗斯、穿越里海的天然气管道项目。具体来看,一是纳布科天然气管道项目,即在已建成的巴库—第比利斯—埃尔祖鲁姆天然气管道(BTE)的基础上,经阿塞拜疆、格鲁吉亚、土耳其,将中亚和里海天然气通过东中欧的保加利亚、罗马尼亚和匈牙利输往奥地利。二是跨亚得里亚海天然气管道项目(TAP),即从阿塞拜疆沙赫德尼兹气田经格鲁吉亚运至土耳其。三是跨安纳托利亚管道项目(TANAP),即从阿塞拜疆沙赫德尼兹气田经土耳其东部通向西部,最终输送至欧洲。由于缺乏天然气供给承诺和建设成本不断增加,欧盟支持的纳布科天然气管道项目一直处于搁浅状态,并于2013年6月宣告流产。跨安纳托利亚管道项目从2014年第四季度开始建设。至2018年1月,该项目零标段已完成96%。跨亚得里亚海管道项目于2015年启动,预计在2020年投入使用,届时将有助于推动巴尔干地区天然气基础设施建设,并有利于推动阿尔巴尼亚、科索沃和黑山的天然气市场的发展。上述两条管道日后的开通无疑有助于改变欧盟严重依赖俄罗斯天然气的现状。

(三) 未来欧洲天然气市场的地缘政治权力结构

页岩气革命和乌克兰危机对欧洲天然气市场及权力结构的演变具有深远影响。页岩气革命对欧洲天然气供给格局的影响在一定程度上削弱了俄罗斯的传统能源权力,同时使美国以潜在区外生产国的身份更多地参与到俄欧能源博弈之中。乌克兰危机从市场需求层面和地缘政治层面加速了欧洲天然气市场及权力结构的变迁过程。毋庸置疑,页岩气革命和乌克兰危机对欧洲传统天然气市场的冲击改变了俄欧博弈能力对比。由此,传统市场结构下生产国、消费国与过境国之间的三元博弈被转变成新市场结构下传统区内生产国、潜在区外生产国、消费国与过境国之间的多元博弈。

第一层面是传统区内生产国与潜在区外生产国之间的利益博弈。页岩

[①] Uwe Remme, Markus Blesl, and Ulrich Fahl, "Future European Gas Supply in the Resource Triangle of the Former Soviet Union, the Middle East and Northern Africa", *Energy Policy*, Vol. 36, 2008, p. 1628.

气革命后全球天然气供给的再平衡已使俄罗斯管道气遭受到液化气的供给冲击。由于美国液化气开始出口欧洲，欧洲将获得俄罗斯天然气的稳定供给替代，其结果是俄罗斯天然气在对欧能源关系中的杠杆作用将进一步降低。同时，页岩气的发展潜力也将为美国对欧洲的能源和外交政策提供有力支撑。显然，一个对俄能源依赖减弱的欧洲将更加积极支持美国遏制俄罗斯的战略布局。[1] 毫无疑问，美国非常规天然气规模的扩大对传统天然气生产国俄罗斯在欧洲市场上的垄断地位构成"战略性挑战"。[2] 面对美国页岩气革命的巨大压力，俄罗斯不再寻求能源权力的最大化，而是力求保持欧洲天然气市场上的既有地位，防止更多丧失国际影响力和能源出口收入。[3]

第二层面是传统生产国与消费国之间的利益博弈。页岩气革命有助于使卖方主导的市场均衡转向买方主导，进而使俄欧博弈能力出现此消彼长。页岩气对传统天然气的潜在替代无疑对俄罗斯传统生产国的垄断地位及能源权力具有根本杀伤力。与此相对，由于页岩气革命成为俄欧能源关系中有利于欧盟的讨价还价工具，欧盟作为消费方的博弈能力迅速增强。[4] 在增加供给来源、提升能源安全的同时，欧盟要求俄罗斯修改长期供气协议下油气挂钩的价格公式，以"即期交割"方式替代"照付不议"条款，进而更多体现天然气现货价格的变化趋势。

第三层面是传统生产国、消费国与过境国之间的三方博弈。乌克兰危机使得俄罗斯、欧盟与乌克兰之间的三角能源关系发生实质性转变。乌克兰不再游离于俄罗斯与欧盟两大地缘政治经济体之间，而是完全转向欧盟。[5] 由此，乌克兰作为俄欧天然气贸易的过境国地位将会降低。一方面，由于乌克兰加入欧盟进程加快，作为生产国的俄罗斯将逐步降低对乌克兰

---

[1] Kenneth Barry Medlock III, "Modeling the Implications of Expanded US Shale Gas Production", *Energy Strategy Reviews*, Vol. 1, Issue 1, 2012, p. 41.

[2] International Energy Agency, "Golden Rules for a Golden Age of Gas", *World Energy Outlook Special Report on Unconventional Gas*, 2012, p. 83.

[3] Elena Kropatcheva, "He Who Has the Pipeline Calls the Tune? Russia's Energy Power against the Background of the Shale 'Revolutions'", *Energy Policy*, Vol. 66, 2014, p. 8.

[4] Maximilian Kuhn and Frank Umbach, "Strategic Perspectives of Unconventional Gas: A Game Changer with Implications for the EU's Energy Security", *European Centre for Energy and Resource Security Strategy paper*, Vol. 1, 2011, p. 42.

[5] 2014年6月，乌克兰新总统波罗申科与欧盟签署了联系国协议贸易与经济关系部分，这意味着乌克兰已经无限接近加入欧盟，也标志着乌克兰与俄罗斯的历史性决裂。

的过境依赖。另一方面，作为消费方的欧盟也会因降低对俄天然气依赖而相应减少对乌克兰的过境需求。其结果是传统过境国乌克兰在三方博弈中的议价能力被严重削弱，俄欧天然气过境问题将更多取决于俄罗斯与欧盟的双边谈判。欧盟将因控制乌克兰在对俄能源关系上获得更大的议价权利。[①] 而俄罗斯利用能源武器制裁乌克兰、牵扯欧盟能源安全敏感神经的效力将可能减弱。

第四层面是传统过境国、消费国与生产国之间的三方博弈。在这场博弈中，俄罗斯和欧盟为中亚和里海管道线路展开利益争夺，而中亚天然气生产国的能源权力则相对较弱。[②] 作为重塑中亚地缘政治的战略工具，过境管道项目的选择对俄欧能源关系的权力结构具有重要影响。乌克兰危机后，欧盟打通南部天然气走廊的需求更加迫切，而俄罗斯也急需增加避开乌克兰过境的天然气供给来源。其结果是，俄、欧对中亚管道过境路线的争夺越发激烈。南溪管道项目将使俄罗斯在持续垄断中亚天然气过境的同时，避免本国与中亚国家在欧洲天然气市场上出现供给竞争。欧盟则不但积极推进建设绕过俄罗斯、从中亚直通欧洲的天然气管道项目，还进一步向俄罗斯支持的南溪管道项目施压。由此可见，中亚和里海地区地缘政治的复杂性在于，俄罗斯通过对该地区能源出口路线的传统性垄断来影响该地区国家的政治定位，而欧盟对该地区管道政治的任何介入行为都将使自己卷入地区问题，并使俄欧双边关系朝负面发展。[③]

由于天然气具有商品和地缘政治的双重属性，关于俄欧能源关系的分析需要同时考虑市场层面与地缘政治层面的影响变量。全球能源体系变革中区外大国能源角色的转变及地缘政治危机的爆发，对于地区性天然气市场及权力结构的演变具有重要意义。页岩气革命对欧洲天然气供给格局的影响在一定程度上削弱了俄罗斯的传统能源权力。乌克兰危机则从需求层

---

① Daisuke Nagayama and Masahide Horita, "A Network Game Analysis of Strategic Interactions in the International Trade of Russian Natural Gas through Ukraine and Belarus", *Energy Economics*, Vol. 43, 2014, p. 99.

② 由于对俄罗斯过境的严重依赖且缺乏替代性过境路线和出口市场，中亚天然气的出口价格被限定在较低水平上。为了实现天然气出口收入最大化，中亚国家寻求扩大天然气市场和增加过境路线。(Onur Cobanli, "Central Asian Gas in Eurasian Power Game", *Energy Policy*, Vol. 68, 2014, p. 351.)

③ Faig Galib Abbasov, "EU's External Energy Governance: A Multidimensional Analysis of the Southern Gas Corridor", *Energy Policy*, Vol. 65, 2014, p. 35.

面和地缘政治层面加速了欧洲天然气市场及权力结构的变迁过程。受到页岩气革命和乌克兰危机的双重冲击，欧洲传统市场结构下生产国、消费国与过境国之间的三元博弈被转变成新市场结构下传统区内生产国、潜在区外生产国、消费国与过境国之间的多元博弈。

尽管页岩气革命和乌克兰危机对俄罗斯传统能源权力产生了巨大的冲击效应，但一定程度上讲，俄欧能源关系的演变方向还取决于俄罗斯对能源革命及地缘政治危机的战略性应对。就市场层面而言，页岩气革命为欧洲提供了实现天然气供给来源多元化的途径，但短期内液化气完全或大部分替代俄罗斯管道气的可能性微乎其微。凭借丰富的天然气储备和与欧洲市场毗邻的地理优势，俄罗斯仍将是欧盟最重要的单一天然气供给国。① 从地缘政治层面讲，乌克兰危机后，俄罗斯利用横跨欧亚大陆的地缘优势展开"双头鹰模式"能源外交。作为实现自身能源安全的重要出路，俄罗斯积极推进能源出口市场多元化，通过扩大向亚洲市场出口缓冲欧洲市场的外部压力。②

显然，由于页岩气革命和乌克兰危机双重冲击下俄罗斯天然气出口重心的东移，原本互不关联的欧洲与亚洲天然气市场之间具有了联动关系。作为欧洲天然气市场上重要生产国的俄罗斯未来将可能成为亚洲天然气市场上举足轻重的供给国和能源枢纽。目前，中俄天然气合作已取得实质性突破③，俄罗斯与日本和韩国的液化气贸易潜力巨大，而经朝鲜通往韩国的天然气管道项目以及穿越中国通往印度的油气管道项目也被列入俄罗斯未来能源战略日程。亚洲天然气市场结构变迁的直接结果是，新生产国、潜在过境国和消费国的相继涌现将使该地区的地缘政治博弈变得更加复杂。特别是，美国将通过未来对亚洲的液化气出口加大对中国和俄罗斯在能源领域的战略遏制。如何在亚洲天然气市场上的大国博弈中保障自身能

---

① Michael Ratner, et al., "Europe's Energy Security: Options and Challenges to Natural Gas Supply Diversification", CRS Report for Congress, 2013, p. 28.

② 2014年初，俄罗斯能源部公布了《俄罗斯2035年前能源战略草案》。根据该草案预测，俄罗斯天然气总出口将从2010年的2230亿立方米增至2035年的3600亿立方米，其中，东向（出口中国、日本、韩国、印度等）份额在俄天然气总出口的比重将从6%增至32.5%。（Министерство энергетики РФ, Энергетическая Стратегия России на Период до 2035 года, 2014, с. 116.）

③ 2014年5月，中俄签署了《东线供气购销合同》，俄方从2018年起向中国供气，最终达到每年380亿立方米，合同期为30年。11月，中俄再次签署《西线天然气供气协议》，供气规模为每年300亿立方米，供气期限为30年。由此，中国将超过德国成为俄罗斯最大的天然气买家。

源安全将是中国面临的重大课题。

第二节 俄欧天然气定价权博弈

进入21世纪，世界并未如普遍预测的那样被拖入能源短缺困境，相反却进入了全球能源相对充足时代。[①] 能源效率提升和可再生能源开发，特别是以页岩油气为代表的世界能源革命不仅推翻了"能源稀缺"的传统假设，而且正在全球层面改变国家间权力平衡并重塑主要行为体间的利益关系和行为模式。能源供给充足意味着传统垄断性生产国难以继续运用能源贸易杠杆施加政治影响，与此同时，巨大的能源需求也不再是消费国维持能源安全的一种负担，而应被视为能源转型时代提升其与生产国议价资本的新权力来源。

如何利用世界能源从卖方市场向买方市场的转型契机实现能源需求权力的最大化，是本节关注的核心问题。随着中国天然气需求和进口量的大幅增加，中国亦面临解决天然气"亚洲溢价"困境、推进"天然气人民币"长远计划的战略机遇期。考察俄欧天然气定价权博弈及能源权力转移对于中国利用天然气进口来源竞争提高谈判议价能力、探求合理可行的天然气定价模式无疑具有重要启示。

一 天然气市场的需求权力

20世纪60年代，苏联与欧洲超越冷战的政治边界确立了基于天然气管道运输的商业关系。[②] 自此，与油价挂钩的天然气定价机制主导俄欧天然气贸易近半个世纪。然而，进入21世纪，欧洲主要天然气进口商纷纷启动针对长期天然气合约条款的国际仲裁程序。尤其是德国、法国、意大利和奥地利等俄罗斯传统贸易伙伴国开始密集地提出修改长期天然气定价机制的要求。它们的步步紧逼迫使俄气节节退让，最初是同意降价，然后是降低"照付不议"条款比例，最后甚至同意将部分油气挂钩定价合约改

[①] Meghan L. O'Sullivan, *Windfall*: *How the New Energy Abundance Upends Global Politics and Strengthens America's Power*, New York: Simon & Schuster, 2017, p. 6; Agnia Grigas, *The New Geopolitics of Natural Gas*, Cambridge: Harvard University Press, 2017, p. 39.

[②] Per Hogselius, *Red Gas*: *Russia and the Origins of European Energy Dependence*, Basingstoke: Palgrave Macmillan, 2013, pp. 2–3.

为现货价格定价模式。为什么欧洲进口商近年来频频要求修改持续近半个世纪的长期天然气合约？受制于俄罗斯"能源武器"威胁的欧洲又如何将能源需求变成一种市场权力，进而促使俄欧在天然气定价权上出现权力转移？俄欧天然气定价权博弈是世界能源市场周期性波动的结果，还是预示着世界能源市场从卖方主导转向买方主导的趋势？

就俄欧天然气定价权博弈而言，地质、技术、管制和公众接受程度等诸多不确定性使得页岩开发在欧洲引起很大争议。欧洲难以通过复制美国页岩气革命的成功经验实质性地提升自己的化石能源基础。[1] 因此，新现实主义的物质权力视角无法解释俄欧能源博弈中的权力转移现象。欧洲一直寻求进口来源多元化并积极开发可再生能源，但由于欧洲天然气自身产量与需求量的巨大差距[2]，欧洲对俄罗斯管道气的进口依赖仍居高不下，甚至在俄欧天然气定价权博弈时也逐步攀升（见表3-1）。从新自由主义角度看，欧洲对俄罗斯非对称依赖增强的结果应是俄罗斯对欧洲的能源杠杆增加而不是减弱。[3] 此外，根据建构主义的观念视角，面对全球应对气候变化降低碳排放的趋势，作为清洁能源的天然气具有一种道义上的正当性，这理所当然会加强天然气出口国俄罗斯的能源供给权力。

由此可见，国际政治领域的以上权力理论尚不足以阐释俄欧能源权力转移的真正原因。那么，近年来欧洲究竟如何凭借能源需求获取对俄罗斯天然气谈判的市场权力呢？实际上，一国能源权力的强弱会不可避免地受到全球能源体系变革的影响，而国际体系中能源权力结构的演变在很大程度上源于世界能源市场层面的结构性变化。尤其是能源革命引发的新生产方式借助来自技术创新的新运输方式创造出新贸易模式，并由此改变建立在既有相互依赖关系之上的权力结构。就俄欧天然气定价权博弈而言，受限于陆路和海洋的长距离运输，天然气长期以来是一种依靠管道运输的地区性燃料，而不是由竞争性油轮供给的可替换的（fungible）全球性商品。天然气生产国和消费国通过长期天然气合约和共同发展管道设施形成了一种直接和持久的商业

---

[1] Aurelien Saussay, "Can the US Shale Revolution be Duplicated in Continental Europe? An Economic Analysis of European Shale Gas Resources", *Energy Economics*, Vol. 69, 2018, p. 295.

[2] 根据国际能源署的预测，2009年至2035年间，欧盟天然气产量将从1960亿立方米降至890亿立方米，天然气需求量将从5080亿立方米增至6290亿立方米。（IEA, *World Energy Outlook 2011*, Paris: International Energy Agency, 2011, pp. 159–165.）

[3] Elena Kropatcheva, "He Who Has the Pipeline Calls the Tune? Russia's Energy Power against the Background of the Shale 'Revolutions'", *Energy Policy*, Vol. 66, 2014, p. 8.

联系。[1] 由于供给路线难以轻易转换，天然气消费国依赖有限的生产国，而后者也同样依赖固定管线终端的最终消费市场。天然气对管道运输的高度依赖使得天然气市场具有地区垄断性。由于消费国对供给中断难以灵活应对，单一生产国便凭借卖方垄断地位产生对消费国的杠杆作用。同时，生产国通过传统长期合约下管道运输、与油价挂钩和"目的地条款"[2]等在将消费国利益与自身捆绑的同时，也奠定并巩固了自己的天然气垄断定价权。[3]

然而，液化气运输技术的不断创新，尤其是美国页岩气革命后液化气贸易的大幅增长，使得彼此独立的地区天然气市场之间具有相互关联。液化气相对管道气的新商品形态的兴起，不仅改变了管道资产专用性下生产国与消费国间的传统器物联系[4]，也使管线密集带之间的套利行为成为可能，由此进一步加强了天然气从地区性资源转向流动性越来越强的全球性商品。[5] 而供给来源的竞争预期使得能源需求成为一种市场权力，进而促使生产国与消费国间的天然气议价能力出现此消彼长。[6]

天然气更富流动性并不意味着天然气贸易的政治色彩减弱，相反预示着天然气政治将越来越从地区性转向国际性。[7] 作为世界最大天然气贸易伙伴，俄欧天然气定价权博弈及能源权力转移对于当前全球天然气地缘政治演变具有关键性影响。相对于世界能源卖方市场条件下能源生产国的"破坏性权力"，能源需求权力有必要成为新兴能源需求大国谋求天然气定价权、参与全球能源治理的话语权基础。

---

[1] Brenda Shaffer, *Energy Politics*, Philadelphia: University of Pennsylvania Press, 2011, p. 36.

[2] 由于地区性供给缺乏弹性，生产国能够区分具有不同需求弹性的消费国，并通过"目的地条款"禁止消费国之间进行天然气贸易。

[3] Moniz et al., *The Future of Natural Gas—An Interdisciplinary MIT Study*, 2011, pp. 147, 152, http://energy.mit.edu/wp-content/uploads/2011/06/MITEI-The-Future-of-Natural-Gas.pdf.

[4] 管道是戴着镣铐的边际成本，管道资本依附于土地且无法移动。管道较强的资产专用性促使投资者在建造管道前首先要建立可靠的商业关系。（[美]杰夫·D.迈克拉姆：《天然气管道——一个世纪的制度演进》，徐斌、黄诚译，石油工业出版社2016年版，第1—3页。）

[5] [英]戴维·维克托、埃米·贾菲、马克·海斯编著：《天然气地缘政治——从1970到2040》，王震、王鸿雁等译，石油工业出版社2010年版，第9页。

[6] Kenneth Barry Medlock III, "Modeling the Implications of Expanded US Shale Gas Production", *Energy Strategy Reviews*, Vol. 1, Issue 1, 2012, p. 39.

[7] The Hague Centre for Strategic Studies & The Netherlands Organisation for Applied Scientific Research (TNO), *The Geopolitics of Shale Gas*, 2014, p. 53, https://hcss.nl/sites/default/files/files/reports/Shale_Gas_webversieSC.pdf.

二 管道资产专用性与俄罗斯天然气垄断定价权

与具有高度流动性的石油不同，天然气长期以来主要是一种地区性商品，缺乏流动性和灵活性。[1] 天然气生产的本地化或地区化使得天然气定价机制存在区域性定价，不同地区天然气市场的成熟程度和供求结构决定了差异性的地区定价方式。就俄欧天然气贸易而言，天然气管道较高的基础设施成本和资产专用性，使得垄断势力控制着从生产者到终端消费者的整个供应链环节。[2] 俄欧天然气定价更多是双边垄断结构下大型能源企业的谈判结果，而非由竞争市场条件下的供求关系决定。这种歧视性垄断价格体系长期在俄欧天然气贸易中占据主导地位。

20世纪60年代，为向中东欧的势力范围提供能源供给，苏联修建了首批天然气管线[3]并延伸至西欧国家[4]。苏联与西欧国家最初的天然气合约由"管道换天然气"构成，即技术落后的苏联用天然气交换西欧国家的管道和其他能源工业设备。1968年兄弟管线至捷克斯洛伐克段建成后，苏联与奥地利石油天然气公司签订了为期三年的天然气合约。奥地利成为进口苏联天然气的首个欧洲共同体国家，也是欧洲进口苏联天然气的"测试案例"（test-case），此后其他西欧国家相继与苏联签署天然气合约。至20世纪80年代，苏联管道系统对欧洲天然气贸易的影响开始日益显著。[5]

冷战时期，解决政治因素引发的天然气价格不确定性是苏联与欧洲发

---

[1] Andreas Goldthau, "Rhetoric versus Reality: Russian Threats to European Energy Supply", *Energy Policy*, Vol. 36, 2008, p. 686.

[2] 徐斌：《市场失灵、机制设计与全球能源治理》，《世界经济与政治》2013年第11期，第81页。

[3] 1968年，首段兄弟管线在乌克兰与捷克斯洛伐克边境修建。该管线成为苏联向其卫星国出口天然气的最重要运输体系。1974年，北极光管线修至白俄罗斯明斯克并与兄弟管线相连。1976年，首批西西伯利亚天然气通过北极光管线被运至西欧。

[4] 自1968年苏联与奥地利签订首份天然气合同后，苏联开始向西欧出口天然气。苏联分别与德国（1973年）、意大利和芬兰（1974年）签订长达20年的天然气合同。1976年，苏联天然气出口至法国。1985年，兄弟管线的乌连戈伊—乌日哥罗德线开始运营。直至北溪管线开工，兄弟管线一直是苏联和俄罗斯供给西欧市场的主要途径。（Mark H. Hayes and David G. Victor, "Introduction to the Historical Case Studies: Research Questions, Methods, and Case Selection", in David G. Victor, Amy M. Jaffe, and Mark H. Hayes, eds., *Natural Gas and Geopolitics: From 1970 to 2040*, Cambridge: Cambridge University Press, 2006, pp. 44 – 47.）

[5] Jonathan Stern, "Soviet Natural Gas in the World Economy", in Robert G. Jensen, Theodore Shabad, and Arthur W. Wright, eds., *Soviet Natural Resources in the World Economy*, Chicago: University of Chicago Press, 1983, p. 373.

展长期天然气贸易面临的突出问题。为了降低冷战紧张局势的不确定性影响并平衡各方短期议价能力变化，苏联与欧洲签订基于石油价格指数的长期天然气合约并设定了供需双方的"照付不议"条款。天然气价格的石油指数化模式具有双重效应。一是天然气本身与其替代品进行价格竞争，德国边境天然气价格是石油和石油产品等竞争性燃料的加权平均价（滞后油价3—6个月）。① 其基本理念是最终用户在天然气和石油产品之间具有选择权，当存在价格激励时可以在二者之间相互转换。② 二是天然气管线两个终端之间无法构成统一天然气市场，因此便不会形成地区性天然气市场价格。天然气价格的石油指数化不仅意味着天然气价格外生于欧洲的地缘政治关系，而且消除了任何一方影响价格或因议价能力的临时性改善而获利的可能性。

与此同时，长期天然气合约（通常为20—30年）不但为消费国提供稳定可靠的天然气供给，而且使生产国获得可以预期的天然气收益，特别是获得开发天然气储备和建设出口基础设施的融资。③ 而"照付不议"条款（通常达到年合约供给量的80%—90%）则使得天然气贸易中的价格和数量风险被整个天然气链条上的生产国和消费国分担。其中，生产国通过与石油的价格关联承担"价格风险"，即出口价格水平将足以补偿天然气生产和运输至消费国边境的管道投资。而消费国则通过"照付不议"条款承担"市场风险"，它需要发展足够的国内市场规模来兑现合约的数量承诺。④ 由此可见，长期天然气合约与其说是一种贸易工具，不如说是一种融资工具，它是获取发展长期的高度资本密集型天然气生产和运输项目所

---

① 长期合约下的天然气价格与由气油（gasoil）、重质和轻质燃油（HFO）组成的一篮子燃料价格挂钩。个别进口国要求考虑地方市场特殊性，如法国燃气公司（Gaz de France）成功在天然气价格合约中引入电力指数来反映天然气与核电站电力间的竞争关系，而德国鲁尔天然气的价格指数则反映天然气与煤炭的较大竞争度。（Jonathan P. Stern, *Soviet Oil and Gas Exports to the West: Commercial Transaction or Security Threat?* Gower, 1987, p. 53.）

② Jonathan Stern and Howard Rogers, "The Transition to Hub-based Gas Pricing in Continental Europe", in Jonathan Stern, ed., *The Pricing of Internationally Traded Gas*, Oxford: The Oxford Institute for Energy Studies, 2012, p. 145.

③ S. Boussena and C. Locatelli, "Energy Institutional and Organisational Changes in EU and Russia: Revisiting Gas Relations", *Energy Policy*, Vol. 55, 2013, p. 182.

④ Jonathan Stern, "International Gas Pricing in Europe and Asia: A Crisis of Fundamentals", *Energy Policy*, Vol. 64, 2014, p. 44.

需资金的关键性机制。① 在这一商业框架下，成熟稳定的天然气供给系统得以发展并确保实质性投资被用于生产和运输。②

苏联解体后，欧洲天然气市场的双边垄断特征进一步巩固了与油价挂钩的长期合约定价模式。一方面，作为俄罗斯国家垄断的天然气工业巨头和出口欧洲市场的唯一渠道③，俄气长期占据欧洲天然气市场的卖方垄断地位。2005—2008年，俄罗斯天然气占欧洲天然气总进口的比重保持在33%左右。尽管2009年开始下滑，但这一比重在2013—2017年又迅速攀升至36%。（见表3-1）同时，俄气是许多欧洲国家天然气进口的传统垄断国。其中，芬兰和斯洛伐克是对俄天然气进口依赖达100%的完全依赖型国家，而高度依赖型（对俄天然气进口依赖超过50%）国家包括奥地利、捷克、希腊、匈牙利、波兰和土耳其。（见表3-2）另一方面，自20世纪六七十年代起，多数欧洲国家成立了覆盖天然气勘探、开发、进口、管输和销售的国有垂直一体化企业。这些企业同时掌控本国对外天然气采购和国内天然气市场的输送、配送以及供应环节。其商业战略是根据对替代能源的准入程度区分客户群并实行差异性定价，进而通过长期合约将购气和管输成本直接转嫁给最终用户。由于缺乏第三方准入和无法获得替代性天然气供给，它们的客户群实质上是"被俘获的"价格接受者。

欧洲天然气市场的"卡特尔化"④使得长期合约下的油气挂钩机制得以延续，特别是俄气通过管道运输主导天然气定价⑤的结构性权力不断增强。随着俄罗斯从"自由式"市场制度转向资源民族主义，俄气已成为服务于俄罗斯国家经济和政治权力目标的工具，其市场行为具有推进外交政

---

① Andrey A. Konoplyanik, "Russian Gas at European Energy Market: Why Adaptation is Inevitable", *Energy Strategy Reviews*, Vol. 1, Issue 1, 2012, p. 42.

② G. Hubbard and R. Weiner, "Regulation and Long Term Contracting in US National Gas Markets", *Journal of Industrial Economics*, Vol. 35, No. 1, 1986, pp. 47–83.

③ 2006年批准的《俄罗斯联邦天然气出口法》从法律上确定了俄气对俄罗斯管道出口的垄断地位。在此之前，由于对管道体系的产权控制，俄气实际上已经占据这一垄断地位。（Simon Pirani, ed., *Russian and CIS Gas Markets and Their Impact on Europe*, Oxford: The Oxford Institute for Energy Studies, 2009, pp. 79–80.）

④ S. A. Gabriel, et al., "Cartelization in Gas Markets: Studying the Potential for a 'Gas OPEC'", *Energy Economics*, Vol. 34, No. 1, 2012, pp. 138, 146.

⑤ Susanna Dorigoni, Clara Graziano, and Federico Pontoni, "Can LNG Increase Competitiveness in the Natural Gas Market?", *Energy Policy*, Vol. 38, 2010, p. 7653.

策目标的浓厚色彩。① 具体来看，一是根据原苏联国家对俄关系程度及是否做出政治或商业妥协实行不同的天然气价格补贴或政治性定价；同时，通过修建直供欧洲的管线②降低对原苏联国家的传统过境依赖，继而加强对这些国家的天然气定价权③。苏联解体后，无论是作为出口国还是作为中亚天然气的再出口国，俄罗斯对原苏联国家的天然气出口均按照"成本加成"原则定价。2004 年乌克兰"橙色革命"后，俄罗斯于 2006 年将对乌克兰的天然气出口定价从"成本加成"原则转为"重置价值原则"。④ 2006—2009 年，俄乌围绕天然气价格、过境运输费发生多次争端⑤，俄气开始提升对乌克兰的天然气出口价格以更接近欧洲市场价格水平。俄乌天然气冲突甚至导致俄罗斯对中东欧国家天然气供应中断、一些西欧国家天然气严重短缺。⑥ 而 2013 年 11 月乌克兰准备与欧盟签署联系国协议使得俄乌天然气风波最终演变成乌克兰危机。

---

① Karen Smith Stegen, "Deconstructing the 'Energy Weapon': Russia's Threat to Europe as Case Study", *Energy Policy*, Vol. 39, 2011, p. 6506.

② 苏联解体后，俄罗斯修建了两条绕开乌克兰过境的新管线。一个是亚马尔—欧洲管线，该管线将俄罗斯天然气经白俄罗斯运至德国，年运输能力为 330 亿立方米。另一个是北溪管线，该管线是首个不经任何过境国、直供欧洲的管线。(Andrey Vavilov, Galina Kovalishnian, and Georgy Trofimov, "The New Export Routes and Gazprom's Strategic Opportunities in Europe", in Andrey Vavilov, ed., *Gazprom: An Energy Giant and Its Challenges in Europe*, New York: Palgrave Macmillan, 2015, p. 183.)

③ 天然气管道经第三国运输使得生产国与消费国之间的能源关系复杂化。作为寻租者的过境国试图从天然气贸易中攫取租金，它的寻租行为构成生产国和消费国之间天然气贸易的外部性。管道过境国乌克兰力求运用能源权力实现自身利益最大化。具体来看，一是将天然气过境作为"武器"与生产国俄罗斯争夺"管道租金"，即高额的过境运输费及优惠的天然气价格。二是作为欧盟与俄罗斯及里海和中亚气源地之间的主要能源桥梁，利用过境运输提升自己对欧盟能源安全及地缘政治的价值。(Yuri Yegorov and Franz Wirl, "Gas Transit, Geopolitics and Emergence of Games with Application to CIS Countries", USAEE-IAEE WP 10 – 044, 2010, p. 3；[俄] C. 3. 日兹宁：《俄罗斯能源外交》，王海运、石泽译审，人民出版社 2006 年版，第 209—210 页。)

④ Andrey A. Konoplyanik, "Russian Gas at European Energy Market: Why Adaptation is Inevitable", *Energy Strategy Reviews*, Vol. 1, Issue 1, 2012, p. 46.

⑤ 根据 1998 年俄乌天然气合约，乌克兰从俄气进口天然气价格从每千立方米 80 美元降至 50 美元，而过境费从每千立方米每百公里 1.75 美元降至 1.09 美元。该合同确定过境费以天然气形式支付。根据 2006 年俄乌新的天然气协议，从 2011 年 1 月起，俄罗斯天然气过境费被提至每千立方米每百公里 1.6 美元，同时，乌克兰天然气进口价格涨至每千立方米 230 美元。(Rawi Abdelal, "The Profits of Power: Commerce and Realpolitik in Eurasia", *Review of International Political Economy*, Vol. 20, No. 3, 2013, pp. 421 – 456.)

⑥ Michael Ratner, et al., "Europe's Energy Security: Options and Challenges to Natural Gas Supply Diversification", *CRS Report for Congress*, 2013, p. 1.

二是以市场为基础的歧视性定价,即与欧盟国家签订基于石油价格指数的长期天然气合约,通过供需双方"照付不议"条款保证自己作为供气方的权益。同时,俄气通过共建管道基础设施与欧洲主要能源企业进行利益捆绑,加强自己在欧洲天然气市场的管道运输地位并巩固其垄断定价权。与欧盟不同,欧洲主要能源企业将俄乌天然气争端界定为乌克兰天然气过境危机。为保持对俄气供给依赖、解决乌克兰过境的不可靠性,它们选择积极实施直供欧洲的天然气管线项目。其一是穿越波罗的海、连接俄罗斯与德国的北溪管线项目①。其二是穿越黑海、直供欧洲的南溪管线项目②。这两条管道均采取经由海洋而非邻国的输送方式,可以减少过境国对俄罗斯的牵制。随着2011年北溪管线正式开通,俄罗斯对欧洲的北向天然气出口实现了乌克兰过境的去中介化。俄罗斯天然气不经任何过境国领土直接进入西欧,有助于避免与第三国过境有关的政治和经济风险,同时也无疑提高了俄罗斯的天然气垄断定价权。

三 俄欧天然气定价权博弈

长期以来,欧洲一直将对俄罗斯天然气依赖看成能源安全短板。俄乌天然气冲突后,欧洲对俄罗斯能源依赖的地缘政治脆弱性更加凸显。尽管欧盟一直寻求通过构建统一能源市场、能源进口来源多元化和发展可再生能源等方式打破俄气的市场垄断地位,但促使欧洲将能源需求变成一种市场权力的真正原因是,欧洲利用液化气与管道气竞争对欧洲天然气市场结构的转型预期,通过改变油气挂钩机制扩大自己在天然气价格形成中的权力。③

---

① 2005年,俄气、德国意昂集团(E.ON)和巴斯夫股份公司(BASF)组成了北溪财团。2008年,荷兰天然气基础设施企业(Gasunie)加入。该财团股份如下:俄气占51%,德国意昂集团占20%,巴斯夫股份公司占20%,荷兰天然气基础设施企业占9%。2010年,法国燃气—苏伊士公司(GDF SUEZ)获得9%的股份(从德国意昂集团和巴斯夫股份公司子公司温特沙尔石油公司各获得4.5%),成为第五大股东。2011年11月,北溪管线正式开通。该管线东起俄罗斯海港维堡,进入波罗的海海底后经途芬兰、瑞典、丹麦,最终到达德国城市普鲁敏。它是世界上首个跨海直接连接西欧大陆和俄罗斯的管道工程。(http://www.nord-stream.com.)

② 2012年12月,南溪管线项目在俄罗斯克拉斯诺达尔边疆区阿纳帕开工,预计从2016年开始商业供气,2018年全面投产。然而,2014年12月,俄罗斯宣布因欧盟的"非建设性姿态"将放弃南溪管线项目,与土耳其合作建设新的输气管道。(http://www.south-stream.info.)

③ Petr Ocelik and Jan Osicka, "The Framing of Unconventional Natural Gas Resources in the Foreign Energy Policy Discourse of the Russian Federation", *Energy Policy*, Vol. 72, 2014, p. 97.

第三章　俄罗斯与欧洲能源政治

美国页岩气革命后欧洲天然气市场的供给多元化预期是促使欧洲对俄展开天然气定价权博弈的催化剂。液化气长距离运输的实现，特别是美国页岩气革命后液化气贸易的大幅增加打破了彼此分割独立的地区市场平衡，[1] 而替代性天然气供给的出现将加速欧洲天然气市场从传统的俄气垄断转向竞争性和国际化。自 2008 年起，美国页岩气大规模开发[2]和全球液化气产能增加使原来旨在出口美国的液化气部分转向欧洲市场。而美国从 2016 年开始向欧洲直供液化气[3]将进一步加剧欧洲天然气市场的供给来源竞争。[4]

欧洲天然气定价机制长期处于油气挂钩与气对气竞争之间的碰撞阶段，即主导欧洲大陆的石油指数化定价和西北欧以英国为中心的竞争性枢纽定价。[5] 页岩气的迅猛发展增加了天然气供给曲线的弹性，具有明显价格优势的液化气出口增强了区域市场的价格联动性。[6] 2009 年是美国亨利中心价格、德国天然气进口平均价格和英国国家天然气交易中心价格（NBP 价格）的重要分水岭。美国国内天然气价格的迅速下降带动英国国家天然气交易中心价格的下降，其结果是俄气在欧洲的实现价格开始大幅超过美国亨利中心价格，同时也高于英国国家天然气交易中心价格。（见图 3-1）现货天然气与俄罗斯管道气之间的价差导致欧洲主要能源企业处于两种定价机制的夹缝中。它们以油气挂钩价格购买天然气，却不得不按

---

[1] Willem L. Auping, et al., "The Geopolitical Impact of the Shale Revolution: Exploring Consequences on Energy Prices and Rentier States", *Energy Policy*, Vol. 98, 2016, p. 390.

[2] 由于页岩气革命对美国能源独立的重要贡献，自 2009 年起，美国超过俄罗斯成为世界最大的天然气生产国。根据美国能源信息署数据，美国在 2016 年成为液化气的净出口国，2018 年完全从天然气净进口国变为净出口国。2000—2010 年，页岩气在美国国内天然气生产总量中的比重从不足 1% 升至超过 20%，2015 年达到 50%。（EIA, *Annual Energy Outlook 2016 with Projections to 2040*, August 2016, http://www.eia.gov/forecasts/aeo/pdf/0383（2016）.pdf.）

[3] 至 2020 年，美国将加入澳大利亚和卡塔尔之列成为世界主要液化气生产国。（Jason Bordoff and Trevor Hauser, "American Gas to the Rescue? The Impact of US LNG Exports on European Security and Russian Foreign Policy", Columbia SIPA Center on Global Energy Policy, September 2014, p. 29.）

[4] Andreas Goldthau, "Emerging Governance Challenges for Eurasian Gas Markets after the Shale Gas Revolution", in Andreas Goldthau, et al., eds., *Dynamics of Energy Governance in Europe and Russia*, International Political Economy, Basingstoke: Palgrave Macmillan, 2012, p. 213.

[5] Anthony J. Melling, *Natural Gas Pricing and Its Future—Europe as the Battleground*, Washington D. C.: Carnegie Endowment for International Peace, 2010, p. 10.

[6] Paul Stevens, "The 'Shale Gas Revolution': Developments and Changes", *Chatham House Briefing Paper*, EERG BP 2012/04, 2012, p. 1.

照交易中心现货价格销售天然气。① 由于无法将价差转嫁给最终客户，这些企业需要承担"照付不议"条款下的价差损失。欧洲主要能源企业与俄气进行气价复议谈判和仲裁，强烈要求俄气修改长期供气协议下油气挂钩价格公式，削弱气价与油价挂钩度，甚至完全脱钩，以即期交割方式替代"照付不议"条款，进而更多体现天然气现货价格的变化趋势。

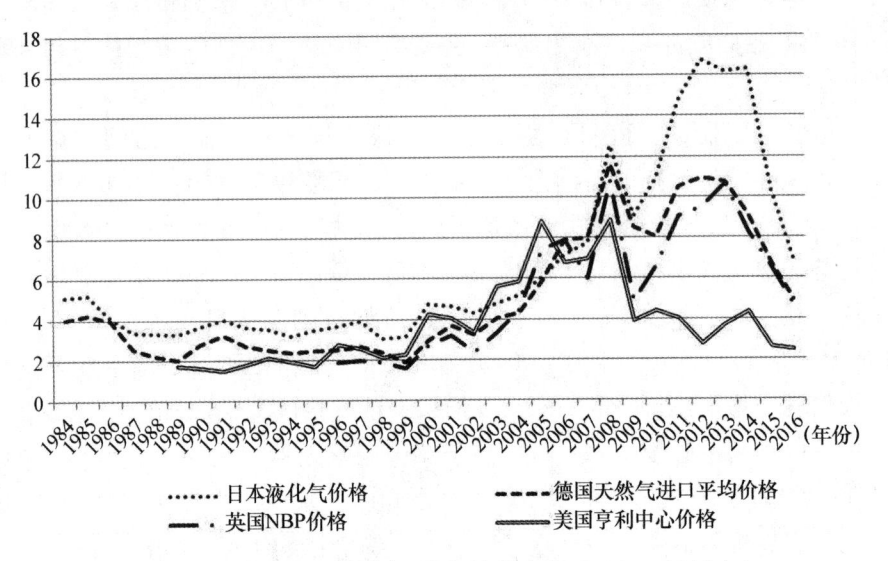

图 3-1 世界主要地区的天然气价格变化（1984—2016 年）

注：德国天然气进口平均价格可被看成德国进口俄罗斯管道气的边境天然气价格。

资料来源：BP Statistical Review of World Energy 2017, "Natural Gas: Prices", available at http://www.bp.com/statisticalreview.

显然，气价争议，特别是将现货价格引入石油指数化公式成为俄欧天然气定价争端的焦点。尽管俄气旨在捍卫来自石油指数化价格模式的传统商业利益，但全球天然气产量的提升加剧了欧洲天然气市场的多元竞争，特别是新的液化气终端建成增强了欧洲进口国对俄气的议价能力。俄气被迫在天然气价格和定价机制方面做出重大让步。2009 年，俄气表示未来三年将其对欧天然气贸易中长期合约价格的 15%（超过"照付不议"部分）

---

① Jonathan Stern and Howard Rogers, "The Transition to Hub-Based Gas Pricing in Continental Europe", in Jonathan Stern, ed., *The Pricing of Internationally Traded Gas*, Oxford: The Oxford Institute for Energy Studies, 2012, p. 158.

转成更低的现货价格。① 2012 年，俄气将长期合约中的基准价格水平降低 7%—10%。如果新基准价格的石油指数化价格超过交易中心价格的 5%—15%，购买者将获得这一价差的"折扣"。② 同时，俄欧天然气合约中的"照付不议"条款也从 85% 降至 60%。③ 俄气的目的是在保留油气挂钩机制的前提下尽量使自己的管道气价格接近交易中心价格。④ 然而，欧洲能源企业的博弈能力增强迫使俄气将部分油气挂钩定价合约改为现货价格定价模式。（见表 3-4）来自液化气的竞争压力使得俄气不得不接受混合定价机制理念，即欧洲天然气市场同时存在油气挂钩和交易中心定价，并在长期合约谈判中采用降低基准价格、保留石油指数化的混合定价模式。

表 3-4　　　　欧洲主要能源企业与俄气再谈判天然气合约

欧洲能源企业	年份	再谈判天然气合约细节
德国意昂公司（E.ON）	2010	2010—2012 年合同量的 15%—16% 按欧洲现货气价销售
意大利埃尼集团	2010	2010—2012 年合同量的 15%—16% 按欧洲现货气价销售
法国燃气—苏伊士公司（GDF Suez）	2010	2010—2012 年合同量的 15%—16% 按欧洲现货气价销售
德国 Wingas 公司	2010	2010—2012 年合同量的 15%—16% 按欧洲现货气价销售
德国莱茵集团（RWE）	2010	2010—2012 年合同量的 15%—16% 按欧洲现货气价销售
意大利 Edison 集团	2011	2.9 亿美元的价格折扣和补偿
意大利埃尼集团	2012	达成价格折扣、"照付不议"数量的更大灵活度以及具有追溯力补偿
德国 Verbundnetz Gas	2012	2012—2014 年基于更低基准价格的约 10% 价格折扣

---

① 俄气当时的基本判断是至 2012 年欧洲天然气需求将停止衰退，竞争性枢纽价格将反弹并与油价挂钩价格持平，但实际情况并非如此。

② Jonathan Stern, "Russian Responses to Commercial Change in European Gas Markets", in James Henderson and Simon Pirani, eds., *The Russian Gas Matrix: How Markets are Driving Change*, Oxford: The Oxford Institute for Energy Studies, 2014, p. 64.

③ Andrey A. Konoplyanik, "Russian Gas at European Energy Market: Why Adaptation is Inevitable", *Energy Strategy Reviews*, Vol. 1, Issue 1, 2012, p. 53.

④ 在俄气看来，尽管天然气交易中心更具流动性，但天然气消费者无法从交易中心购买到足够供给整个国家的天然气数量；转向交易中心价格将产生投资周期"繁荣与萧条"的交替循环、长期价格的更大反复无常，而长期合同是筹集天然气开采和运输项目投资以及建设长期项目的唯一保障。

续表

欧洲能源企业	年份	再谈判天然气合约细节
法国燃气—苏伊士公司（GDF Suez）	2012	2012—2014年基于更低基准价格的约10%价格折扣
德国Wingas公司	2012	2012—2014年基于更低基准价格的约10%价格折扣
斯洛伐克SPP公司	2012	2012—2014年基于更低基准价格的约10%价格折扣
土耳其Botas公司	2012	2012—2014年基于更低基准价格的约10%价格折扣
奥地利Econgas公司	2012	2012—2014年基于更低基准价格的约10%价格折扣
意大利Sinergie Italiane公司	2012	2012—2014年基于更低基准价格的约10%价格折扣
德国意昂集团	2012	启动仲裁程序，7%—10%价格折扣和130万美元的具有追溯力补偿
波兰石油天然气公司（PGNiG）	2012	启动仲裁程序，2011—2012年约10%价格折扣和9.3亿美元的具有追溯力补偿
捷克RWE输气网公司	2013	仲裁法院裁决13亿美元补偿
意大利埃尼集团	2013	约7%价格折扣
立陶宛Lietuvos Dujos进口运输公司	2014	约20%价格折扣
意大利埃尼集团	2014	长期合约定价模式变为现货市场价格
奥地利石油天然气集团（OMV）	2015	长期合约定价模式变为现货市场价格
法国ENGIE能源集团	2016	长期合约定价模式变为现货市场价格

资料来源：笔者根据相关资料整理而成。

实际上，从油气挂钩转向交易中心价格并不意味着后者总是低于前者。俄气与欧洲能源企业的争论焦点并非仅是天然气的价格水平，更多还是天然气价格形成中的权力分配。当欧洲天然气市场缺乏替代性供给来源时，长期合约对于降低天然气贸易的不确定性、为生产国和消费国提供安全保障具有重要意义。然而，随着页岩气革命后全球天然气市场的流动性和关联度提升，欧洲天然气市场的价格形成将不再完全根植于俄欧能源企业间的双边谈判结果，由供求关系决定的市场价格开始起作用。由于具有高度灵活性的现货液化气比长期合约的管道气更具竞争优势，俄气难以在合约结构和定价机制方面继续保持传统垄断地位，欧洲能源企业对俄气的议价能力也因替代性供给的多元化预期大幅增强。

俄欧天然气定价权博弈的未来前景在很大程度上取决于欧洲市场液化气与俄罗斯管道气之间的价格竞争。尽管美国液化气出口将进一步降低欧洲对俄罗斯天然气的进口依赖，但俄气在欧洲天然气市场上的重要地位不能被低估。大陆欧洲国家向交易中心价格的转型不会伴随着俄欧长期合约的大规模终止。在现存管道基础设施和市场条件下，对于一些欧洲国家而言，俄罗斯管道气仍将比液化气更具价格优势。为阻止美国液化气出口的供给竞争，俄气完全可能凭借剩余生产能力和低成本优势发动"价格战"来捍卫自己在欧洲天然气市场上的份额。然而，美国液化气出口无疑将进一步加强欧洲油气挂钩定价机制的脱钩压力。2005—2016年，气对气竞争定价占欧洲天然气销售中的份额从15%增至66%，而油气挂钩份额则从78%降至30%。（见图3-2）俄欧传统石油指数化定价模式在欧洲天然气市场上失去主导地位，[1] 不仅将使俄罗斯遭受更为严重的天然气价差冲击，[2] 而且将加速欧洲从长期合约下油气挂钩的定价机制转向反映供求变化的竞争性定价机制。[3]

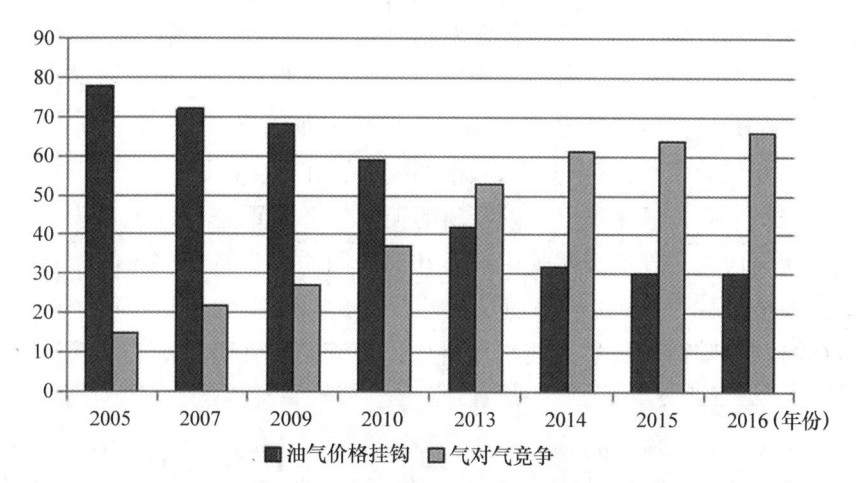

图3-2 欧洲天然气进口价格形成（2005—2016年） 单位：%

资料来源：International Gas Union, *IGU Wholesale Gas Price Survey*, 2017, pp. 41-43.

---

[1] Kenneth Barry Medlock III, "Modeling the Implications of Expanded US Shale Gas Production", *Energy Strategy Reviews*, Vol. 1, Issue 1, 2012, p. 39.

[2] Deloitte Center for Energy Solutions, "Exporting the American Renaissance: Global Impacts of LNG Exports from the United States", *A Report by the Deloitte Center for Energy Solutions and Deloitte Market Point LLC*, 2013, p. 16.

[3] Maximilian Kuhn and Frank Umbach, "Strategic Perspectives of Unconventional Gas: A Game Changer with Implications for the EU's Energy Security", *European Centre for Energy and Resource Security Strategy Paper*, Vol. 1, 2011, p. 42.

长期以来，丰富的资源储备赋予了俄罗斯外交政策极大的能源权力，甚至在对其能源依赖的欧洲具有了能源"武器化"倾向。[1] 与此相对，尽管俄罗斯占据最大天然气出口国地位，欧洲却始终未能对俄有效使用需求杠杆。液化气贸易增长引发欧洲天然气市场的结构性重塑是欧洲降低俄气政治化行为影响的重要契机。通过利用供给来源多元化下的市场竞争预期，欧洲正在将对俄进口依赖的脆弱状态变为一种天然气需求权力。[2] 俄欧天然气贸易争端主要在于，是延续油气挂钩，还是采用竞争性枢纽模式的天然气定价机制。这也正是俄欧围绕天然气定价权博弈的集中表现。

页岩气的迅猛发展以及全球液化气贸易的大幅增加使得美国成功在俄欧传统能源关系中打入了楔子。随着乌克兰危机后西方对俄经济制裁的不断加深，如何利用页岩气生产的勃兴为欧洲提供替代性能源供给，进而降低俄罗斯对欧洲的地缘政治影响力，成为美国政界和学界的热议话题。[3] 液化气终端的建设周期以及俄罗斯天然气的价格竞争力使得美国页岩气近期难以在欧洲市场上大规模替代俄罗斯管道气。然而，天然气市场从地区性向全球性的明显转向，特别是欧洲天然气市场供给多元化预期已大幅降低了生产国利用天然气贸易作为地缘政治工具的有效性。[4] 欧洲天然气市场层面相互依赖关系的转变意味着市场权力正在从生产国转向消费国。

页岩气革命、液化气贸易以及新的天然气基础设施建设正在改变全球天然气贸易版图。新的天然气生产国和消费国的出现将形成新的相互依赖关系以及能源权力结构。[5] 美国从天然气净进口国变为净出口国，传统管道气出口国俄罗斯积极扩大液化气出口，全球天然气消费重心从欧洲转向

---

[1] Karen Smith Stegen, "Deconstructing the 'Energy Weapon': Russia's Threat to Europe as Case Study", *Energy Policy*, Vol. 39, 2011, p. 6505; Angela Stent, "An Energy Superpower? Russia and Europe", in Kurt M. Campbell and Jonathon Price, eds., *The Global Politics of Energy*, Washington D. C.: The Aspen Institute, 2008, p. 78; Frank Umbach, "Global Energy Security and the Implications for the EU", *Energy Policy*, Vol. 38, 2010, p. 1229.

[2] Agnia Grigas, *The New Geopolitics of Natural Gas*, Cambridge: Harvard University Press, 2017, p. 137.

[3] Jason Bordoff and Trevor Hauser, "American Gas to the Rescue? The Impact of US LNG Exports on European Security and Russian Foreign Policy", Columbia SIPA Center on Global Energy Policy, September 2014, p. 2.

[4] Meghan L. O'Sullivan, *Windfall: How the New Energy Abundance Upends Global Politics and Strengthens America's Power*, New York: Simon & Schuster, 2017, pp. 7, 68.

[5] Agnia Grigas, *The New Geopolitics of Natural Gas*, Cambridge: Harvard University Press, 2017, p. 9.

亚洲，所有这些共同构成全球天然气格局重塑的重要因素。中国于 2017 年超过韩国成为世界第二大液化气进口国，并有望超过日本成为世界第一大液化气进口国。随着俄罗斯、美国、澳大利亚、卡塔尔等国竞逐亚洲天然气市场，中国有必要将庞大的能源市场和消费能力作为议价工具以形成对外天然气谈判的结构性权力。

苏联解体后，欧洲天然气市场结构从生产国与消费国的二元博弈变成了生产国、消费国与过境国的三元博弈。俄罗斯、欧盟与主要过境国乌克兰之间的能源关系构成欧洲地缘政治博弈的重要内容，而各方在欧洲天然气市场上的角色和地位决定了其在权力结构中的讨价还价能力。全球能源体系变革中区外大国能源角色的转变及地缘政治危机的爆发，对于地区性天然气市场及权力结构的演变具有重要意义。页岩气革命对欧洲天然气供给格局的影响一定程度上削弱了俄罗斯的传统能源权力。乌克兰危机则从需求层面和地缘政治层面加速了欧洲天然气市场及权力结构的变迁过程。天然气定价权博弈是俄欧能源关系的重要组成部分。作为世界最大天然气贸易伙伴，俄欧天然气定价权博弈及能源权力转移对于当前全球天然气地缘政治演变具有关键性影响。相对于世界能源卖方市场条件下能源生产国的"破坏性权力"，能源需求权力有必要成为新兴能源需求大国谋求天然气定价权、参与全球能源治理的话语权基础。

第四章　后苏联空间的能源政治

苏联解体后，中亚—里海地区出现了巨大的权力真空。中亚国家是内陆国，而里海则没有直接出海口，这一独特的地理特征决定争夺管道运输权成为重塑该地区地缘政治的战略工具。油气资源和管道路线已成为中亚—里海地缘政治和经济利益之争的核心内容。能源市场自由化和一体化是俄罗斯整合后苏联空间面临的重要敏感问题。共同能源市场建设成为欧亚经济联盟构建内部统一能源空间、走向深度一体化的核心内容。本章将着重考察中亚—里海地区的能源政治以及欧亚经济联盟共同能源市场的理念与实践、构建基础与发展前景。随着中国超过美国成为世界最大石油进口国，中亚—里海地区在中国构建能源供应安全体系中的地位越发凸显。考察中亚—里海地区的能源政治和欧亚经济联盟共同能源市场建设，对于推进丝绸之路经济带与欧亚经济联盟的能源合作对接具有重要意义。

第一节　中亚—里海地区的能源政治

中亚—里海被称作世界能源供应的心脏地带。该地区是仅次于中东和西伯利亚的世界第三大油气产区和能源基地。由于中亚国家是内陆国、里海没有直接出海口，这一独特的地理特征决定了争夺管道运输权成为重塑该地区地缘政治的战略工具。[1]"谁控制了进入该地区的途径，谁就可能赢得这一地缘政治和经济的大奖。"[2] 毋庸置疑，油气资源和管道路线已成为

---

[1] Onur Cobanli, "Central Asian Gas in Eurasian Power Game", *Energy Policy*, Vol. 68, 2014, p. 348.

[2] ［美］兹比格涅夫·布热津斯基：《大棋局：美国的首要地位及其地缘战略》，中国国际问题研究所译，上海人民出版社2007年版，第185页。

中亚—里海地缘政治和经济利益之争的核心内容。[1]

苏联解体后，中亚—里海地区出现了巨大的权力真空。俄罗斯竭力通过参与能源开发和控制管道出口维持自己在该地区的传统影响力。欧美国家则力求使中亚—里海与世界市场连接来防止该地区出现一国垄断的局面。大国对中亚—里海能源的权力博弈主要体现在控制油气资源生产与管道运输通道两个方面。在生产维度，与油气勘探和开采有关的企业对能源供应展开争夺。在运输维度，管道运输与过境引发各参与国之间的权力分配。随着中国超过美国成为世界最大石油进口国，中亚—里海地区在中国构建能源供应安全体系中的地位越发凸显。

一　油气生产维度

中亚—里海油气田主要分布在哈萨克斯坦、阿塞拜疆和土库曼斯坦三国。资金与技术对于上游油气的勘探与生产具有关键意义。欧美油气企业凭借雄厚的资本实力和技术优势在中亚—里海油气田的产权和投资方面占据优势。美国是最先投资里海油气开发的国家，而且投资规模最大，其能源勘探开采活动主要集中在哈萨克斯坦和阿塞拜疆的里海沿岸。至2003年，美国企业已获得里海16%的石油和11.4%的天然气控制权，再加上美英合资公司在这一地区的影响，美国和英国已控制里海27%的石油和40%的天然气。俄罗斯明显缺乏与欧美油气企业竞争的实力，其油气企业在中亚—里海油气总产量中的比重不高，在里海控制约10%的石油产量和8%的天然气产量，其中包括哈萨克斯坦石油总产量的8%。

（一）哈萨克斯坦

哈萨克斯坦是中亚—里海地区主要的石油生产国，是独联体内仅次于俄罗斯的第二大石油储备和生产国。作为内陆国，哈萨克斯坦因缺少入海口完全依赖管线向世界市场出口油气。哈萨克斯坦的石油生产集中在该国西北地区的两大岸上油田。它们是田吉兹油田和卡拉恰干纳克油田，这两大油田生产该国近一半的石油产出。离岸卡什干油田位于哈萨克斯坦的里海地区，它也将在未来哈萨克斯坦石油生产中扮演重要角色。

就油气开发而言，卢克石油公司是俄罗斯在哈萨克斯坦油气合作项目

---

[1] Chloe Le Coq and Elena Paltseva, "Assessing Gas Transit Risks: Russia vs. the EU", *Energy Policy*, Vol. 42, 2012, p. 642.

最多、规模最大的公司。目前，卢克石油公司共参与哈国11个上游油气项目，具体包括7个开发项目和4个勘探项目。但卢克石油公司在哈国大型油气田中的股份较低。田吉兹、卡什干和卡拉恰干纳克是里海大陆架上的三大油田。卢克石油公司在田吉兹油田中仅占5%的股份，在卡拉恰干纳克凝析油气田占13.5%的股份。[①]

美国石油公司在田吉兹油田占股达75%，其中，雪佛龙石油公司持有50%，埃克森美孚公司持有25%。[②] 哈萨克斯坦国家石油公司（KazMunayGaz）[③] 在田吉兹油田中持有20%的股份。欧洲国家在卡什干油田中占据主导地位。其中，意大利石油化学集团、英国天然气集团（BG）、法国道达尔公司和荷兰皇家壳牌石油公司均占16.66%的股份，日本英派克斯石油公司和美国菲利普斯石油公司各占8.3%的股份。就卡拉恰干纳克油田而言，英国天然气集团占32.5%，意大利埃尼集团占32.5%，美国雪佛龙公司占20%。在英国天然气集团、意大利埃尼集团和卢克石油公司向哈萨克斯坦国家石油公司转让10%股份后，后者在卡拉恰干纳克油田项目的份额从8.33%增至16.81%。

就中小油田而言，卢克石油公司在北布扎奇油田和库姆科尔油田均占50%的份额。里海投资能源公司在阿里别克莫拉和科扎塞油田占50%的股份，在卡拉库杜克油田和阿尔曼油田拥有100%的股份。除油气开发外，卢克石油公司还在里海大陆架4个勘探项目中拥有股份，具体包括在赫瓦凌斯克油田拥有50%的股份，在中央油田占25%的股份，同时与哈萨克斯坦国家石油公司共同勘探纠布—卡拉干和阿塔什区块，双方各占50%的股份。

---

① 田吉兹、卡什干和卡拉恰干纳克已探明石油储量分别为90亿桶、150亿桶和24亿桶。(Mark J. Kaiser and Allen G. Pulsipher, "A Review of the Oil and Gas Sector in Kazakhstan", *Energy Policy*, No. 35, 2007, pp. 1302 – 1303.)

② 1993年，美国雪佛龙石油公司与哈萨克斯坦政府签署为期40年的长期协议，建立了200亿美元资产的田吉兹雪佛龙石油财团（TCO）联合开发田吉兹油田。(Farid Guliyev and Nozima Akhrarkhodjaeva, "The Trans-Caspian Energy Route: Cronyism, Competition and Cooperation in Kazakh Oil Export", *Energy Policy*, No. 37, 2009, p. 3173; Enrique Palazuelos and Rafael Fernandez, "Kazakhstan: Oil Endowment and Oil Empowerment", *Communist and Post-Communist Studies*, Vol. 45, Issues 1 – 2, 2012, pp. 27 – 37.)

③ 根据哈萨克斯坦总统纳扎尔巴耶夫2005年签署的产品分成协议，哈萨克斯坦国家石油公司拥有优先拒绝权和在任何新项目中至少50%份额的特权。

(二) 阿塞拜疆

20世纪之交,阿塞拜疆制定了面向21世纪的油气发展战略。1994年,阿塞拜疆与十多家外资能源公司签署了被称为"世纪合同"的第一份产品分成协议(production sharing agreement),合作开发里海沿岸的阿泽里、久涅什利和齐拉格三个区块的油田。至2000年,阿塞拜疆已同15个国家的35家大型石油公司签署了21个国际性产品分成协议,合作开发国内油气资源。

在阿塞拜疆对外签署的10个大型石油合同中,俄罗斯参加了4个,其中包括3个多边世纪合同和1个金额较小的双边合同。阿泽里—奇拉格—久涅什利油田(ACG)[①]和沙赫德尼兹气田是阿塞拜疆两个超大型油气田。卢克石油公司在阿泽里—奇拉格—久涅什利油田中占股10%,在卡拉巴赫油田中占股32.5%,在沙赫德尼兹气田中占股10%。在阿泽里—奇拉格—久涅什利油田中,美国石油公司占股26.5%[②],英国石油公司34.1%,挪威国家石油公司(Statoil)8.6%,土耳其国家石油公司6.8%,阿塞拜疆国家石油公司(SOCAR)10%。在沙赫德尼兹气田项目中,英国石油公司占股25.5%,挪威国家石油公司25.5%,道达尔公司10%,阿塞拜疆国家石油公司10%,伊朗国家石油公司10%,土耳其国家石油公司9.0%。

(三) 土库曼斯坦

土库曼斯坦政府制定了《2030年前土库曼斯坦油气工业发展纲要》。作为土库曼斯坦油气领域发展的纲领性文件,该纲要明确提出加大油气勘探开发力度,提高油气产量。预计到2020年,该国天然气年产量将达到1750亿立方米,到2030年将达到2300亿立方米。

俄罗斯三大石油公司参与了对土库曼斯坦里海大陆架气田的勘探与开发。2002年,俄罗斯石油公司、卢克石油公司和伊杰拉公司组成扎利特联合财团,联合对土库曼斯坦所属的里海大陆架第27—30号油气田进行了勘探和开发。

南约洛坦气田位于土库曼斯坦首都阿什哈巴德东南部,含气面积约为

[①] 1994年9月,阿塞拜疆与里海石油财团签署为期30年、价值80亿美元的首个世纪合同,联合开发阿泽里—齐拉格—久涅什利油田。该油田已探明石油储量50亿—60亿桶,其产量约占阿塞拜疆石油开采量的70%。

[②] 其中,美国加州联合石油公司(Unocal)占股10.3%,埃克森美孚公司8.0%,戴文能源公司(Devon Energy)5.6%。

3000平方公里，2006年开始开发，探明储量为21万亿立方米，为世界第二大气田。目前，该气田由土库曼斯坦国家天然气康采恩投资开发，中国、韩国和阿联酋等国共同参与。萨曼杰佩气田位于阿姆河右岸。2007年，中石油与土库曼斯坦政府签署产品分成协议，获得其30年的开发权。目前，该气田年产量约为130亿立方米。随着勘探开发技术的不断提高，土库曼斯坦的天然气探明储量急剧攀升，尤其是南约洛坦—奥斯曼超大型气田群的发现为土库曼斯坦的天然气出口提供了充足的气源保障。①

二 管道运输维度

油气管道是将中亚—里海油气运至全球市场的主要方式。俄罗斯维持其传统过境国地位，欧美国家积极介入该地区油气管道建设，二者的博弈构成该地区油气管道政治的重要内容。中亚—里海地区管道出口的多元化进程无疑意味着俄罗斯的传统结构性权力将被逐渐侵蚀。俄罗斯失去了其在中亚—里海油气出口和过境方面的垄断地位。同时，中亚—里海国家的管道多元化政策也对该地区管道政治产生影响。

（一）俄罗斯在管道运输中的结构性权力

中亚—里海一直被俄罗斯视为向欧洲出口的重要气源地。② 长期以来，为了阻止该地区油气进入欧洲市场与本国油气竞争，俄罗斯竭力保持在中亚—里海能源运输中的控制权，阻止该地区能源出口通道多元化，同时，通过垄断油气过境影响该地区国家的政治定位，维护自己的传统地缘政治影响力。③ 俄罗斯竭力将里海能源输出管线走向纳入"北线方案"，沿里海地区向北穿越俄罗斯领土抵达黑海港口新罗西斯克一线，将铺设新管道和维修旧管道相结合，最大限度地提高里海能源输出能力。

在石油管道方面，俄罗斯在哈萨克斯坦石油外运管道中保持相对垄断

---

① 闫鸿毅、李世群：《浅析土库曼斯坦天然气出口格局及其影响》，《俄罗斯中亚东欧市场》2012年第8期，第29—30页。

② Uwe Remme, Markus Blesl, and Ulrich Fahl, "Future European Gas Supply in the Resource Triangle of the Former Soviet Union, the Middle East and Northern Africa", *Energy Policy*, Vol. 36, 2008, p. 1628.

③ Farid Guliyev and Nozima Akhrarkhodjaeva, "The Trans-Caspian Energy Route: Cronyism, Competition and Cooperation in Kazakh Oil Export", *Energy Policy*, No. 37, 2009, p. 3172; Faig Galib Abbasov, "EU's External Energy Governance: A Multidimensional Analysis of the Southern Gas Corridor", *Energy Policy*, Vol. 65, 2014, p. 35; Andrei Kazantsev, "Russian Policy in Central Asia and the Caspian Sea Region", *Europe-Asia Studies*, Vol. 60, No. 6, 2008, p. 1085.

地位。俄罗斯已通过西向的里海管道财团（CPC 管道）① 所属的田吉兹—新罗西斯克管道、北向的阿特劳—萨马拉管道以及东向的阿塔苏—阿拉山口管道控制哈萨克斯坦石油的外运和销售。为了与美国争夺有限的石油资源，2002 年，俄罗斯与哈萨克斯坦签署了为期 15 年的石油运输协议。根据协议，哈国要向俄石油管道输送石油。一条是北向俄罗斯的萨马拉管道。另一条是从马哈奇卡拉向西到俄罗斯的新罗西斯克，这是对美国积极推进的巴库—第比利斯—杰伊汉管道的回应。2002 年，俄罗斯与哈萨克斯坦签署"石油过境协议"，俄罗斯有权决定哈萨克斯坦石油过境的方向和数量，这给予俄罗斯控制哈萨克斯坦石油出口的权力。2011 年扩建后，田吉兹—新罗西斯克管道输油能力从年 2820 万吨达到年 6700 万吨，其中近 5000 万吨来自哈国原油。② 根据 2013 年 12 月俄哈石油过境补充协定书，至 2020 年，哈萨克斯坦通过俄罗斯过境输送的原油不低于 6900 万吨（占哈国出口总量的近 80%），其中，经里海管道财团输送 5000 万吨，经阿特劳—萨马拉管道输送 1500 万吨，经马哈奇卡拉—新罗西斯克路线输送 400 万吨。2014 年，该管道出口哈国石油达 3500 万吨，占该国石油出口总量的 56.5%。阿特劳—萨马拉管道输油能力约为年 1750 万吨，其中，2013 年，哈萨克斯坦经该管道出口石油 1540 万吨。

在阿塞拜疆石油外运方面，俄罗斯控制了巴库—新罗西斯克管道和巴库—苏菩萨管道。近年来，阿塞拜疆石油几乎均经巴库—第比利斯—杰伊汉管道外运。这使其无法完成与俄罗斯达成的政府间协议规定的输油量，俄罗斯石油管道运输公司无法收回管道维护费。2013 年 5 月，俄罗斯被迫终止俄阿关于通过巴库—新罗西斯克管道向第三国输油的政府间协议。

在天然气管道方面，通过中亚—中央天然气管道（CAC）③ 和布哈拉—乌拉尔天然气管道④，俄罗斯成为哈萨克斯坦和土库曼斯坦天然气出

---

① 里海管道财团于 1993 年成立，是哈萨克斯坦和俄罗斯境内唯一由私有资本参与建设运营的管道，由俄哈两国政府和企业主导。其中，俄政府占股 24%（由俄管道运输公司代管），俄管道运输公司占股 7%，哈政府占股 20.75%（由哈萨克斯坦国家石油天然气公司代管），雪佛龙石油公司 15%，卢克石油公司 12.5%，俄石油公司与壳牌合资公司 7.5%，埃克森美孚公司 7.5%，英国天然气集团 2%，意大利埃尼集团 2% 和 Oryx 里海管道公司 1.75%。

② Paul Kubicek, "Energy Politics and Geopolitical Competition in the Caspian Basin", *Journal of Eurasian Studies*, No. 4, 2013, p. 171.

③ 该管线建于 20 世纪 70 年代，全长 4163 公里，起点位于土库曼斯坦阿姆河盆地，经哈萨克斯坦、乌兹别克斯坦向俄罗斯供气。

④ 该管线于 1965 年投产，全长 4500 公里。

口的主要过境国。苏联解体后新建的管道仅为卡拉恰干纳克—奥伦堡天然气管道。中亚—中央天然气管道目前输送能力为年500亿立方米。2007年5月，俄罗斯与哈萨克斯坦、土库曼斯坦和乌兹别克斯坦达成协议，对现有的中亚—中央天然气管道进行更新改造。2009年4月，哈萨克斯坦议会批准了该协议。哈萨克斯坦正在对中亚—中央天然气管道系统进行现代化改造，使输气量提高到年1170亿立方米。布哈拉—乌拉尔天然气管道的设计输送能力为年190亿立方米。然而，由于管道老化，目前输送能力仅为年70亿立方米。卡拉恰干纳克—奥伦堡天然气管道将卡拉恰干纳克气田生产的天然气输往俄罗斯奥伦堡天然气处理厂加工。卡拉恰干纳克石油运营公司专门建设了5条天然气管线。

俄罗斯还积极与土耳其改善关系，争取与这个北约成员国在能源领域进行合作。俄罗斯与土耳其合作铺设了蓝流天然气管道。该管道北起俄罗斯的伊扎比利诺耶，穿越黑海海底2150米，出土耳其北部港口萨姆松至安卡拉。俄同意向土耳其提供25年的天然气，该管道由俄方经营。蓝流管道虽然不属于里海油气外运路线，但它直接导致由美国支持、欧盟筹建的跨里海天然气管道项目搁置，后者计划从土库曼斯坦穿越里海连接阿塞拜疆向土耳其输送天然气。

（二）欧美国家积极介入

为了控制战略能源生命线、遏制俄罗斯在中亚—里海的传统势力，欧美国家竭力推进"西线方案"。1997年，美国政府制定了旨在控制中亚—里海地区及其油气资源开发权、输送权的"新中亚战略"。美国的首要利益是确保没有任何一个大国能够单独控制这一地缘政治空间，把这一地区直接与世界经济活动的主要中心连接，使其地缘政治多元化成为持久现实。[①] 因此，美国在中亚—里海的能源地缘利益是通过支持中亚—里海能源出口多元化，促进该地区国家加入由美国主导的西方经济体系，排除俄罗斯、伊朗等周边区域大国对中亚—里海的可能控制。

为了打破俄罗斯对中亚—里海能源出口的过境垄断，美国和欧盟积极支持铺设绕开俄罗斯、直通欧洲的油气管道。2006年，由美国主导的巴

---

① ［美］兹比格涅夫·布热津斯基：《大棋局：美国的首要地位及其地缘战略》，中国国际问题研究所译，上海人民出版社2007年版，第122页。

库—第比利斯—杰伊汉输油管道①的开通，率先打破了俄罗斯垄断中亚—里海石油出口的局面。该管道运输能力达年2500万吨。由于阿塞拜疆石油生产能力仅为1000万吨，美国积极拉拢哈萨克斯坦通过管道运输石油。自2007年起，哈萨克斯坦石油开始注入巴库—第比利斯—杰伊汉输油管道，实现通过该管道出口石油年2000万吨的目标。2008年，巴库—第比利斯—杰伊汉输油管道的运输能力提升至年5000万吨。②

作为首条绕过俄罗斯直接对欧洲大规模出口石油的管线，巴库—第比利斯—杰伊汉输油管道打破了俄罗斯对中亚—里海石油输出的传统垄断地位，削弱了俄罗斯在该地区的主导作用和外交筹码。通过该管道，美国可以介入欧洲能源市场，加强对欧洲事务的控制。③ 与此同时，巴库—第比利斯—杰伊汉输油管道连接阿塞拜疆、格鲁吉亚和土耳其，从经济上把这一地区纳入由美国主导的经济体系，强化了中亚—里海国家与西方国家的经济融合。此外，巴库—第比利斯—杰伊汉输油管道的开通阻断了中亚—里海地区经伊朗出口的可能，并影响东向到中国输油管道的流量。④

为了降低对俄罗斯天然气的依赖程度，欧盟开始支持建设绕开俄罗斯、穿越里海的天然气管道项目，即打通"南部天然气走廊"。⑤ 南高加索输气管道，即巴库—第比利斯—埃尔祖鲁姆天然气管道⑥的建成再次挑战

---

① 2005年5月，阿塞拜疆、土耳其、格鲁吉亚、哈萨克斯坦签署了支持巴库—第比利斯—杰伊汉输油管道建设的《伊斯坦布尔宣言》，美国以观察员身份签字。哈萨克斯坦承诺修建穿越里海的阿克套—巴库管道向巴杰管道供油。巴库—第比利斯—杰伊汉输油管道财团由8个国家的11家股东组成，其中英国石油公司占股30.1%，阿塞拜疆国家石油公司25%，美国Chevron Taxaco公司8.9%，挪威Statoil公司8.7%，土耳其TPAO公司6.5%，法国道达尔公司5.0%，意大利Eni/Agip尼日利亚油气公司5.0%，美国Itochu油气公司3.4%，美国ConocoPhillips油气公司2.5%，日本Inpex油气公司2.5%，阿塞拜疆Amerada Hess/Delta油气公司2.4%。美国三家公司占14.8%股份。该管线东起阿塞拜疆巴库油田，经格鲁吉亚首都第比利斯至土耳其杰伊汉港。总长1760公里，投资达40亿美元，2006年7月正式运行。

② Lyailya Nurgaliyeva, "Kazakhstan's Economic Soft Balancing Policy vis-à-vis Russia: From the Eurasian Union to the Economic Cooperation with Turkey", *Journal of Eurasian Studies*, Vol. 7, Issue 1, 2016, pp. 92–105.

③ Keith C. Smith, *Russia-Europe Energy Relations: Implications for U. S. Policy*, Center for Strategic and International Studies, 2010, p. 9.

④ 庞昌伟:《里海油气管道地缘政治经济博弈态势分析》,《俄罗斯研究》2006年第2期，第59页。

⑤ 2007年欧盟出台《欧盟与中亚：新伙伴关系战略》，2008年通过《欧盟能源安全和合作行动计划》，2010年出台《能源2020战略》。

⑥ 该管线由英国石油公司、俄罗斯卢克石油公司、挪威Statoil公司、阿塞拜疆SOCAR公司、法国道达尔公司、伊朗Naftiran Intertrade Co公司和土耳其TPAO公司共同组成。该管线初始阶段设计的运输能力为年84亿立方米，最终可增至年300亿立方米。

了俄罗斯在中亚—里海输气格局中的传统霸权。巴库—第比利斯—埃尔祖鲁姆管线由英国石油公司运营,主要气源来自沙赫德尼兹气田项目,设计运气量306亿立方米,2006年5月开始向土耳其输气。由此,欧盟天然气市场的能源供应多元化建设出现历史性转折,欧洲在获得里海石油后进一步获得了该地区的天然气供应。上述两条管线被称作"欧亚走廊",它们的开通形成了向欧洲输送里海油气的能源网络。①

(三) 中亚—里海国家的利益考量

对中亚—里海油气生产国而言,能源管道运输的多样化能够防止俄罗斯限制其能源出口和任意抬高过境费。尽管中亚—里海域内国家的能源权力相对较弱,②但它们并非完全是被动的参与方。如何在大国竞争中实现收益最大化是中亚—里海能源生产国和过境国的利益考量。

苏联解体时,中亚—里海地区只有北向连接俄罗斯的油气管线,对俄罗斯过境严重依赖且缺乏替代性过境路线和出口市场。为了实现出口收入最大化,中亚—里海国家寻求多元化的油气管道路线。中亚—里海国家依赖域外国家实现对俄罗斯的软平衡政策,从而保护自己的能源安全和能源出口收益。哈萨克斯坦与俄罗斯同为世界主要能源生产国和出口国。巴库—第比利斯—杰伊汉输油管道和中哈石油管道是哈萨克斯坦出口路线多元化的重要尝试。通过加入巴库—第比利斯—杰伊汉输油管道,哈萨克斯坦开始与俄罗斯在欧洲能源市场展开竞争。该管线对于哈萨克斯坦改善对俄罗斯的议价地位具有关键意义。通过出口路线多元化,哈萨克斯坦能够加强自己的能源安全并获得对俄关系杠杆。

中亚—里海国家寻求东向能源出口市场的需求与中国能源进口来源多元化的目标相契合。肯基亚克—阿特劳输油管道③和中国—哈萨克斯坦输油管道不仅运送哈萨克斯坦石油,而且连通了俄罗斯和中国的石油运输。2009年12月至2014年5月,中国—中亚天然气管道A、B、C线相继建

---

① 杨玲:《新世纪俄罗斯里海地区能源外交述评》,《国际政治研究》2011年第4期,第159页。

② Onur Cobanli, "Central Asian Gas in Eurasian Power Game", *Energy Policy*, Vol. 68, 2014, p. 351.

③ 该管线从哈萨克斯坦的肯基亚克到里海附近的阿特劳。2001年10月,哈萨克斯坦石油天然气公司和中国石油天然气集团签署协议,双方合资成立管道公司,2002年5月动工,2003年3月投产。

成通气。① 该管道将成为中亚地区规模最大的输气系统。如果未来四条管线通气，土库曼斯坦向中国出口的天然气量将达到年 650 亿立方米。

自独立以来，为摆脱对俄过境依赖，土库曼斯坦积极推行天然气出口多元化战略。土库曼斯坦天然气的南向出口多元化在伊朗和南亚取得重要突破。科别兹—科尔德库伊管道是土库曼斯坦首条绕过俄罗斯的跨国管线。② 该管线的建成不仅为中亚国家开辟了除俄罗斯之外的出口市场，同时也解决了伊朗北部地区的天然气供给问题。2009 年土俄天然气贸易中断后，为了进一步扩大天然气贸易，2010 年，土伊两国建成第二条管道，即多夫列塔巴德—谢拉赫斯—罕朗吉管道③。目前，土库曼斯坦向伊朗出口天然气的总管输能力达到年 200 亿立方米。修建通往伊朗的天然气管道是土库曼斯坦实施天然气出口多元化战略的重要举措之一。

由于油气田资源日益枯竭，阿塞拜疆积极打造能源过境国身份，提高自身在高加索和里海地区的战略地位。一方面，强调能源流向多元化，为欧盟能源供应安全政策提供支持。另一方面，积极推动修建跨里海油气管道，努力把自己打造成中亚—里海向欧洲油气出口的枢纽。乌克兰危机后，俄罗斯能源供应的可靠性遭到质疑，这使阿塞拜疆的重要性更加突出，它正在成为欧盟能源供应的重要一环。

（四）大国博弈与未来油气管线走向

乌克兰危机后，俄罗斯与欧盟对中亚—里海管线走向的争夺越发激烈。为了加速能源进口来源多元化进程，欧盟打通"南部天然气走廊"的需求更加迫切。欧盟"南部天然气走廊"计划包括纳布科天然气管道项目、跨亚得里亚海天然气管道项目（TAP）、跨安纳托利亚管道项目（TANAP）和土耳其—希腊—意大利管道项目（ITGI）等。具体来看，纳布科管道项目是"南部天然气走廊"的关键，在欧盟委员会中最受欢迎。④

---

① 2008 年 8 月，中亚天然气管线开工建设，过境乌兹别克斯坦和哈萨克斯坦，终点为新疆霍尔果斯，总长 1830 公里。2009 年 12 月，管道 A 线建成通气，2010 年 10 月管道 B 线投产。2012 年 9 月，中亚天然气管道 C 线开工建设，设计输气能力为年 250 亿立方米（100 亿立方米由土库曼斯坦供应，其他气源来自乌兹别克斯坦和哈萨克斯坦），2014 年 5 月底建成投运。2014 年 9 月，管道 D 线开始建设，预计于 2020 年底完工，土库曼斯坦将每年向中国增供 250 亿立方米天然气。

② 该管线于 1997 年 12 月投产，全长 135 公里。主要为伊朗东北部的发电厂供气，年输气能力 80 亿立方米。

③ 该管线全长约 30 公里，年输送能力 120 亿立方米。

④ Pavel K. Baev and Indra Overland, "The South Stream versus Nabucco Pipeline Race", *International Affairs*, Vol. 86, No. 5, 2010, pp. 1075–1090.

然而，由于缺乏天然气供给承诺和建设成本不断增加，该项目处于搁置状态。① 2013年6月，以英国石油公司为首的沙赫德尼兹财团选择跨亚得里亚海天然气管道项目②作为沙赫德尼兹气田项目二期向欧洲输送天然气的运输管道。这实际上宣告了纳布科天然气管道的流产。跨安纳托利亚管道项目③是为阿塞拜疆的沙赫德尼兹气田二期设计的专用管道，具备改扩建能力，可用于阿塞拜疆境内其他项目以及土库曼斯坦天然气的运输。至2026年，跨安纳托利亚管道和跨亚得里亚海天然气管道的输气量将提升至年310亿立方米。上述两条管道的开通无疑有助于改变欧盟严重依赖俄罗斯天然气的现状。

欧盟与阿塞拜疆和土库曼斯坦致力于建设跨里海天然气管道（TCP）。为巩固北部运输里海油气的管线，俄罗斯反对西方国家开启跨里海管道建设。④ 蓝流天然气管道⑤不属于里海油气外运线路，但它直接导致由美国支持、欧盟筹建的跨里海天然气管道搁置。⑥ 为对抗欧盟"南部天然气走廊"计划、绕开乌克兰过境，俄罗斯于2007年推出南溪天然气管道项目⑦。南溪管道是将俄罗斯天然气生产与欧洲消费市场直接连接的大规模天然气管线系统，有助于俄罗斯拓展南欧天然气市场，恢复在这一传统地区的政治

---

① 该方案于2002年2月提出，即在已建成的巴库—第比利斯—埃尔祖鲁姆天然气管道基础上，将中亚—里海天然气通过东中欧的保加利亚、罗马尼亚和匈牙利输往奥地利。全长约3300公里，计划于2011年开工，2014年竣工，输气量为年310亿立方米，约占欧盟天然气进口量的5%。

② 该管线将天然气从阿塞拜疆沙赫德尼兹气田经格鲁吉亚运至土耳其。该项目计划于2016年启动，2019年竣工。项目费用近20亿美元，总长度为800公里。初期设计输送能力为年100亿立方米，未来增至年200亿立方米。该管道股东包括阿塞拜疆国家石油公司（20%），英国石油公司（20%），挪威国家石油公司（20%），比利时Fluxys公司（19%）、Enagas公司（16%）和EGL-Axpo公司（5%）。

③ 该管线将天然气从阿塞拜疆沙赫德尼兹气田经土耳其输送至欧洲，项目预算约70亿美元。2014年9月启动建设，一期工程于2018年完工，二期工程预计于2019年底建成。年输气量约为160亿立方米，其中向土耳其供气60亿立方米，其余100亿立方米输往欧洲市场。

④ Andrei Kazantsev, "Russian Policy in Central Asia and the Caspian Sea Region", *Europe-Asia Studies*, Vol. 60, No. 6, 2008, p. 1085.

⑤ 该管线起自俄罗斯的伊扎比热内，穿越黑海海底至土耳其安卡拉，全长1213公里。由俄罗斯和意大利共建，2005年11月建成通气。俄向土耳其提供25年的天然气，该管道由俄经营。

⑥ 杨玲：《新世纪俄罗斯里海地区能源外交述评》，《国际政治研究》2011年第4期，第160页。

⑦ 该管线起点是俄罗斯新罗西斯克，穿越黑海海底后从保加利亚港口瓦尔纳上岸并分为两条支线。一条西北支线经塞尔维亚、匈牙利、斯洛文尼亚到奥地利，另一条西南支线经希腊和地中海通往意大利。管线总长约3200公里，年输气能力达630亿立方米，项目总投资约160亿欧元，由俄气、意大利埃尼集团、法国电力公司、德国温特沙尔公司共同出资建设。

影响。该管线计划于 2016 年运行,年运输能力达到 160 亿立方米,至 2019 年底增至 630 亿立方米。① 2012 年 12 月,南流管道工程正式启动。然而,欧盟利用第三能源法案(TEP)管制坚决阻止南溪管道建设。② 2014 年 12 月,俄气决定放弃南溪管道项目,选择与非欧盟国家土耳其合作建设土耳其溪管道项目。

由于美国的支持,土库曼斯坦—阿富汗—巴基斯坦—印度天然气管道项目(TAPI)被提上日程。2010 年 12 月,土库曼斯坦、阿富汗、巴基斯坦和印度签署了实施土阿巴印管道项目的政府间协议。③ 2012 年 5 月和 2013 年 6 月,土库曼斯坦相继与巴基斯坦、印度公司签署了天然气购销合同。2014 年 11 月,土库曼天然气康采恩、阿富汗天然气集团公司、巴基斯坦跨国天然气系统公司(Inter State Gas)和印度盖尔公司(GAIL)联合创立了土库曼斯坦—阿富汗—巴基斯坦—印度天然气管道建设和运营财团。2015 年 8 月,该财团选取土库曼天然气康采恩作为牵头人。此外,该项目确定以日本三菱公司为首的财团作为上游气田开发的承包商,开展复兴气田(三期)年 330 亿立方米产能建设的合作。根据双方协议,日本财团将负责在复兴气田进行钻井和建设天然气处理厂以及筹集项目建设所需的外部资金。④

---

① Chi Kong Chyong and Benjamin F. Hobbs, "Strategic Eurasian Natural Gas Market Model for Energy Security and Policy Analysis: Formulation and Application to South Stream", *Energy Economics*, No. 44, 2014, p. 203.

② 保加利亚是南溪管道途经黑海后到达的第一站。欧盟从法律上要求保加利亚停止南溪管道建设。一是俄气与保加利亚能源集团(EAD)成立合资公司,各占股 50%,这不符合欧盟第三阶段天然气市场改革中天然气生产商与管道运输商实行所有权分离的要求。二是欧盟认定保加利亚境内管道建设承包商招投标中违反欧盟内部市场要求引入第三方投资的程序规定。俄罗斯 Stroytransgas 公司与 5 家保加利亚公司共同中标。欧盟反对这一招标结果,究其原因,欧盟内部能源市场要求两国项目中引入第三方投资,而俄保双方协议明确两国公司享有优先权。(*Wall Street Journal*, "EU Tells Bulgaria to Stop Work on Gazprom's South Stream", 3 June 2014, https://www.wsj.com/articles/eu-tells-bulgaria-to-stop-work-on-gazproms-south-stream-project-1401811829;王海燕、何金波、毕明:《"南溪"管道命运与俄欧乌天然气市场变局》,《国际石油经济》2015 年第 3 期,第 78 页。)

③ 根据协议,四方规划建设一条起自土库曼斯坦东部气田,途经阿富汗坎大哈和巴基斯坦木尔坦市到达巴印边境法兹拉卡的天然气管道。该管道建设始于 2015 年 12 月,完工定于 2019 年 12 月。天然气管道总长度达 1814 公里,管道设计规模为年输送天然气 330 亿立方米,其中阿富汗将获得 50 亿立方米,印巴各购买 140 亿立方米。

④ 王海燕:《土库曼斯坦天然气多元化出口战略(1991—2015):一项实证主义分析》,《俄罗斯研究》2015 年第 5 期,第 88 页。

三　中国与中亚国家的能源合作

能源供应与运输安全直接关系到中国的国家安全和现代化进程。在石油方面，自2009年超过日本成为世界第二大石油进口国后，2014年，中国又超过美国成为世界最大石油净进口国。同时，中国天然气需求增长迅猛。目前，东北方向的中俄油气管道、西北方向的中哈油气管道和中国—中亚天然气管道、西南方向的中缅油气管道以及海上液化天然气管道共同构成中国的能源进口格局。目前，中国已成为哈萨克斯坦第三大石油进口国，乌兹别克斯坦和土库曼斯坦天然气的第一大进口国。

此外，中亚国家在油气勘探开发、油气深加工、石油化工、油气管道铺设和改造、油气工程服务及技术创新、石油装备制造方面的市场需求潜力巨大，为中国对外油气合作提供了广阔的市场空间。同时，中亚地区是欧亚大陆的中间连接区，也是丝绸之路经济带建设的核心段，其地缘位置与丰富的油气资源使其成为影响世界格局的枢纽地段，并成为中国除中东地区以外最重要的能源供应地之一。近年来，随着中亚油气管道A、B、C线的建成使用，中国从中亚引进的油气资源不断增长，同时，中国的油气企业在哈萨克斯坦通过收购、合资等方式在勘探开发、装备制造、技术服务和石化产业升级改造等方面取得显著成绩。

中国与中亚国家在能源领域展开了许多卓有成效的合作。参与能源合作的中国公司包括中石油、中石化、中信集团、新疆特变电工和国电集团等。在油气领域，中国与中亚国家之间的合作关系目前已从油气资源贸易扩展到包括上游勘探开发、管道基础设施建设以及下游炼油销售和工程技术服务等的完整产业链。在能源产业合作成熟之后，中国与中亚国家的未来能源合作将逐步扩展到石油装备制造、生产性服务和大化工业等能源关联行业。

从油气合作项目在中亚各国的地理分布看，中国与哈萨克斯坦的合作最为广泛，在勘探开发、油气管道建设和油气资源贸易等方面都展开了合作，对哈国进行油气投资的不仅有中国国有石油公司，也有民营石油公司；中国与乌兹别克斯坦、土库曼斯坦的合作集中在天然气领域，涉及气田开发和天然气管道建设；塔吉克斯坦和吉尔吉斯斯坦的油气资源储量不大，但中国公司仍在当地进行了一些油气勘探开发投资，此外，中国—中亚天然气管道D线经这两国通往中国。

(一) 油气勘探与开发

2009年以前，中国与哈萨克斯坦的能源产业合作主要集中在油气资源的上游勘探与开发，主要形式是通过控股或参股并购获得哈国的权益油份额。参与哈国上游勘探开发的有中石油、中石化、中信集团等公司，其中，中石油在哈萨克斯坦的油气投资业务主要包括阿克纠宾油气项目、北布扎奇油田项目、PK石油公司项目、KAM和ADM项目等油田开发项目和两个勘探项目。

土库曼斯坦是中国管道天然气的最主要来源。中土天然气合作是土库曼斯坦天然气出口历史上真正的转折点。自建交以来，中土签署了一系列油气领域的合作协议，其中包括《关于土库曼斯坦阿姆河右岸巴格德雷合同区块产品分成合同》和《中土天然气购销协议》。根据协议，土库曼斯坦每年向中国输送300亿立方米天然气，其中170亿立方米来自商业购买，130亿立方米来自中石油在阿姆河右岸勘探开发天然气的产品分成协议。在土俄天然气合作遭遇危机之时，2009年底，中亚天然气管道A线建成通气。自此，中国取代俄成为土库曼斯坦天然气出口的最大市场，土库曼斯坦天然气出口多元化的战略得以初步实现。阿姆河天然气项目是中石油迄今为止在海外开展的最大的天然气合作开发项目，也是中国企业在海外最大的天然气项目，是西气东输二线的主供气源。[1] 2007年8月，中国—土库曼斯坦天然气勘探开发合作项目正式开工，这标志着中石油海外最大规模的天然气勘探开发项目正式启动。2008年8月，中土双方再次签署《扩大100亿立方米天然气合作框架协议》，这标志着土库曼斯坦天然气合作项目作为中亚天然气管道的起点和主气源，在未来30年内每年向中国输送天然气量由原来的300亿立方米增加到400亿立方米。

乌兹别克斯坦在天然气资源方面具有相当潜力，同时，该国地理位置比较特殊，正好处于所有中亚国家的中间，很多跨国油气运输管道需要经过乌兹别克斯坦领土，而这些正是中国和乌兹别克斯坦开展能源合作的重要领域。2005年7月，中石化与乌兹别克斯坦国有石油及天然气公司签署了一项合作备忘录，中石化计划启动1.06亿美元在乌兹别克斯坦勘探、恢复和开发油田，主要地点在乌兹别克斯坦的安集延、沙夫卡特和麦德奇

---

[1] 尤立杰、朱倩：《哈、乌、土三国能源投资环境评价》，《俄罗斯中亚东欧市场》2013年第5期，第71页。

托夫地区。2006年，由乌兹别克斯坦国家石油公司牵头，包括乌兹别克油气总公司、中石油、卢克石油公司、韩国国家石油公司（KNOC）、马来西亚石油公司（Petronas）在内的石油公司共同组成"咸海油气开发财团"，与乌政府正式签署勘探项目产品分成协议，期限为40年。共同开发乌属咸海水域的油气资源，合同区位于北乌斯丘尔特盆地，乌境内面积12000平方千米。咸海油气开发项目投资总额超过2.8亿美元，五大能源企业分别占20%的份额。2010年，产品分成协议开始生效。在丝绸之路项目方面，2006年，中石油在乌国成立丝绸之路公司，参与油气勘探开发。合同区面积为34000平方千米，分布在乌斯丘特、阿姆河、费尔干纳三个盆地。计划用5年时间，实施7000千米的2D、1320平方千米的3D地震，完钻各类探井27口。

在明格布拉克项目方面，2009年8月，中石油与乌兹别克国家油气公司正式签署合作协议，合资开发明格布拉克油田。该油田位于乌兹别克斯坦费尔干纳盆地北缘，油气埋藏深度超过5000米，可采储量超过3000万吨，预计可建成年200万吨的生产能力。在卡拉库里项目方面，2013年9月，中石油与乌兹别克斯坦国家油气公司签署了一系列油气合作新协议。中石油在乌兹别克斯坦的部分油气合作项目，特别是在上游领域的勘探开发项目进入实质性阶段。根据签署的《关于成立合资公司补充勘探和开发卡拉库里投资区块油气田的原则协议》，双方将成立合资公司，共同开发卡拉库里区块的三个气田及潜在的油气田。

（二）油气管道建设

随着中国与中亚能源产业上游合作日趋饱和，向下延伸产业链合作成为中国与中亚国家能源产业合作的重要方向。为了保障中国与中亚国家油气资源贸易，中国与中亚国家加大管道修建步伐。目前，中国在中亚已经建成和正在运营的油气进口战略通道包括中哈原油管道（阿特劳—阿拉山口，全长2798公里）、中亚天然气管道（A、B、C线土库曼斯坦—乌兹别克斯坦—哈萨克斯坦—中国，境外全长约1830公里）。正在建设中的油气管道包括中亚天然气管道D线（土库曼斯坦—乌兹别克斯坦—塔吉克斯坦—吉尔吉斯斯坦—中国）等。

中国—哈萨克斯坦原油管道是中国第一条跨境陆路原油运输管道，也是哈萨克斯坦首条不经第三国过境、直通终端能源消费市场的境外原油输送通道，是丝绸之路经济带能源合作的主体之一。该管道以哈萨克斯坦西北部的阿特劳为起点，经该国肯基亚克、库姆科尔、阿塔苏至阿拉山口，终点为中国新疆独山子。该管道总长2834公里。目前，中哈原油管道增输扩建改造项目已经完工，管道实际输送能力将增加到年输送量2000万吨。自2006年7月投产至2015年底，中哈原油管道已累计向国内输送原油8724万吨。其中，肯基亚克—库姆科尔管道自2009年10月投产至2015年底累计输油量为3267万吨。

中国—中亚天然气管道由中石油分别与乌兹别克斯坦油气公司、哈萨克斯坦油气公司成立天然气管道合资公司共同建设。该管道西起土库曼斯坦阿姆河右岸，途经乌兹别克斯坦和哈萨克斯坦，并与中国西气东输二线连接，将中亚天然气输往中国经济发达、对能源需求巨大的长三角和珠三角地区。该管道全长约一万公里，其中，土库曼斯坦境内长188公里，乌兹别克斯坦境内长530公里，哈萨克斯坦境内长1300公里，其余约8000公里位于中国境内。管道分A、B双线敷设，单线长1833公里，是世界上最长的天然气管道。该管道工程于2008年7月开工修建，2009年12月管道A线建成通气，2010年10月管道B线投产。2012年9月，管道C线开工建设，设计输气能力为年250亿立方米（其中，100亿立方米天然气由土库曼斯坦供应，其他气源来自乌兹别克斯坦和哈萨克斯坦），2014年5月底建成投运。2014年9月，中亚天然气管道D线开始建设，土库曼斯坦将向中国增供年250亿立方米天然气。通过A、B、C、D四条线，土向中国出口气量未来将达到年650亿立方米。土是该管道最主要的气源国，乌、哈、塔、吉均成为过境国，同时乌、哈也将通过管道向中国出口天然气。该天然气管道成为中国与中亚国家开展多边能源合作的重要项目，资源生产国、过境国和消费国构建了完整、互利的链条。

随着中国—哈萨克斯坦石油管道和中国—中亚天然气管道相继投入运营，中亚—里海管道博弈的重心开始向东扩展。对俄罗斯而言，中国对中亚油气管道的介入是一把"双刃剑"。一方面，这对俄罗斯在该地区的主导性进口国地位构成挑战，同时也导致俄罗斯油气在中国市场面临更激烈的供给竞争。另一方面，中亚国家对中国的管道出口"锁定"（interlock）了对欧盟"南部天然气走廊"的供给量，由此在一定程度上有助于俄罗斯捍卫中亚天然气西向出口的过境主导权及在欧洲市场的出口份额。①

中亚是中国对外能源合作的重要区域，可为保障我国能源安全发挥关键性作用。以能源合作为突破口，将中亚各国经济发展规划对接丝绸之路经济带，有助于各国发展战略的顺利实施和战略目标的实现。中亚国家对丝绸之路经济带这一倡议总体上态度积极。但从更深层次来看，发展程度和与华政治关系的不同使得这些国家的心态和认知较为复杂。它们既渴望搭上中国西进的快车，又担心产生对华经济上的依赖而威胁其国家安全。哈萨克斯坦是中亚最发达的国家，同时也是中国在该地区最大的投资对象国。哈方对丝绸之路经济带的态度为实用主义的积极配合。2014 年 12 月，中哈签署了《中华人民共和国国家发展和改革委员会与哈萨克斯坦共和国国民经济部关于共同推进丝绸之路经济带建设的谅解备忘录》，提出发展和加强区域间互联互通，促进和深化丝绸之路经济带沿线有关交通、经贸、旅游、投资及其他合作领域的经济活动。2016 年 10 月，双方签署《中国和哈萨克斯坦关于"丝绸之路经济带"建设与"光明之路"新经济政策对接合作规划》，实现了丝绸之路经济带建设与"光明之路"新经济政策的战略对接。②乌兹别克斯坦地处中亚中心地带，是中亚人口最多的国家。该国政府认为丝绸之路经济带的建设符合乌国发展经济和交通运输的规划，但其对大国在中亚的竞争态势深感忧虑，对中美俄的丝路战略采取了多极平衡策略。塔吉克斯坦是中亚各国中较为贫困的国家，国内交通需借助国外通道，因此，它对中国的互联互通规划响应积极，但对中国如何推进丝绸之路经济带建设存有戒心，希望由上海合作组织作为地区平台来推进。在对中国丝绸之路经济带倡议的认知及对策方面，吉尔吉斯斯坦与塔吉克斯坦非常相似，既希望从中受益，又有一定警惕，该国也希望由上海合作组织来主导丝绸之路经济带建设进程。③

---

① Onur Cobanli, "Central Asian Gas in Eurasian Power Game", *Energy Policy*, Vol. 68, 2014, pp. 349, 354.

② 张威等：《中哈重点产业合作：现状、策略及前景》，《国际经济合作》2017 年第 11 期，第 75 页。

③ 袁胜育、汪伟民：《丝绸之路经济带与中国的中亚政策》，《世界经济与政治》2015 年第 5 期，第 26—31 页。

第二节 欧亚经济联盟共同能源市场建设：
条件及前景

能源市场自由化和一体化是俄罗斯整合后苏联空间面临的重要敏感问题。2015年1月，以俄白哈为初始成员国的欧亚经济联盟正式成立，同年1月和5月，亚美尼亚和吉尔吉斯斯坦分别成为该联盟成员国。由于俄罗斯和哈萨克斯坦是世界重要能源生产国和出口国[1]，共同能源市场建设自然成为欧亚经济联盟构建内部统一能源空间、走向深度一体化的核心内容。根据共同能源市场构想，欧亚经济联盟将于2019年前建立统一电力能源市场，2025年前实现统一石油和石油产品及天然气市场。[2]

作为由能源生产国和出口国主导的欧亚经济联盟共同能源市场，其建设条件和障碍何在？乌克兰危机后，在西方制裁和国际油价剧烈波动的背景下，俄罗斯的实力衰退对共同能源市场未来发展将产生怎样的影响？共同能源市场建设对于目前丝绸之路经济带与欧亚经济联盟的战略对接又将意味着什么？本节将着重考察欧亚经济联盟共同能源市场的理念与实践、构建基础与发展前景，尤其是分析联盟内部的能源相互依赖以及有关共同能源市场的利益分歧，这对于推进丝绸之路经济带与欧亚经济联盟的能源合作对接无疑具有重要意义。

一 共同能源市场的理念与实践

俄罗斯主导的后苏联空间一体化沿循从经济一体化过渡到政治共同体这一欧洲传统一体化模式，即以俄白哈三驾马车为核心不断推进由统一经济空间向欧亚经济联盟、欧亚联盟的升级。共同能源市场建设是后苏联空间一体化的重要内容。由于能源对国民经济的战略性质及能源贸易的巨额资源租金，后苏联地区的共同能源市场建设相对滞后于其他经济部门的一体化。20世纪90年代苏联解体以及原有统一燃料动力系统的瓦解使得后苏联国家面

---

[1] BP, *BP Statistical Review of World Energy 2016*, June 2016, pp. 6, 20.
[2] О Концепции Формирования Общего Электроэнергетического Рынка, Общего Рынка Газа и Общих Рынков Нефти и Нефтепродуктов Евразийского Экономического Союза, Решение Высшего Евразийского Экономического Совета от 8 мая 2015 г. № 12, 31 мая 2016 г. № 7 и № 8, http://www.eurasiancommission.org/ru/act/energetikaiinfr/energ/Pages/default.aspx.

临着能源安全保障问题，同时，俄罗斯坚持保留其在石油和天然气部门的排他性权利。[1] 因此，独联体框架下能源合作的关注点是以集体合作的方式解决能源安全问题，[2] 并非能源市场自由化和一体化。欧亚经济联盟共同能源市场理念是在欧亚经济共同体框架下缓慢构建起来的，并随着俄白哈关税同盟的建成以及欧亚经济联盟的推进逐步完善并进入实施阶段。

2000年10月由俄白哈吉塔五国组成的欧亚经济共同体正式成立，这标志着后苏联地区一体化将从自由贸易区、关税同盟迈向共同市场，该区域共同能源市场问题从此提上议程。这一阶段共同体能源政策的目的和定位是建立旨在实现成员国稳定经济增长的能源基础，保证共同体成员国的能源独立和能源安全。[3] 其中，共同发展能源市场、形成运输联盟和实现共同体过境潜力被列入一体化合作的主要方向。[4] 2008年，欧亚经济共同体共同能源市场构想正式出台。为建立共同电力能源、煤炭、石油和天然气市场，共同体将协调各成员国能源领域的海关、税收和税率政策，统一各国能源法律并制定共同能源市场的规范和标准。[5]

由于欧亚经济共同体推进缓慢，俄白哈三国决定先行启动关税同盟和统一经济空间建设，这加速了共同能源市场从理念构建过渡到具体实施。2010年俄白哈关税同盟形成时，三国建立了统一关税领域并对第三国商品在关税同盟关境征收关税。[6] 统一经济空间于2012年1月开始生效并全面运作，同年，俄白哈三国签署了17项有关要素流动自由化和经济政策协调的协议。根据其中的2项能源领域协议，俄白哈三国将对成员国间石油和石油产品及天然气相互贸易取消数量限制和出口关税，但成员国双方单

---

[1] Golam Mostafa, "The Concept of 'Eurasia': Kazakhstan's Eurasian Policy and Its Implications", *Journal of Eurasian Studies*, No. 4, 2013, p. 166.

[2] [俄] 斯·日兹宁：《国际能源政治与外交》，强晓云等译，华东师范大学出版社2005年版，第117页。

[3] Об Основах Энергетической Политики Государств-членов ЕврАзЭС, Решение Межгосударственного Совета Евразийского Экономического Сообщества от 28 февраля 2003 г. № 103, http://docs.cntd.ru/document/902124369.

[4] Приоритетные Направления Развития ЕврАзЭС на 2003–2006 и Последующие Годы, Решение Межгоссовета ЕврАзЭС от 9 февраля 2004 г. № 152, http://www.evrazes.com/docs/view/30.

[5] Концепция Формирования Общего Энергетического Рынка Государств-членов ЕврАзЭС от 12 декабря 2008 г., https://www.lawmix.ru/abrolaw/2470.

[6] Договор о Таможенном Кодексе Таможенного Союза от 27 ноября 2009 г., http://docs.cntd.ru/document/902200991.

独协议决定向统一经济空间以外油气出口关税的支付规则；统一各成员国石油和石油产品及天然气市场的规范和标准。可见，统一经济空间成员国仍保留决定油气对外出口关税的自主权。①

2014年5月《欧亚经济联盟条约》的签署及2015年1月欧亚经济联盟的正式成立意味着共同能源市场建设进入重要提升阶段。② 欧亚经济联盟通过进一步放宽敏感领域限制、引入市场机制，从政策协调、能源消费、能源安全和定价等方面推进能源一体化。从内涵上看，欧亚经济联盟共同能源市场构想的核心问题是能源定价与结算方式，即推进油气价格的市场机制、天然气交易所机制及油气贸易的本币结算。这需要加强成员国间能源贸易的市场机制效率，保证成员国对共同能源市场的非歧视性准入。③ 统一油气质量标准和规范对于推进共同能源市场建设至关重要。在能源安全方面，欧亚经济联盟将致力于保证联盟内部能源供给和运输安全，提高能源供给的可靠性、可获得性和质量，同时分享成员国境内油气运输系统。④

显然，由于欧盟内部统一能源市场的积极推进，特别是页岩革命和乌克兰危机对俄罗斯能源出口的外部冲击，俄罗斯面临着在市场和地缘政治风险不断加剧的情况下实现后苏联空间深度一体化的现实问题。⑤ 因注重保有欧亚经济联盟，面对其他成员国的要求，俄罗斯更愿意接受或与之妥协。⑥ 由此，作为深度一体化的重要内容和推动力，欧亚经济联盟共同能源市场建设便有了明确行动路线图，取得了实质性进展。但是，考虑到欧

---

① А. Кнобель, "Евразийский Экономический Союз: Перспективы Развития и Возможные Препятствия", *Вопросы Экономики*, № 3, 2015, с. 89.

② Договор о Евразийском Экономическом Союзе от 29 мая 2014 г., http://www.consultant.ru/document/Cons_doc_LAW_163855.

③ Maria Pastukhova and Kirsten Westphal, "A Common Energy Market in the Eurasian Economic Union", SWP Comments 9, February 2016, p. 3.

④ О Концепции Формирования Общего Рынка Газа Евразийского Экономического Союза, Решение Высшего Евразийского Экономического Совета от 31 мая 2016 г. № 7; О Концепции Формирования Общих Рынков Нефти и Нефтепродуктов Евразийского Экономического Союза, Решение Высшего Евразийского Экономического Совета от 31 мая 2016 г. № 8, http://www.eurasiancommission.org/ru/act/energetikaiinfr/energ/Pages/default.aspx.

⑤ А. Белогорьев, "Предпосылки для Построения Общих Межгосударственных Рынков Газа", *Энергетическая Политика*, № 5, 2015, с. 49.

⑥ [俄] 亚历山大·利布曼：《乌克兰危机、俄经济危机和欧亚经济联盟》，《俄罗斯研究》2015年第3期，第55页。

亚经济联盟在金融领域仍主要依靠俄方油气出口，俄罗斯并不急于取消油气市场限制，而是提出了5—10年的过渡期方案。毋庸置疑，共同能源市场建设不仅将有助于促进成员国间商品、服务、技术和资本的自由流动，而且将提升成员国在世界经济格局及全球能源体系中的地位和竞争力。特别是，建立天然气交易所机制和推进油气贸易的本币结算，对于欧亚经济联盟谋求与自身油气生产和出口实力相匹配的能源定价权来说，无疑具有深远意义。

二 共同能源市场的基础

欧亚经济联盟共同能源市场建设的层次和水平取决于联盟内部的能源相互依赖。欧亚经济联盟内部的能源相互依赖主要表现在油气贸易供应网络、油气补贴以及管道过境三个方面。

（一）油气贸易供应网络

欧亚经济联盟内部的油气贸易主要集中在俄罗斯与哈萨克斯坦、白俄罗斯、亚美尼亚和吉尔吉斯斯坦之间。俄罗斯和哈萨克斯坦是世界重要能源生产国和出口国，它们的供应对象白俄罗斯、亚美尼亚和吉尔吉斯斯坦是能源进口国。哈萨克斯坦与白俄罗斯、亚美尼亚和吉尔吉斯斯坦三国基本不存在油气贸易。

在欧亚经济联盟能源进口国中，白俄罗斯对俄罗斯油气进口的依赖程度最高且不断增加。2001—2014年间，该国从俄罗斯的石油进口从1190万吨增至2250万吨，天然气进口从173亿立方米增至201亿立方米，占俄罗斯石油和天然气总出口的比例分别从7.34%和9.56%升至10.07%和11.53%。

同为能源生产国的俄罗斯和哈萨克斯坦互为重要油气出口市场，两国石油贸易从2014年开始采取互换交易形式，天然气贸易规模不断扩大。2001—2013年间，哈萨克斯坦从俄罗斯的石油进口由246.85万吨增至758.33万吨，但后者从前者的石油进口却从511.8万吨降至85.69万吨。在天然气方面，2001—2014年间，哈萨克斯坦从俄罗斯的天然气进口由11.32亿立方米增至86亿立方米，后者从前者的天然气进口也从37.48亿立方米增至85.94亿立方米。俄哈两国天然气相互进口量自2007年基本持平。

尽管吉尔吉斯斯坦和亚美尼亚的油气需求相对有限，但俄罗斯仍为其重要能源供给国。吉尔吉斯斯坦从俄罗斯的石油进口量波动较大，从2006年的0.5万吨增至2008年的13.58万吨，但2009年后急剧下降，从1.93万吨降至2015年的0.13万吨。亚美尼亚从俄罗斯的天然气进口量稳定增长，从2006年的15.97亿立方米增至2015年的17.37亿立方米。①

(二) 俄罗斯对联盟油气进口国的补贴

欧亚经济联盟内部油气贸易取消出口关税，同时俄罗斯对成员国给予优惠天然气出口价格，由此出现了联盟内部俄罗斯向能源进口国的油气补贴。而获取油气补贴是能源进口国参与共同能源市场建设的重要激励因素。在石油方面，俄罗斯目前不仅每年向白俄罗斯提供近2300万吨的免关税石油，而且自2015年起对白俄罗斯向第三国出口的俄罗斯石油、经俄罗斯石油加工而成的石油产品取消出口关税。② 在天然气方面，俄罗斯根据对俄关系程度调整价格补贴。③ 白俄罗斯从俄罗斯进口的天然气价格从2011年的每千立方米266美元降至2012年的168美元，2013年和2014年则分别为166美元和171美元。自2013年9月宣布加入关税同盟、停止与欧盟签署联系国协定谈判后，亚美尼亚从俄罗斯进口的天然气价格从每千立方米271美元降至189美元。2015年9月双方修改供气协议后，价格被进一步下调至165美元。④ 吉尔吉斯斯坦从俄罗斯进口的天然气价格目前为每千立方米160美元左右，而该国自乌兹别克斯坦和哈萨克斯坦的天然气采购价则分别为290美元和224美元。⑤

油气补贴实际上是资源租金在欧亚经济联盟内部的再分配，即能源出口国向能源进口国转移资源租金，其规模取决于油气贸易数量、油气产业税收以及国际油价波动。2014年下半年后，国际油价暴跌直接导致俄罗斯油气补贴缩水。2011—2015年间，俄罗斯油气补贴总额从91.99亿美元降

---

① 以上欧亚经济联盟内部油气贸易数据来自CEIC全球经济数据库。
② Б. Хейфец, "Евразийский Экономический Союз: Новые Вызовы для Бизнеса", *Общество и Экономика*, № 6, 2015, с. 10.
③ Andrey A. Konoplyanik, "Russian Gas at European Energy Market: Why Adaptation is Inevitable", *Energy Strategy Reviews*, Vol. 1, Issue 1, 2012, p. 46.
④ 《俄罗斯和亚美尼亚修改天然气供货价格合同》(http://www.mofcom.gov.cn/article/i/jyjl/e/201509/20150901122826.shtml)。
⑤ 《"吉尔吉斯斯坦天然气公司"被俄收购是吉天然气领域的极大利好》 (http://kg.mofcom.gov.cn/article/qyhz/201307/20130700215119.shtml)。

至 43.81 亿美元。由于对白俄罗斯的石油产品出口减少、汽油采购增加[①]，俄罗斯石油产品净出口减少，这使得其对白俄罗斯的石油补贴降低。白俄罗斯获得的油气补贴从 2011 年的 59.76 亿美元降至 2015 年的 41.08 亿美元。俄哈油气贸易转为互换交易形式后，哈萨克斯坦获得的油气补贴从 2011 年的 32.23 亿美元降至 2015 年的 8700 万美元。2014 年和 2015 年，亚美尼亚获得的油气补贴分别为 2.17 亿美元和 1.86 亿美元。[②] 显然，俄罗斯油气补贴数额降低将促进欧亚经济联盟框架下的能源市场一体化从资源租金再分配型向贸易创造型转变。

（三）管道过境相互依赖不断加强

油气贸易通过管道过境的特殊性使得能源运输系统成为共同能源市场建设的重要领域。白俄罗斯和俄罗斯分别是俄罗斯和哈萨克斯坦向欧洲出口油气的传统过境国，而哈萨克斯坦则是俄罗斯向中国出口石油的新兴过境国。油气管道通过第三国运输使得生产国与消费国之间的能源关系复杂化，因此，构建统一能源运输系统的目的便是解决由过境国寻租行为引发的外部性问题。[③]

白俄罗斯是俄罗斯向欧洲出口油气的重要过境国，它被俄罗斯视为进入欧洲能源市场的稳定过境保障。[④] 友谊石油管道和亚马尔—欧洲天然气管道是俄罗斯经白俄罗斯过境的主要油气管道。每年经白俄罗斯过境被运至欧盟国家的俄罗斯石油和天然气分别达 7000 万吨[⑤]和 330 亿立方米[⑥]。通过与白俄罗斯建立关税同盟，俄罗斯将两国能源关系向更有利于自身的方向转变[⑦]，既享有白俄罗斯提供的优惠过境运输费，同时加强对白俄罗

[①] 白俄罗斯对俄罗斯的石油产品出口增长迅速，从 2012 年的 10.3 万吨增至 2014 年的 149 万吨，但同期，俄罗斯对白俄罗斯的石油产品出口却从 960 万吨降至 31.4 万吨。

[②] А. Кнобель, "Евразийский Экономический Союз: Перспективы Развития и Возможные Препятствия", Вопросы Экономики, № 3, 2015, с. 92 – 93.

[③] Yuri Yegorov and Franz Wirl, "Gas Transit, Geopolitics and Emergence of Games with Application to CIS Countries", USAEE-IAEE WP 10 – 044, 2010, p. 3.

[④] А. Суздальцев, "Сменит ли Евразийский Экономический Союз Союзное Государство Белоруссии и России?", Мировая Экономика и Международные Отношения, № 8, 2013, с. 73.

[⑤] Carol R. Saivetz, "The Ties that Bind? Russia's Evolving Relations with Its Neighbors", Communist and Post-Communist Studies, No. 45, 2012, p. 408.

[⑥] Sergey Paltsev, "Scenarios for Russia's Natural Gas Exports to 2050", Energy Economics, No. 42, 2014, p. 264.

[⑦] Carol R. Saivetz, "The Ties that Bind? Russia's Evolving Relations with Its Neighbors", Communist and Post-Communist Studies, No. 45, 2012, p. 408.

斯重要油气管道的控制权、维护自身能源运输安全。

俄罗斯目前在哈萨克斯坦油气管道外运中保持相对垄断地位。就石油管道而言，俄罗斯已通过里海管道财团（CPC管道）所属的田吉兹—新罗西斯克管道①、阿特劳—萨马拉管道②以及阿塔苏—阿拉山口管道控制了哈萨克斯坦石油的外运和销售。根据2013年12月俄哈石油过境补充协定，至2020年，哈萨克斯坦通过俄罗斯过境输送石油的数量应不低于6900万吨。③ 在天然气方面，通过中亚—中央管道（CAC管道）、布哈拉—乌拉尔管道和卡拉恰干纳克—奥伦堡管道，俄罗斯成为哈萨克斯坦天然气出口的主要过境国。经俄罗斯过境的天然气达到哈萨克斯坦天然气产量的近30%。④ 俄罗斯与哈萨克斯坦建立共同能源市场的目的是将中亚—里海地区的油气开采和运输纳入自己的能源轨道体系，而哈萨克斯坦也借此获得从中亚经俄罗斯至欧洲的能源运输干线管道。⑤

管道过境的依赖程度取决于过境国垄断管道与生产国管道多元化的程度对比。哈萨克斯坦尽管已大力发展东向油气运输通道，但仍未从根本上改变对俄罗斯油气管道的传统过境依赖。同时，俄罗斯通过积极实施经由海洋而非邻国的直供欧洲管道项目⑥相对降低了过境国的牵制，但白俄罗斯的过境国地位仍是其获取俄罗斯廉价能源的重要筹码。

由上可见，欧亚经济联盟内部的传统能源相互依赖不断加深，这在一定程度上催生了成员国对高度制度化合作的内在需求。而联盟内部能源依赖的非对称性则意味着政治因素和经济因素在成员国推动共同能源市场建设中的相对重要性有所不同。俄罗斯是欧亚经济联盟最大的经济体，也是

---

① 2011年扩建后，该管道输油能力从年2820万吨增至6700万吨，其中近5000万吨来自哈萨克斯坦石油。（Paul Kubicek, "Energy Politics and Geopolitical Competition in the Caspian Basin", *Journal of Eurasian Studies*, No. 4, 2013, p. 171.）

② 根据2009年11月对2002年6月俄哈石油过境协议的修正，该管道运载能力将从年1500万吨增至2500万吨。

③ 其中，经里海管道财团输送5000万吨，经阿特劳—萨马拉管道输送1500万吨，经马哈奇卡拉—新罗西斯克管道输送400万吨。

④ Richard E. Ericson, "Eurasian Natural Gas Pipelines: The Political Economy of Network Interdependence", *Eurasian Geography and Economics*, Vol. 50, Issue 1, 2009, p. 42.

⑤ ［俄］A. 卡布耶夫：《欧亚经济联盟：理想与现实》，《欧亚经济》2015年第3期，第11页。

⑥ 具体包括穿越波罗的海、连接俄罗斯与德国的北溪管道项目和穿越黑海、直供欧洲的南溪管道项目。

白俄罗斯最重要的能源进口来源国和哈萨克斯坦油气外运的最大运输枢纽。作为该联盟的主导国,俄罗斯推进共同能源市场建设的政治考量明显高于经济收益,[1] 其目的是通过构建地区联盟提升自身与其他区域一体化组织的讨价还价能力及在世界经济格局和全球能源体系中的地位。[2] 哈萨克斯坦试图借助经济软平衡手段保证自身能源安全并获得对俄关系杠杆,[3] 而白俄罗斯、亚美尼亚和吉尔吉斯斯坦则借助参与共同能源市场建设获取俄罗斯廉价而稳定的能源供给。[4] 显然,能源领域制度化合作的深化无疑将给欧亚经济联盟成员国带来各自预期的政治和经济收益。

三 共同能源市场的发展前景

欧亚政治经济空间一直是离心力和向心力的角斗场。白俄罗斯和哈萨克斯坦通过讨好和迎合俄罗斯的帝国野心获取经济上的"巨额红利"。[5] 同时,乌克兰危机后俄罗斯更愿意与成员国妥协并接受其要求。因此,欧亚经济联盟共同能源市场建设终归逐步从理念构建过渡到具体实施。

随着共同能源市场建设的深入推进,来自高度制度化合作的经济收益将不断增加。首先,取消关税壁垒和降低非关税壁垒将促进能源在联盟成员国间的自由流动,而能源交易成本的降低将扩大联盟内部的能源贸易规模。其次,推进油气价格的市场机制及统一油气质量标准和规范将提高能源贸易的市场效率和促进成员国对共同能源市场的自由准入。再次,通过分享成员国境内油气运输系统最终实现成员国间自由与安全过境运输,将有助于降低能源运输成本和提高能源运输效率。最后,实现油气贸易的本

---

[1] Viachaslau Yarashevich, "Post-communist Economic Integration: Belarus, Kazakhstan, and Russia", *Journal of Economic Integration*, Vol. 29, No. 4, 2014, p. 582.

[2] 经济区域主义有助于一国在区域层次上实现国家层次上无法达到的目标,它已成为地区性大国增强自身经济和政治实力的核心战略。([美]罗伯特·吉尔平:《全球政治经济学:解读国际经济秩序》,杨宇光、杨炯译,上海世纪出版集团2013年版,第322、325页。)

[3] Lyaiya Nurgaliyeva, "Kazakhstan's Economic Soft Balancing Policy vis-à-vis Russia: From the Eurasian Union to the Economic Cooperation with Turkey", *Journal of Eurasian Studies*, Vol. 7, Issue 1, 2016, p. 92.

[4] А. Шурубович, "Евразийская Интеграция в Восприятии Белорусов", *Россия и Новые Государства Евразии*, № 1, 2014, с. 13; И. Федоровская, "Вступление Армении в ЕАЭС", *Россия и Новые Государства Евразии*, № 3, 2015, с. 11.

[5] Н. Загладин, "Конфликт вокруг Грузии—Симптом Кризиса Системы Миропорядка", *Мировая Экономика и Международные Отношения*, № 5, 2010, с. 9.

币结算和天然气交易的统一定价和交易不仅有利于联盟能源出口国经济的"去美元化",而且将提升其在现行国际能源定价体系中的地位。

然而,考虑到共同能源市场的深度发展要求成员国让渡更多主权权利,共同能源市场建设的未来前景将与欧亚经济联盟如何协调和解决成员国之间的利益分歧直接相关。从油气市场垂直供应链条下的多元博弈视角看,共同能源市场建设的内部分歧主要表现为生产国与过境国围绕油气管道系统的利益博弈,生产国之间的出口市场和价格竞争以及生产国与消费国之间对油气补贴和配额数量的利益分歧。

从生产国与过境国的利益博弈看,哈萨克斯坦寻求过境多元化与俄罗斯维持传统过境垄断地位之间存在根本性冲突。苏联解体时,中亚—里海地区只有北向连接俄罗斯的油气管道。[1] 为了保留对该地区能源出口的传统控制权,俄罗斯试图阻止哈萨克斯坦油气管道多元化进程。[2] 然而,在美国和欧洲竭力推进建设绕过俄罗斯、将中亚—里海油气出口至欧洲的线路这一情况下[3],哈萨克斯坦通过参与巴库—第比利斯—杰伊汉管道(BTC管道)将里海桑加哈尔终端与土耳其地中海港口杰伊汉连接起来。而中国—哈萨克斯坦石油管道开通后,哈萨克斯坦则打开了不经第三国直接输送至终端消费市场的东向能源出口。哈萨克斯坦能源出口的更大独立性不仅提升和改善了自身对俄罗斯能源贸易的议价地位,而且削弱了俄罗斯对中亚—里海油气运输路线的传统主导权。[4]

在生产国竞争方面,哈萨克斯坦管道过境路线多元化促进了该国出口市场的多元化,[5] 而俄罗斯最大的担心是哈萨克斯坦成为独立的能源出口国并与其竞争外部市场。由于俄罗斯控制中亚—中央和布哈拉—乌拉尔两大输气管道,哈萨克斯坦只能在边境将天然气卖给俄罗斯,而后者再以更

---

[1] 它们是巴库—新罗西斯克管道、连接俄哈管道系统的石油管道以及中亚—中央天然气管道。(Paul Kubicek, "Energy Politics and Geopolitical Competition in the Caspian Basin", *Journal of Eurasian Studies*, No. 4, 2013, p. 172.)

[2] Carol R. Saivetz, "The Ties that Bind? Russia's Evolving Relations with Its Neighbors", *Communist and Post-Communist Studies*, No. 45, 2012, p. 406.

[3] [美] 安琪拉·斯登特:《有限伙伴:21世纪美俄关系新常态》,欧阳瑾、宋和坤译,石油工业出版社2016年版,第212、217页。

[4] Farid Guliyev and Nozima Akhrarkhodjaeva, "The Trans-Caspian Energy Route: Cronyism, Competition and Cooperation in Kazakh Oil Export", *Energy Policy*, Vol. 37, 2009, p. 3172.

[5] Onur Cobanli, "Central Asian Gas in Eurasian Power Game", *Energy Policy*, Vol. 68, 2014, p. 348.

高价格转卖给欧盟。俄罗斯的过境垄断和哈萨克斯坦缺乏替代出口市场导致其能源出口价格被锁定在较低水平上。巴库—第比利斯—杰伊汉管道是哈萨克斯坦与俄罗斯竞争欧洲市场的通道。此外,哈萨克斯坦还先于俄罗斯与中国签署了多项油气合作协议。[1] 显然,与俄罗斯力保欧洲市场份额、避免形成油气供给竞争的利益目标不同,哈萨克斯坦致力于通过建立统一开放的能源市场,利用俄罗斯管道过境,实现对欧洲的能源出口独立。[2]

在石油出口关税方面,哈萨克斯坦反对统一石油出口关税,要求成员国实行独立的石油出口关税政策,即向第三国出口时有权独自决定石油和石油产品的出口关税。具体而言,对哈萨克斯坦境内出口到联盟外的俄罗斯石油按俄罗斯税率征税,而经俄罗斯或白俄罗斯出口到联盟外的哈萨克斯坦石油则按哈国税率征税。由于俄哈两国石油出口关税差距显著,若将出口关税提高至俄罗斯水平,哈萨克斯坦石油出口企业将严重亏损。考虑到当前国际油价的剧烈波动,为了支持本国油气行业发展,能源出口国显然不会轻易放弃出口关税杠杆的刺激效应。[3]

就生产国与消费国的不同利益考量而言,资源匮乏的白俄罗斯、亚美尼亚和吉尔吉斯斯坦力求获取俄罗斯廉价而稳定的能源供应,它们预期建立共同能源市场将降低或者至少不会提高俄罗斯的油气出口价格。油气补贴在俄罗斯与白俄罗斯的双边贸易关系中占据主导地位。白俄罗斯的经济增长和国家收入高度依赖进口俄罗斯廉价油气以及自主加工的石油出口向西方市场赚取的外汇收入。[4] 2010 年,俄罗斯对白俄罗斯超过国内使用量的石油征收关税,这急剧降低了白俄罗斯通过成品油赚取硬通货的能力。白俄罗斯希望尽快取消免关税石油供应限制,但能源生产国俄罗斯和哈萨

---

[1] Lyaiya Nurgaliyeva, "Kazakhstan's Economic Soft Balancing Policy vis-à-vis Russia: From the Eurasian Union to the Economic Cooperation with Turkey", *Journal of Eurasian Studies*, Vol. 7, Issue 1, 2016, p. 93.

[2] 哈萨克斯坦与欧盟的能源关系不断密切,该国 70% 的石油销往欧盟。俄白哈关税同盟框架下哈萨克斯坦在白俄罗斯加工本国石油并将石油产品运往欧洲。该国进一步提出通过俄气基础设施向欧洲独立出口天然气的要求。(Б. Хейфец, "Евразийский Экономический Союз: Новые Вызовы для Бизнеса", *Общество и Экономика*, № 6, 2015, с. 17.)

[3] 自 2016 年 3 月 1 日起,哈萨克斯坦实行与国际油价挂钩的出口关税浮动税率制。

[4] David G. Tarr, "The Eurasian Economic Union of Russia, Belarus, Kazakhstan, Armenia, and the Kyrgyz Republic: Can It Succeed Where Its Predecessor Failed?", *Eastern European Economics*, Vol. 54, 2016, p. 15.

克斯坦则坚持在 2025 年前实行石油出口配额制。① 显然，保留油气补贴不仅意味着能源生产国国内财政和油气产业收益受损，而且可能导致共同能源市场的资源转移效应占据主导地位、贸易创造效应严重不足。

毋庸置疑，对于协调和解决联盟内部的利益分歧而言，主导国俄罗斯的经济实力与政治决心至关重要，② 但该国目前面临的经济困境将令共同能源市场的发展前景不容乐观。尽管实施创新型经济与进口替代战略，俄罗斯能源出口导向型发展模式仍未改变。俄罗斯经济增长在高度依赖油气出口的同时，却缺乏在世界能源市场体系中的定价权。③ 受乌克兰危机后西方制裁和国际油价大幅下跌的双重影响，卢布出现急剧贬值，俄罗斯在关键全球产品和金融市场上被明显孤立。原本脆弱的俄罗斯经济陷入长期衰退。④ 显然，俄罗斯自身面临的经济困境使其用于发展欧亚经济联盟共同能源市场建设的经济资源变得更加有限。

事实上，由于西方主导的全球化进程实质性地侵蚀了俄罗斯在欧亚地区的传统主导地位，⑤ 欧亚经济联盟难以创造出普京所预想的强有力和具有吸引力的经济发展中心。⑥ 内生经济激励不足、成员国利益分歧、俄罗斯实力衰减是共同能源市场建设面临的主要障碍。尤其是全球性经济衰退和国际油价暴跌背景下俄哈国内经济状况的持续恶化，无疑会加剧二者在出口市场和管道运输领域的竞争关系。对于欧亚经济联盟共同能源市场建设的未来发展具有关键意义的是，该联盟的能源一体化机制具有开放性特征，即通过拓展区域外合作来提升区域内收益，而不是将机制性合作视为排他性的自我保护。

------

① 李自国：《欧亚经济联盟：绩效、问题、前景》，《欧亚经济》2016 年第 2 期，第 9 页。

② Г. Чуфрин, "Евразийский Экономический Союз—Первые Результаты и Перспективы", *Россия и Новые Государства Евразии*, № 1, 2016, с. 9.

③ 富景筠、张中元：《世界能源体系中俄罗斯的结构性权力与中俄能源合作》，《俄罗斯东欧中亚研究》2016 年第 2 期，第 59 页。

④ Christopher A. Hartwell, "Improving Competitiveness in the Member States of the Eurasian Economic Union: A Blueprint for the Next Decade", *Post-Communist Economies*, Vol. 28, No. 1, 2016, p. 64.

⑤ Dmitri Trenin, *Post-Imperium: A Eurasian Story*, Washington D. C.: Carnegie Endowment for International Peace, 2011, p. 83.

⑥ Pami Aalto and Tuomas Forsberg, "The Structuration of Russia's Geo-economy under Economic Sanctions", *Asia Europe Journal*, Vol. 14, Issue 2, 2016, p. 232.

作为由能源出口国主导的欧亚经济联盟,其共同能源市场建设的对外关注点是如何以合理的高价出售能源并保持收入的稳定性和长期性,①其中,推进出口市场多元化是其实现能源安全目标的重要途径。目前,俄罗斯已经越发意识到积极推进"东向政策",特别是欧亚经济联盟有效对接中国的丝绸之路经济带倡议,不仅有助于缓解自身在欧洲面临的地缘政治压力,同时也将提升共同能源市场建设对成员国的吸引力。②而随着俄罗斯和中亚在中国多元能源供应体系中的地位不断上升,加强与欧亚经济联盟的能源合作对接亦将有助于中国扩展欧亚能源合作空间、增强在世界能源体系中的话语权。促进能源基础设施互联互通,完善能源供给网络和管道运输通道安全,同时建设地区性油气交易中心,将成为丝绸之路经济带与欧亚经济联盟能源合作对接的未来方向。

---

① [俄] C. З. 日兹宁:《俄罗斯能源外交》,王海运、石泽译审,人民出版社2006年版,第15页。

② 尽管2013年9月中国首次提出共同建设丝绸之路经济带的倡议在俄罗斯学界引发了疑虑,但2014年2月索契冬奥会期间,俄方在首次公开回应丝绸之路经济带时同意将俄罗斯的欧亚铁路与丝绸之路经济带相连接。2015年5月《关于丝绸之路经济带建设和欧亚经济联盟建设对接合作的联合声明》的发表则标志着中俄正式启动丝绸之路经济带与欧亚经济联盟的战略对接,其中,能源领域基础设施和产业合作是对接的重要内容。([俄] A. 拉林、B. 马特维耶夫:《俄罗斯如何看待欧亚经济联盟与"丝绸之路经济带"对接》,《欧亚经济》2016年第2期,第18页;[俄] 谢尔盖·卡拉加诺夫、季莫费·博尔达切夫等:《构建中央欧亚:"丝绸之路经济带"与欧亚国家协同发展优先事项》,《俄罗斯研究》2015年第3期,第33—34页。)

第五章　俄罗斯与东北亚能源政治

东北亚是世界上经济发展和能源需求增长最快，同时也是地缘政治形势最为复杂的地区之一。就俄罗斯与东北亚能源关系而言，作为该地区唯一的油气出口国，俄罗斯的能源政策导向是东北亚能源合作的重要方向标。有关俄罗斯与东北亚能源关系演变的研究不仅涉及俄罗斯国内政治层面的国家—企业关系演进，而且还包括由全球能源体系变革和地缘政治冲击引发的俄罗斯在不同地区能源市场维度上的角色互动。本章在回顾东北亚地区经济关系演变历史的基础上，试图构建俄罗斯与东北亚能源关系演变的"双层博弈"框架，即在强调俄罗斯国内政治行为对地区能源关系影响的同时，考察东北亚能源市场上各方利益博弈对俄罗斯能源政策实施的作用。

第一节　东北亚地区经济关系

东北亚地区是大国战略利益的交汇点，同时也是攸关中国核心利益的集中地。苏联解体、冷战结束使得东北亚地区经济关系出现重大调整。国家规模、经济结构和发展水平差异决定了东北亚地区经济合作采取不同路径。总体来看，东北亚地区经济关系的演变主要沿循着两个维度进行。一是中央或地方政府推动的次区域功能性合作，其中包括图们江开发项目、中蒙俄经济走廊等。二是区域层面的经济合作机制建设，主要表现为中日韩三国之间的合作机制，包括中日韩自贸区和中韩自贸区。然而，作为世界经济中最具活力、全球战略上越来越重要的地区之一，东北亚经济合作缺乏地区层次的制度化机制。[1] 显然，地区层次的合作机制缺失一直是制

---

[1] Vinod K. Aggarwal and Min Gyo Koo, "An Institutional Path: Community Building in Northeast Asia", in G. John Ikenberry and Chung-in Moon, eds., *The United States and Northeast Asia: Debates, Issues, and New Order*, New York: Rowman & Littlefield Publishers, Inc., 2008, p.286.

约东北亚经济合作深化的软肋。

一 东北亚地区经济关系的历史与现状

"二战"后,作为东西方冷战的重要场所,东北亚被压缩到美苏两个超级大国对抗的世界体系之中。[①] 东北亚区域经济合作的发展经历了三个阶段。一是20世纪50年代中期至70年代初期,日本通过"贸易立国"战略实现了经济高速增长并成为东北亚地区经济发展的引擎。二是20世纪70年代后,随着日本向东亚国家的产业转移以及韩国和中国的相继工业化,中日韩三国形成了依托东亚区域生产网络的分工合作模式。三是苏联解体、冷战结束后,东北亚地区经济关系出现重大变化。随着中俄、中韩关系的正常化[②],东北亚迎来了地区经济合作的历史新机遇。

从性质上看,推动东北亚区域内贸易演进的主要动力是以追求商业利益为诱导的市场自发力量,而区域合作的机制化则是由政府自上而下实施的强制性制度变迁。[③] 这种制度变迁的实现是多种因素共同作用的结果。市场层面的经济融合提升了一国对经济一体化的需求。中日韩三国以市场为基础的经济联系不断深化,具有了构建更紧密联系的内生动力。受到中国—东盟、日本—东盟和韩国—东盟自贸区建设的激励,2008年全球金融危机后中日韩在独立于东盟框架下启动了三方自贸区谈判。2010年,中国国民生产总值超过日本,成为世界第二大经济体。随着中国相继成为日本、韩国最大出口市场、韩国最大投资市场和日本主要投资市场,东北亚国家间相互依赖关系的结构发生变化。凭借庞大金融能力和巨大市场规模,中国开始成为东北亚地区经济合作的倡导者和推动者。

(一)东北亚地区的功能性合作

20世纪90年代是东北亚国家探索国内经济发展以及对外合作模式的重要阶段。1992年,联合国开发计划署倡导图们江次区域开发,提出用

[①] 刘强、董庆安:《权力结构变迁下的东北亚政治经济生态——国际政治经济学中的结构性权力视角》,《国际观察》2011年第5期,第54页。

[②] 日本和韩国是最早实现双边关系正常化的国家,两国于1965年建立正式外交关系。中日是在中美关系解冻后恢复邦交,其标志为1972年和1978年签署的《中日联合声明》和《中日和平友好条约》。

[③] 林毅夫:《关于制度变迁的经济学理论:诱致性变迁与强制性变迁》,载[美]R.科斯、A.阿尔钦、D.诺斯等《财产权利与制度变迁》,刘守英等译,上海三联书店1991年版,第374页。

20年时间，筹资300亿美元，在中朝俄三国毗邻的三角洲地区兴建一个多国经济技术合作开发区。为落实联合国开发计划署的开发计划，东北亚有关各国随即做出积极回应。1995年12月，中俄朝韩蒙五国在联合国总部正式签署《关于建立图们江经济开发区及东北亚开发协调委员会的协定》《图们江地区经济开发区及东北亚环境谅解备忘录》，中俄朝三国签署了《关于建立图们江地区开发协调委员会的协定》。上述两个协定和一个备忘录的正式签署标志着图们江地区国际合作开发进入一个新的阶段。

从性质上讲，由联合国开发计划署推动的图们江地区开发项目属于次区域发展的功能性合作。这一项目具有区域合作的特征，但有别于从区域整体构建的区域合作机制。[①] 这一阶段处于经济震荡期的俄罗斯对于东北亚地区合作的参与度较低。中国的关注点主要是融入较为成熟的东亚区域生产网络体系以及与东盟探索双边自贸区。东北亚国家总体上对于区域公共产品的需求很低，这导致由联合国开发计划署倡导的图们江次区域合作计划被搁置。

就中俄两国的次区域合作而言，东北三省和远东地区是中俄国内相对落后的地区，同时也是两国参与东北亚地区合作的前沿地带。中俄两国着眼于依托东北亚合作来带动东北三省和远东地区的发展，并在近年来做出了一系列积极的尝试。2007年8月，俄罗斯政府批准通过了《俄罗斯远东与外贝加尔地区经济和社会发展2013年联邦专项规划》。该规划旨在通过利用现有的基础设施，并大力发展新的基础设施，更好地实现与包括中国在内的东北亚国家的经贸合作，促进远东人口的稳定增长和地区经济的快速发展。随着该《专项规划》正式付诸实施，远东开发进入实质性阶段。俄罗斯政府与中国政府于2009年制定了《中国东北地区与俄罗斯联邦远东及东西伯利亚地区合作规划纲要（2009—2018）》。该《纲要》着眼于依托双边合作来促进中俄国内相对落后地区的经济发展，同时也是参与东北亚合作前沿地区的开发。

中国经济实力增长使其逐步成为东北亚地区合作的倡导者。2009年，中国国务院相继批准通过了《关于进一步实施东北地区老工业基地振兴战

[①] 张蕴岭：《东北亚区域合作与新秩序的构建》，《社会科学战线》2015年第3期，第199页。

略的若干意见》以及《中国图们江区域合作开发规划纲要——以长吉图为开发开放先导区》。这两个文件给东北地区的发展奠定了最根本的政策基础,将长吉图开发开放先导区规划及图们江区域合作开发上升为国家战略。具体而言,以长吉图开发开放为先导,立足图们江,面向东北亚;通过次区域合作提高东北亚地区的融合度,进而推动朝鲜参与东北亚地区经济合作。然而,实际上,图们江区域合作的国际参与度很低,特别是朝鲜在2009年因核试验退出图们江机制。由于缺乏地区层面的机制化合作,大图们倡议尚未升级为实体性区域经济合作组织。

(二) 中日韩自贸区

东北亚区域内贸易的主体构成是中日韩贸易,而三国贸易的实现依托于包括东盟国家在内的东亚区域生产网络。这是一种集合多国生产优势的分散化生产方式,即将制造业(特别是汽车和电子等行业)最终产品的整个生产链条分为若干环节,并分散在最具效率和成本最低的地方分别进行生产。日本作为东亚重要的技术和资本提供者,它的分工集中在技术密集型的零部件生产环节;"亚洲四小龙"是居于日本和东盟、中国之间的资本、技术和中间产品的传递者,它们在资本密集型及少量技术密集型的零部件和中间产品生产环节进行专业化分工;东盟国家和中国是生产过程的最终完成者,其具体分工是生产劳动力密集型的零部件和中间产品并完成最后的组装。在这种"生产分享型"垂直分工体系下,最终产品的完成是生产网络内部东亚各国共同协作的结果。而作为链状产业结构的特定环节,中日韩之间的贸易扩张乃至三国的经济增长,都离不开东亚区域生产网络的发展与深化。

区内贸易大国中日韩对区域内贸易的依赖性较弱,三国贸易增长的实现主要依靠东亚区域生产网络和外部市场。其结果是,三国对合作机制的探索并不限于东北亚区域内,而是呈现开放式外向型特征。1997年亚洲金融危机的爆发催生了包括这三国在内的东亚多边协商机制。通过召开一系列领导人会议,中日韩在各个层次和领域均建立起三方对话机制。[①] 处于

[①] 1999年第三次"10+3"首脑会议期间,中日韩举行了首次三国领导人的非正式早餐会。2002年,"10+3"框架下的中日韩三国首脑年度会晤成为固定机制。2003年10月,在东亚系列首脑会议上,中日韩三国领导人签署了《中日韩推进三方合作联合宣言》,这是三国领导人首次就三国合作发表共同文件。2004年,第六次领导人会议通过了《中日韩三国合作行动战略》,它为全面推进各领域合作做出了具体规划。2007年,第七次中日韩领导人会议在菲律宾举行,并发表《联合新闻声明》。

"10+3"框架下的中日韩合作明显体现出"东盟主导、中日韩参与"的特点。三国有关合作机制的诸多议题（如签署双边货币互换协议、筹划东亚外汇储备库）是在包括东盟在内的东亚地区层面上开展的。换言之，中日韩更多的是作为东亚合作而不是东北亚合作组成部分正在向制度化方向发展。目前，中日韩三国通过投资—贸易机制实现了经济上的高度融合和相互依赖。但是，三国国内市场开放不均衡，政策法规也有诸多不一致之处。为了促进贸易和投资的自由化，中日韩需要尽早建立自贸区以实现三方共赢。如果中日韩达成自贸协定，中日韩自贸区将成为继北美自贸协定和欧盟之后的世界第三大经济贸易区。

从具体实践上看，中日韩合作机制的发展历程分为两个阶段。第一阶段是1999—2008年"10+3"框架下的中日韩合作。1997年亚洲经济危机爆发后，东亚多国货币急剧贬值。国际货币基金组织作为最后贷款人作用有限，在危机发生后无法提供及时和充足的国际流动性支持。这促使东亚各国意识到，区域内政策协调和货币安排对于稳定地区货币的汇率、降低危机"传染效应"至关重要。尤其是，中日韩三国开始对构筑区域合作机制表现出积极态度。以"10+3"地区合作机制为依托，中日韩首次被纳入统一合作框架内。这一时期，通过召开一系列领导人会议，中日韩在各个层次和领域建立起三方对话机制。特别是，2003年10月，在东亚系列首脑会议上，中日韩三国领导人签署了《中日韩推进三方合作联合宣言》，这是三国领导人首次就三国合作发表共同文件。该文件初步明确了三国合作的原则和领域，并预示着中日韩自贸区的构想进入一个新的启动阶段。

第二阶段是从2008年开始的"10+3"框架外的中日韩合作。由美国次贷危机引发的全球性经济危机波及东亚国家的实体经济层面，这使得中日韩意识到推动地区合作机制深化的迫切性。2008年的全球经济危机成为促使中日韩合作走向独立、深化的重要催化剂。2008年12月，中日韩三国首脑峰会在日本福冈举行，这是中日韩领导人首次在"10+3"框架外进行单独性正式接触。2009年10月，第二次中日韩领导人会议在北京举行。会议发表了《中日韩可持续发展联合声明》和《中日韩合作十周年联合声明》。2010年5月，在韩国济州岛举行的第三次中日韩领导人会议上，三国领导人通过了《2020中日韩合作展望》。根据这一文件，中日韩三国合作秘书处将于2011年在韩国建立。三国还承诺将努力在2012年前完成中日韩自贸区联合研究，并努力完成三国投资协议谈判。这份文件的通过对于中日韩探索独立的合作机制无疑将起到巨大的促进作用。显然，在欧美外部市场逐步萎缩的形势下，中日韩意识到，仅仅依托东亚合作的平台已不足以应对全球经济再平衡的压力。建立自贸区、促进国内改革和转型成为中日韩当前亟待解决的重要问题。

2012年11月，在柬埔寨金边召开的东亚领导人系列会议期间，中日韩三国宣布启动自贸区谈判。目前，中日韩自贸区谈判已经进行了十轮。根据2016年6月最新一轮中日韩自贸区谈判取得的进展，三方就协定范围领域达成一致，将金融服务、电信等五个议题升级为分工作组，并决定自下一轮谈判起，就重要服务部门的市场准入壁垒情况进行交流。中日韩自贸区建设不仅可以加强三国的经贸联系、促进各国经济增长，而且可以从理论和实践两个层面加速东北亚贸易一体化进程。

综上可见，中日韩启动合作机制的初始动机是应对亚洲金融危机的迫切需要。处于"10+3"框架下的中日韩合作明显体现出"东盟主导、中日韩参与"的特点。三国合作的许多议题是在包括东盟在内的东亚地区层面上开展的。随着三国首脑峰会的逐步机制化，中日韩开始探索"10+3"框架外的独立合作形式。特别是，2008年的全球经济危机成为促使中日韩合作走向独立、深化的重要催化剂。在外部市场逐步萎缩的形势下，中日韩现有的发展模式越来越难以维系。这使得三国意识到仅仅在金融层面开展合作已不足以应对全球经济再平衡的压力。深化区域内合作机制，进而扩大区域内市场规模成为中日韩当前亟待解决的重要问题。

在很大程度上，中日韩自贸区的前景取决于中国市场对日韩两国的吸引力。也就是说，日韩与中国缔结自贸区的潜在经济收益是否足以弥补各方的政治分歧。日本和韩国国内市场狭小，两国经济长期增长的实现必然需要沿循出口导向型发展战略。如果中国的经济规模持续增大，成功实现结构转型，那么，日韩在与中国进行自贸区谈判时的积极性便会增强。倘使中国市场不能成为不断扩大的最终消费市场，中日韩自贸区的谈判必将停滞不前。由此，严重依赖出口的日韩自然会转向其他合作模式。就目前而言，能否弥补此次全球经济危机后美国消费需求的缺口是中国作为区域大国面临的重要考验。而利用国内的消费能力支撑本国乃至整个地区的经济增长将是中国推动自贸区建设的动力源泉。鉴于此，中国需要在密切关注其他竞争性贸易协定的同时，更多地着眼于实现自身经济的可持续增长。

（三）中韩自贸区

中韩自贸区谈判于 2012 年 5 月启动，是中国对外商谈覆盖领域最广、涉及国别贸易额最大的自贸区。协定范围涵盖货物贸易、服务贸易、投资和规则共 17 个领域，包含了电子商务、竞争政策、政府采购、环境等"21 世纪经贸议题"。在关税减让方面，中韩自贸协定达成后，经过最长 20 年的过渡期，中方实现零关税的产品将达到税目的 91%、进口额的 85%，韩方实现零关税的产品将达到税目的 92%、进口额的 91%。在市场开放方面，中韩两国将对进入本国资本市场的对方金融企业提供互惠待遇，这意味着相关审批流程将得到简化，双方金融市场准入门槛有望降低。此外，中韩两国还承诺，在协定签署后将以负面清单模式继续开展服务贸易谈判，并基于准入前国民待遇和负面清单模式开展投资谈判。

2014 年 11 月，中韩两国签署了一系列双边合作文件，包括中韩两国政府关于结束中国—韩国自贸协定谈判的会议纪要，中韩两国政府关于互免持外交、公务护照人员签证的协定等。上述文件的签订标志着中韩自贸协定谈判正式结束，中韩自贸区将进入实质性推进阶段。2015 年 6 月中韩自贸协定的正式签署将为推动东北亚地区经济一体化的进展产生实质性影响。中韩自贸协定是目前世界上主要经济体之间签署的最重要且质量和层次最高的自贸协定之一。它不仅将促进两国相互投资和服务贸易的深化发展，而且对于地区成员间建立更加紧密的经济或战略合作具有示范作用，进而带动整个东北亚的自贸区谈判。[①]

（四）中蒙俄经济走廊

中国于 2013 年相继提出丝绸之路经济带与 21 世纪海上丝绸之路的构想。目前，中国正在与"一带一路"沿线国家一道，积极规划中蒙俄、新亚欧大陆桥、中国—中亚—西亚、中国—中南半岛、中巴、孟中印缅六大经济走廊建设。经济走廊建设的最终目的是推动亚欧地区的互联互通、加强亚欧国家的产业合作。具体而言，中国将通过交通基础设施建设的逐步完善，将经济活动和投资项目集聚在交通运输走廊的沿线或节点枢纽，推动交通运输走廊转化为辐射带动沿线地区发展的经济走廊。这实际上是为经济走廊沿线国家提供区域性公共产品，为该地区扩展经济增长空间以及

---

① 张智：《中韩 FTA：进程、意义与前瞻》，《东北亚学刊》2016 年第 1 期，第 49 页。

促进区域经济一体化的发展与深化创造有利条件。

2014年8月，在习近平主席访问蒙古国期间，双方同意将双边关系提升至全面战略伙伴关系。同年9月，在上海合作组织杜尚别峰会期间，中方提议建立中蒙俄经济走廊，将丝绸之路经济带同俄罗斯"跨欧亚大铁路"、蒙古国倡议的"草原之路"进行对接，通过交通、货物运输和跨国电网的连接打造三国经济合作的走廊建设。2015年3月，根据正式公布的《推动共建丝绸之路经济带和21世纪海上丝绸之路的愿景与行动》，中蒙俄经济走廊被列为中国与"一带一路"沿线国家积极规划的六大经济走廊之一。7月，根据《中俄蒙发展三方合作中期路线图》，三国签署了《关于编制建设中蒙俄经济走廊规划纲要的谅解备忘录》，明确了三方联合编制《建设中蒙俄经济走廊规划纲要》的总体框架和主要内容。中蒙俄经济走廊的合作重点是产业合作，特别是中国与资源出口导向型国家之间的能源合作。2016年6月，三国通过了中蒙俄经济走廊计划并于同年12月签署建设运输走廊协议。显然，打造中蒙俄经济走廊，构建跨欧亚大陆的经济区，首要的是统筹三国交通物流网络建设，以构筑贯通国际运输大通道为重点，把加强交通基础设施建设与培育产业经济带结合起来。

目前的中蒙俄经济走廊建设对于加快中国同周边国家和区域基础设施互联互通建设具有重要的示范效应，同时，中蒙俄三国发展战略对接对于提升中国与俄蒙能源合作和运输通道建设以及促进亚欧经济融合也将产生重要推动作用。就中蒙俄经济走廊对亚欧互联互通的重要性来看，中蒙俄经济走廊不仅将作为世界生产中心的中国与作为最终消费市场的欧洲连接起来，而且将资源出口国蒙古国和俄罗斯与中日韩这三个世界主要能源进口国联系起来。对于蒙古国这个没有出海口的内陆国家而言，其经济发展的最大瓶颈是如何实现本国与中俄两个邻国之间的国际运输通道建设。中蒙俄经济走廊建设不仅将带动蒙古国的经济发展，而且将通过打通陆路、铁路与海港的跨国通道，极大地方便该国对欧洲和亚洲市场的产品出口。

无论是俄罗斯还是蒙古国都存在"中国威胁论"倡导者，担心中蒙俄经济走廊的建立将会使俄罗斯或者是蒙古国沦落为中国的经济附庸，并极力主张予以防范。俄罗斯采取"合作与防范"并存的对华政策，既促进远东地区参与区域经济合作，但又担心远东地区在与中国的经济融合中会减少对其国内经济依赖。蒙古国对华合作迟疑不决，阻碍了中蒙俄经济走廊的建设。尽管中蒙双边领导人多次强调扩大两国基础设施建设、矿产资源领域合作开发和金融领域三位一体的合作，然而双方在大项目上一直难有突破。蒙古国内存有既想搭乘中国经济发展的便车，又担心对华经济依存度过高威胁本国经济安全的矛盾心理。为了减轻对中国经济的依赖，蒙古国除了在外交政策上奉行"第三邻国"政策，在国际经济合作方面也积极引入西方国家参与国内开发，为中国增加竞争对手。

蒙俄两国国内均存在经济结构畸形、国内行政效率低下、政策稳定性差等问题，孵化中蒙俄经济合作的软环境的动力仍显不足。俄蒙两国基础设施不发达，两国交接的口岸设施落后，如公路与铁路运输能力低下、仓储规模与能力严重不足、因特网使用与信息管理滞后，制约了经济走廊建设的快速发展；蒙古国与俄罗斯西伯利亚及其远东地区都存在人口稀少问题，导致劳动力不足，迫使中国企业从国内输入劳动力，增加了企业成本，同时，中方企业更多的专业技术人员与管理人员的需求与俄蒙两国人口现状及教育培养存在严重差距。目前，中俄蒙三国商品贸易单一，三方总体贸易规模不大，同时又缺少贸易口岸的通关渠道支持。中蒙经贸合作还面临着关税、许可证管理、法律不健全等诸多瓶颈。中国与俄蒙现有的不对称贸易关系会引起两国的不满，上述原因可能会影响到中蒙俄经济走廊的建设进程。[①]

（五）丝绸之路经济带与欧亚经济联盟的战略对接

中俄两国在经济合作制度化方面一直不顺畅。上海合作组织多边框架下的经济合作机制一直难以推动。俄罗斯推进区域合作战略的重心是通过整合后苏联空间形成一种联盟，进而提升自己在对外区域合作谈判中的地位和实力。2013年9月，中国提出丝绸之路经济带后俄罗斯非常警觉。这一倡议是在哈萨克斯坦提出的，而哈萨克斯坦是俄罗斯建立欧亚经济联盟的重要成员国。当时，无论是俄罗斯官方还是学界都存在很大的质疑。俄罗斯对丝绸之路经济带的担忧主要表现在两个方面。一是担心丝绸之路经济带建设会不同程度地冲击欧亚经济联盟和欧亚一体化进程，尤其是担心中国对中亚地区进行经济渗透，削弱俄罗斯的传统影响力。二是担心中国丝绸之路经济带建设会对俄罗斯某些基础设施的使用和运行前景造成竞争，主要是西伯利亚大铁路、贝加尔—阿穆尔铁路干线（贝阿干线）和北

---

① 于洪洋、[蒙]欧德卡、巴殿君：《试论"中蒙俄经济走廊"的基础与障碍》，《东北亚论坛》2015年第1期，第105页。

方海上运输线。

乌克兰危机后,俄罗斯自身因西方经济制裁面临长期衰退,这使得俄罗斯不得不转变对待丝绸之路经济带的排斥态度,进而开始积极对接。俄方首次公开回应丝绸之路经济带是在2014年初。2014年2月6日,习近平主席出席索契冬奥会开幕式,两国领导人在索契冬奥会期间会晤时,普京总统公开表示,"俄方积极响应中方建设丝绸之路经济带和海上丝绸之路的倡议,愿将俄方跨欧亚铁路与'一带一路'对接,创造出更大效益"。2014年5月20日至21日,普京总统对中国进行国事访问并出席了亚信上海峰会,其间两国元首签署了《中华人民共和国与俄罗斯联邦关于全面战略协作伙伴关系新阶段的联合声明》。该声明明确指出了两国在欧亚经济联盟和丝绸之路经济带建设中进行战略合作的必要性。"双方相信,拟于2015年1月1日建立的欧亚经济联盟将促进地区稳定,进一步深化双边互利合作。双方强调,亚洲、欧亚空间和欧洲的一体化进程相互补充十分重要。"

俄罗斯方面的积极努力对接出现在2015年。2015年5月8日,习近平主席访问俄罗斯期间,中俄在莫斯科共同签署并发表了《中华人民共和国与俄罗斯联邦关于丝绸之路经济带建设和欧亚经济联盟建设对接合作的联合声明》,确认将深化两国全面战略协作伙伴关系,促进欧亚地区及全世界平衡和谐发展。主要内容是俄方支持丝绸之路经济带建设,愿与中方密切合作,推动落实该倡议;中方支持俄方积极推进欧亚经济联盟框架内一体化进程,并将启动与欧亚经济联盟经贸合作方面的协议谈判。双方将共同协商,努力将丝绸之路经济带建设和欧亚经济联盟建设相对接,确保地区经济持续稳定增长,加强区域经济一体化,维护地区和平与发展。丝绸之路经济带与欧亚经济联盟分别是中国和俄罗斯在欧亚地区推进的重要区域合作战略。实现丝绸之路经济带与欧亚经济联盟的战略对接、构建中俄合作机制新模式,对于促进东北亚地区的经济一体化具有关键意义。

二 东北亚区域内经济联系的基本特征

无论从GDP的增长率还是总量来看,东北亚无疑都是全球经济中最具活力和发展潜力的地区之一。对外贸易的增长是推动东北亚地区经济实力不断增强的重要因素。在普遍推行的出口导向型发展战略下,东北亚对外贸易总额在2000—2015年增长了2.72倍。其中,区域内贸易增长了2.98

倍,外部贸易增长了 2.69 倍。尽管区域内贸易的扩张速度超过了外部贸易,但是,二者在东北亚外贸总量中的比重却高度失衡。2000 年,区域内贸易仅占东北亚对外贸易的 20.56%。2003—2005 年是东北亚区域内贸易增长最快的时期,但区域内贸易的比重也仅仅是达到了 24.82% 的历史最高值。2006 年以后,区域内贸易比重持续下降,2015 年降至 21.98%。(见图 5-1)区域内贸易量的显著扩张说明区内国家间相互依赖性不断增强,但是,这种数量的增长并未实质性地改变区域内贸易在外贸总量中的比重,东北亚外贸增长的实现仍主要依赖区内国家的外部贸易。

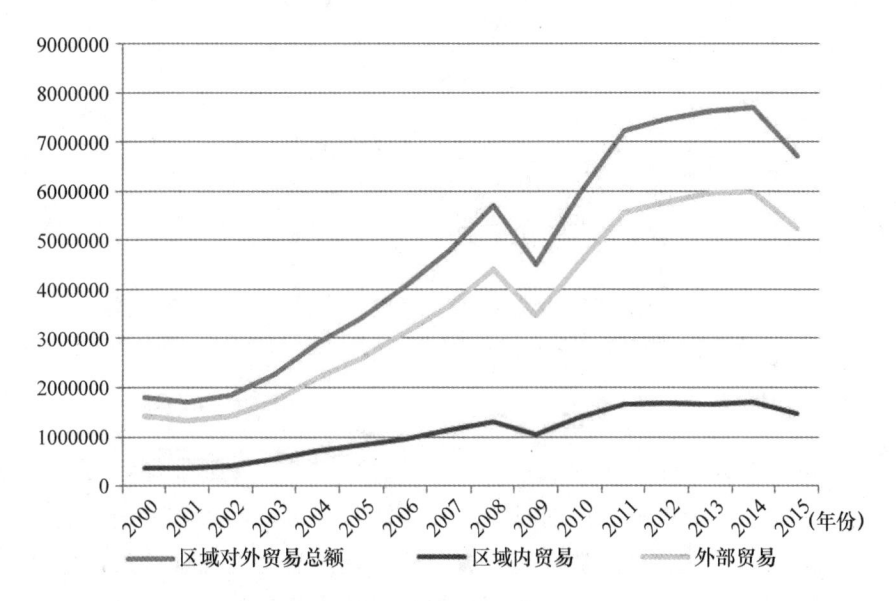

图 5-1　东北亚区域贸易趋势(2000—2015 年)　　单位:百万美元
资料来源:根据联合国贸易和发展会议数据库(UN COMTRADE Database)相关数据计算得出。

从区域内贸易的具体流向来看,东北亚区域内贸易高度集中在中日韩三国,特别是中日两国。2000—2004 年,中日韩之间的双边贸易总额占东北亚区域内贸易的比重高达 90%。其中,仅中日的双边贸易就占到区域内贸易的近一半。2005 年后,中日双边贸易比重不断下滑,至 2015 年,这一比重仅为 37.81%。日韩、中韩双边贸易的比重出现了此消彼长。2000 年,日韩双边贸易占区域内贸易的比重为 27.58%,此后一路下滑,2015 年仅为 9.6%。与此相反,中韩双边贸易占区域内贸易的比重迅速上升,从 2000 年的 18.6%增至 2015 年的 37.41%。中俄双边贸易在区域内贸易的比重也不断增加，从 2000 年的 4.32%增至 2015 年的 9.22%，其中，2012—2014 年达到 10%。但俄罗斯与日韩的双边贸易占区域内贸易的比重始终在 2%—4%之间波动。蒙古国对于区域内贸易的贡献度微乎其微。2000—2015 年，蒙古国与中日韩俄四国的双边贸易总额在区域内贸易的比重从 0.35%增至 0.96%。（见图 5-2）

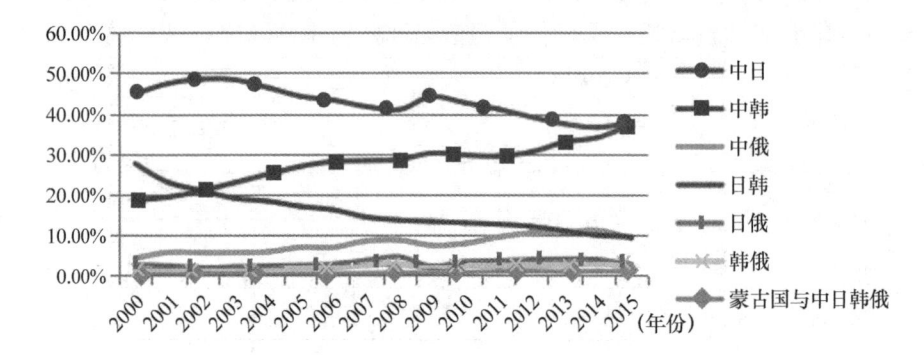

图 5-2　东北亚各国双边贸易占区域内贸易的比重（2000—2015 年）
资料来源：根据联合国贸易和发展会议数据库（UN COMTRADE Database）相关数据计算得出。

就各国对区域内贸易的依赖性而言，总体上看，东北亚国家对区域内贸易的依赖性不断增强。但同时，区内大国与小国之间存在着明显的非对称性，即对区域内贸易贡献度高的国家对区域内贸易的依赖性反而很低甚至逐渐减弱。2000—2003 年，中国区域内贸易占其对外贸易的比重平均为 25%。2004 年以后，这一比重急剧下降，到了 2015 年仅为 15.85%。在区内大国中，日本区域内贸易占其对外贸易的比重上升得最快，从 2000 年的 16.24%增加到 2015 年的 29.67%。韩国则是区内大国中对区域内贸易依赖性最强的国家。自 2003 年起，该国区域内贸易比重一直保持在 30%以上。韩国这一比重从 2000 年的 26.61%增至 2015 年的 37.69%。俄罗斯对区域内贸易的依赖性不断增强。该国区域内贸易占其对外贸易的比重从 2000 年的 11.84%升至 2015 年的 20.13%。东北亚对区域内贸易依赖最深的国家是对区域内贸易贡献度最低的蒙古国。2000 年，该国区域内贸易占其对外贸易的比重就已高达 60%，2015 年则攀升至 84%。（见图 5-3）

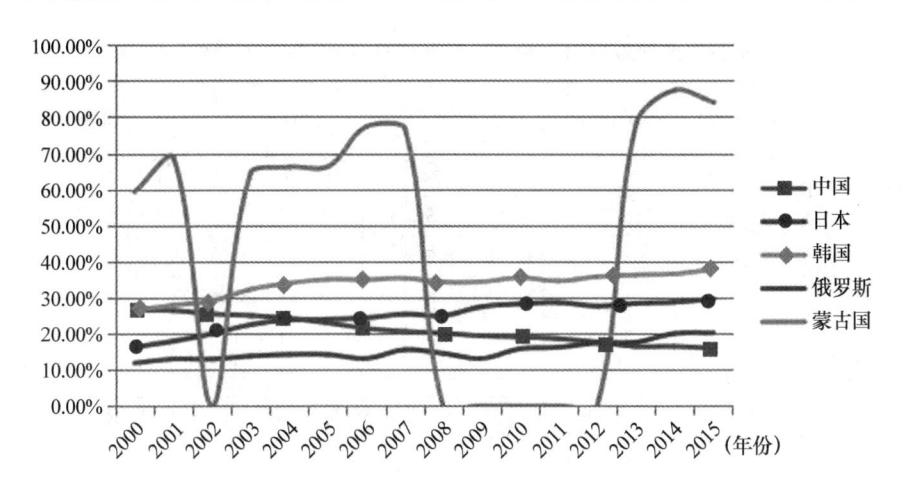

图 5-3　东北亚各国区域内贸易占其对外贸易的比重（2000—2015 年）

注：2002 年和 2008—2012 年蒙古国统计数据缺失。

资料来源：根据联合国贸易和发展会议数据库（UN COMTRADE Database）相关数据计算得出。

就出口商品结构来看，东北亚区域内贸易以中间产品贸易为主，初级产品和最终产品比重不高，而且最终产品比重呈下降趋势。具体而言，1998—2009 年，初级产品占区域内贸易的比重从 5.12% 升至 5.43%，中间产品则从 54.7% 增至 56.91%。其中，半成品的比重逐年下降，从 1998 年的 35.73% 滑落至 2009 年的 33.21%。同期，零部件贸易比重大幅增加，从 18.97% 升至 23.7%。在最终产品中，资本品的比重明显上升，从 1998 年的 13.73% 增至 2009 年的 18.64%。而消费品的比重则大幅下滑，从 1998 年的 25.37% 降至 2009 年的 16.64%。其结果是，这一时期最终产品贸易的比重从 39.1% 减至 35.28%，下降了近 4 个百分点。（见表5-1）初级产品比重的增加，反映了东北亚地区对石油、天然气和煤炭等资源类商品的需求增加。零部件比重上升反映了区内一些国家间垂直专业化分工的加强。而最终产品中资本品比重增加、消费品比重下降，则说明了东北亚区域内贸易是以生产为导向而非消费为导向的贸易。[①]

---

① 王峰：《东亚区域内贸易扩张的影响因素分析》，《经济与管理研究》2008 年第 12 期。

表5-1　东北亚国家区域内出口的广义商品构成（1998—2009年）（%）①

年份 项目	1998	1999	2000	2001	2002	2003	2004	2005	2006	2007	2008	2009
初级产品	5.12	4.06	4.35	4.67	4.40	4.24	4.13	4.83	4.98	6.14	6.17	5.43
中间产品	54.70	56.84	56.55	54.11	54.55	55.61	57.15	57.66	57.97	56.76	57.75	56.91
半成品	35.73	36.59	35.68	34.66	32.80	31.77	32.87	33.81	34.51	33.46	35.45	33.21
零部件	18.97	20.25	20.87	19.45	21.75	23.84	24.27	23.85	23.46	23.29	22.30	23.70
最终产品	39.10	37.46	36.78	38.66	38.71	38.03	36.39	35.21	34.85	34.98	33.92	35.28
资本品	13.73	14.13	15.13	15.12	16.99	18.74	18.49	17.72	17.85	17.23	17.11	18.64
消费品	25.37	23.32	21.65	23.54	21.72	19.29	17.90	17.50	17.00	17.75	16.80	16.64

资料来源：根据联合国统计司 BEC 数据库，经笔者计算得出。

在能源贸易方面，东西伯利亚—太平洋输油管道的开通极大地扩展了俄罗斯与东北亚国家的石油贸易规模，并提升了俄罗斯在东北亚能源市场上的地位。2009—2016年，俄罗斯对东北亚地区的石油出口占其石油总出口的比重从10.45%升至28.6%，其中，俄罗斯对中国、日本和韩国的石油出口占其石油总出口的比重分别从5.37%、2.37%和2.72%增至19.5%、4.1%和5.1%。（见表5-2）就对俄罗斯石油的进口依赖而言，俄罗斯于2014年分别成为中国、日本和韩国的第三大、第四大和第七大石油进口来源国，俄罗斯石油占该年三国石油总进口的比重分别为11%、8%和4%。②

---

① 依据联合国统计司 BEC 分类，我们将产品按加工层次的高低分成三大类，即初级产品、中间产品和最终产品。初级产品包括未加工的工业用食品和饮料（BEC-111）、初级的工业用品（BEC-21）、初级燃料和润滑剂（BEC-31）。中间产品又分为半成品和零部件。其中，半成品包括已加工的工业用食品和饮料（BEC-121）、已加工的未另归类的工业用品（BEC-22）、已加工的燃料和润滑剂（BEC-32）；零部件包括除运输装备以外的资本物品零部件（BEC-42）、运输装备的零部件（BEC-53）。最终产品又分为资本品和消费品。其中，资本品包括除运输装备以外的资本货物（BEC-41）、工业用运输设备（BEC-521）。消费品包括家庭用食品和饮料（BEC-112）、家庭用已加工的食品和饮料（BEC-122）、载客汽车（BEC-51）、其他非工业用运输设备（BEC-522）、未另归类的消费品（BEC-6）。

② 2014年，中国主要石油进口来源国为沙特阿拉伯（16%），安哥拉（13%），俄罗斯（11%），阿曼（10%），伊拉克（9%）和伊朗（9%）；日本主要石油进口来源国为沙特阿拉伯（34%），阿联酋（24%），卡塔尔（11%），俄罗斯（8%），科威特（7%）和伊朗（5%）；韩国主要石油进口来源国为沙特阿拉伯（34%），科威特（16%），阿联酋（11%），卡塔尔（10%），伊拉克（8%），伊朗（5%）和俄罗斯（4%）。（U.S. Energy Information Administration, China, Japan, South Korea, International Energy Data and Analysis, 2015.）

随着2009年萨哈林2号项目下南萨哈林岛普里戈罗德诺耶端口开始出口液化天然气,俄罗斯实现了对东北亚地区的液化天然气出口。至今,液化天然气仍是俄罗斯向东北亚国家供给天然气的唯一形式。[①] 2009—2016年,俄罗斯对东北亚的天然气出口占其天然气总出口的比重从2.89%增至5.96%,其中,对日本和韩国的天然气出口比重分别从2.02%和0.74%增至4.64%和1.17%,而对中国的天然气出口比重则从0.14%增至0.15%。(见表5-2)就对俄罗斯天然气的进口依赖而言,2016年,俄罗斯分别成为日本和韩国的第四大和第五大液化天然气进口来源国,俄罗斯液化气占该年两国液化气总进口的比重分别为8.86%和8.03%。该年,俄罗斯液化气占中国液化气总进口的比重仅为0.95%。[②]

表5-2　俄罗斯石油和天然气生产比重及对东北亚国家的出口比例
(2009—2016年)

年份	石油					天然气				
	俄罗斯	中日韩	中国	日本	韩国	俄罗斯	中日韩	中国	日本	韩国
2009	12.87%	10.45%	5.37%	2.37%	2.72%	17.69%	2.89%	0.14%	2.02%	0.74%
2010	12.86%	13.67%	5.48%	3.89%	4.30%	18.35%	6.32%	0.26%	4.12%	1.95%
2011	12.93%	17.46%	9.73%	3.23%	4.50%	18.39%	6.31%	0.15%	4.41%	1.75%
2012	12.77%	16.24%	9.34%	3.17%	3.73%	17.61%	7.37%	0.26%	5.63%	1.49%
2013	12.86%	18.57%	9.73%	4.83%	4.00%	17.73%	6.28%	0.00%	5.17%	1.11%
2014	12.63%	23.56%	13.42%	5.30%	4.83%	16.80%	7.08%	0.09%	5.69%	1.31%
2015	12.40%	26.79%	15.78%	5.96%	5.05%	16.20%	6.85%	0.12%	5.04%	1.69%
2016	12.2%	28.6%	19.5%	4.1%	5.1%	16.3%	5.96%	0.15%	4.64%	1.17%

数据来源及计算说明:俄罗斯一栏表示俄罗斯石油和天然气生产量占世界石油和天然气生产总量的比重,数据来自 BP Statistical Review of World Energy June 2017。其余各栏表示俄罗斯对该地区/国家石油/天然气出口量占俄罗斯石油/天然气总出口量的比重。其中,石油数据来自 CEIC 数据库,天然气数据来自 BP Statistical Review of World Energy 2010 - 2017。

[①] Elena Shadrina, "Russia's Natural Gas Policy toward Northeast Asia: Rationales, Objectives and Institutions", *Energy Policy*, 2014, Vol. 74, p. 58.

[②] 2016年,日本主要液化气进口来源国为澳大利亚(21.76%),马来西亚(18.21%),卡塔尔(17.12%),俄罗斯(8.86%)和阿联酋(6.25%);韩国主要液化气进口来源国为卡塔尔(37.39%),阿曼(11.85%),印尼(11.32%),马来西亚(11.04%)和俄罗斯(8.03%)。中国同时进口管道气和液化气,其主要液化气进口来源国为澳大利亚(27.62%),卡塔尔(24.82%),马来西亚(16.82%),印尼(14.89%)和新几内亚(8.15%)。(BP, *BP Statistical Review of World Energy 2016*, 2016, p. 28.)

尽管东北亚地区总体经济实力迅速增强、对外贸易急剧攀升，但该地区内经济关联的密切程度并未出现同步增长。无论与欧盟和北美自贸区的贸易一体化还是与东亚非制度性的内部贸易扩张相比，东北亚区域内贸易的质与量均处于最浅的层次。① 区域内贸易比重低、贸易量高度集中、区内大国对区域内贸易依赖性弱、出口结构中最终产品比重下降，所有这些都是松散区域经济关联的典型表现。在东北亚外贸总量大幅增长的同时，为什么该地区区域内贸易的发展水平却严重滞后呢？

从根本上讲，东北亚区域内贸易的增长机制同时面临着生产与消费的两头依赖。其结果是，区域内贸易的增长在很大程度上并非该地区产业内分工走向深化的结果，而是源于区内国家与其传统外部市场的贸易扩张。因此，东北亚缓慢增长的区域内贸易比重与该地区迅速扩张的外贸总量之间存在着某种"脱钩关系"。

具体来说，东北亚区域内贸易的主体构成是中日韩贸易，而三国贸易的实现依托于包括东盟国家在内的东亚区域生产网络。这是一种集合多国生产优势的分散化生产方式，即将制造业（特别是汽车和电子等行业）最终产品的整个生产链条分为若干环节，并分散在最具效率和成本最低的地方分别进行生产。② 日本作为东亚重要的技术和资本提供者，它的分工集中在技术密集型的零部件生产环节；"亚洲四小龙"是居于日本和东盟、中国之间的资本、技术和中间产品的传递者，它们在资本密集型及少量技术密集型的零部件和中间产品生产环节进行专业化分工；东盟国家和中国是生产过程的最终完成者，其具体分工是生产劳动力密集型的零部件和中间产品并完成最后的组装。③ 在这种"生产分享型"垂直分工体系下，最终产品的完成是生产网络内部东亚各国共同协作的结果。而作为链状产业结构的特定环节，中日韩之间的贸易扩张乃至三国的经济增长，都离不开东亚区域生产网络的发展与深化。

---

① 2008年，欧盟区域内贸易的比例高达72.8%，北美和东亚的区域内贸易比例均在50%左右。(WTO, International Trade Statistics 2009, 2009.)

② Alan V. Deardorff, "Fragmentation in Simple Trade Models", *The North American Journal of Economics and Finance*, No. 12, 2001, p. 121.

③ Prema-chandra Athukorala and Nobuaki Yamashita, "Production Fragmentation and Trade Integration: East Asia in a Global Context", *The North American Journal of Economics and Finance*, No. 17, 2006, pp. 233–256.

在区域生产网络缺失的同时,东北亚区域内贸易增长的外部约束还表现在最终消费市场方面。回顾历史,无论是日本经济的高速增长,还是韩国和中国的相继起飞,美国始终是这些国家不可或缺的外部市场。实际上,正是美国吸纳了东亚国家输出的大量商品,从需求上带动了这一地区出口工业的发展。[①] 目前,处于东亚区域生产网络最终环节的中国已成为日韩两国的重要出口市场。但是,在中日韩的双边贸易中,中间产品占绝大部分。这些中间产品在中国经过组装加工,最终销往美国。因此,从相当意义上讲,美国巨大的消费市场保证了中日韩之间产业内贸易的顺利进行。而中日韩出口导向型发展模式与东北亚最终消费市场的有限规模决定了区域内贸易增长对外部市场的长期高度依赖。

综上可见,东北亚区域内贸易的深化,严重缺乏来自区域内部的动力机制。因此,在整个对外贸易蓬勃发展的同时,该地区区域内贸易的水平却未得到实质性提高。从理论上讲,解决东北亚生产—消费双重困境的可能途径有两个。一个是通过延伸东亚区域生产网络的生产链条,使俄罗斯和蒙古国融入这一垂直分工体系。另一个是扩大东北亚地区最终消费市场的规模,从而吸纳中日韩三国不断膨胀的生产能力。然而,产业结构的调整与转型终非一朝一夕之事。考虑到俄蒙在制造业的长期落后状况,它们对东亚区域生产网络的参与必将经历曲折而漫长的过程。在最终消费方面,日韩的国内市场狭小,俄蒙不但市场狭小而且购买力有限。中国内需规模的扩大与国内经济改革的深化息息相关,其中涉及收入分配、社会福利与经济增长方式转变等诸多深层次问题。因此,从中长期来看,东北亚既无法形成类似东亚的区域生产网络,也无从构建一个消化其巨大生产能力的最终消费市场。

目前,最有可能提升东北亚区域内贸易层次的领域是俄罗斯与中日韩三国的能源贸易。一方面,俄罗斯具有能源多元化的发展倾向,亚洲已成为其能源外交的拓展地区。[②] 另一方面,由于经济的迅速发展,中日韩的能源缺口呈现不断扩大的趋势。而与之毗邻的俄罗斯远东地区的丰富资源无疑为满足三国巨大的能源需求提供了可能。特别是,为了增加资源类产品的附加值,俄罗斯着力发展原材料的深加工贸易,而中国充足的劳动力

---

① 胡俊文:《"雁行模式"理论与日本产业机构优化升级》,《亚太经济》2003年第4期。
② 陈小沁:《透析俄罗斯能源外交的地区实践》,《俄罗斯中亚东欧研究》2010年第5期。

资源和雄厚的投资能力对于促进俄罗斯经济结构的转型具有积极意义。可以预见，俄罗斯与中日韩能源贸易的大幅增长不仅将有助于东北亚区域内贸易的整体扩张，而且将促使区内大国更加紧密地融入东北亚区域合作。然而，由于俄与中日韩的能源贸易与中日韩三国贸易在总量上存在巨大差距，东北亚区域内贸易的基本格局很难在短期内有所改变。因此，推动该地区贸易增长的主要动力仍将是依托东亚区域生产网络和外部市场的中日韩贸易。

三 东北亚地区经济合作的前景与挑战

区域合作的实现是政治目的和经济利益共同作用的结果。其中，经济利益因素作为驱动区域一体化的动机不可忽视。地缘政治观念影响政府决策的环境是由经济利益决定的。正是由于东北亚地区的经济利益很弱或者不明确，地缘政治因素便占据了主导地位。由此形成的路径依赖，使得该地区的形势向不利于经济合作的方向发展。无论就质还是量而言，东北亚区域内贸易均处于最初级的水平，尚不具备支撑地区性合作机制的要素特征。也就是说，即使撇开地缘政治因素不谈，东北亚目前区域经济关联下各国的分散化利益诉求，也很难在统一的制度性框架内实现。而区域内贸易增长机制的生产—消费双重困境，又使区域外力量必然成为干扰东北亚合作机制构建的因素。

中日韩三国在东亚乃至世界经济中占有重要地位。因此，三国的合作不仅惠及地区各国，而且在很大程度上决定着东亚合作的未来走向，进而对世界经济发展产生影响。从理论上讲，中日韩的区域内经济合作具有巨大的合作空间和潜在收益。资源禀赋的差异有利于三国通过相互贸易和产业分工获得比较利益。然而，时至今日，作为当今世界经济与贸易最活跃的地区之一，中日韩的经济合作仍处于较为松散的状态，三国间尚未形成行之有效的合作机制。这种制度性安排的缺失显然与三国在全球和区域经济中的地位极不相称，也不利于它们未来经济合作的发展与深化。

制约中日韩建立合作机制的因素包括以下几个方面。首先，缺乏地区认同感导致中日韩政治互信度很低，而这成为三国建立合作机制面临的最大障碍。其次，在国内层面，某些利益集团对产业开放的游说抵制大大延缓了三国政府间合作机制的协商进程。再次，中日韩日渐趋同的发展模式客观上加深了三国对外部市场的依赖程度，而区域内市场的规模不足严重限制了中日韩合作机制走向深化。尽管中日韩区域内贸易比重近年来不断提升，但是，这些加工贸易产品的最终市场仍然是美国和欧洲。这意味着中日韩三国对外部市场的波动具有高度敏感性。欧美市场需求的疲软很容易导致东亚区域内的经济波动并形成连锁反应。最后，中日潜在的主导权之争、韩国的大国平衡战略是导致三国合作机制滞后的重要原因。在"三国鼎立"的竞争格局下，尚未出世的中日韩合作机制就已面临着区域内多种机制可能的挑战，其中包括"10＋6"合作机制及以区域大国为轴心的自贸区网络。

尽管资源禀赋的巨大差异给予区域内国家参与区域内分工的广阔可能，但现实中东北亚区域合作进程举步维艰。俄罗斯的经济重心在欧洲。由于自身的资源禀赋特点，它与东北亚国家之间的双边经济合作主要是在能源领域。蒙古国虽然与中国、俄罗斯等东北亚国家的经济往来非常密切，但是它本身国家体量非常小。这种紧密的经济联系对于整个区域内经济关联的贡献率非常有限。此外，对于经济结构单一、过度依赖能源出口的俄罗斯和蒙古国而言，自贸区建设是超出其参与能力的高水平合作方式。签署自贸区意味着相互开放，这必然伴随着来自外部的竞争，其结果是本国弱势产业的利益将受到损害。因此，当一国与其他国家间的产业内贸易比重很低时，该国面对降低关税、开放市场的国内阻力便会增大。就目前而言，俄罗斯、蒙古国与中日韩的贸易方式是以能源—制成品为主的产业间贸易。相对于俄罗斯巨大的能源出口能力和中日韩不断增长的能源需求而言，它们在能源上的相互依赖程度非常有限。因此，俄罗斯对于东北亚区域合作的主要需求并不是参与中日韩自贸区建设，而是通过签署双边合作协议或特惠贸易安排，大量引进外资、加快能源产业部门的发展，从而带动远东和外贝加尔地区的经济增长。

由于大国与小国集团间经济实力和对区域内贸易依赖性的高度不对称，在东北亚地区难以形成"小马拉大车"的合作模式。推动贸易一体化的重要因素是，该地区区域内贸易分散在诸多小国之间，并非集中在少数大国之间。而在东北亚，小国对区域内贸易的依赖性强，对区域内贸易的贡献度则微乎其微。与此相对，区域内贸易由大国贸易主导，但大国对区域内贸易的依赖性却很弱。大国与小国间依赖性的高度不对称意味着小国集团几乎不可能先行组成一个类似东盟的区域合作组织，并牵引整个地区合作向制度化的方向发展。因此，对于小国而言，它的最优策略是在大国间开展平衡外交，即通过谋求广泛的双边自贸协定来获取最大利益。显然，蒙古国分别与中日韩积极开展的自贸区可行性研究和谈判便是基于以上考虑。

最终消费市场对东北亚的长期外部约束，意味着外部因素在区域合作机制的构建中不容忽视。当东北亚多数国家长期奉行出口导向型发展战略，然而不存在与其生产能力相匹配的区域性最终消费市场时，该地区的经济增长以及制度构建就将不同程度地受制于外部因素。尽管东北亚国家从地理上包括中国、日本、韩国、俄罗斯、朝鲜和蒙古国六国，但该地区域外国家美国"二战"后一直通过美日、美韩军事同盟关系积极介入东北亚事务，并成为东北亚地区关系走向的主导力量。美国对东北亚的地区主义发展持谨慎态度，唯恐在东北亚各国之间形成排他性框架。美国希望中日两国之间维持适度竞争，这将使得美日双方在牵制中国方面具有共同利益，在东北亚形成对中国的战略竞争态势。在东北亚本身机制化合作进程尚且脆弱之际，区外力量的竞争性介入无疑将增加该地区未来合作发展的变数。美国不愿出现一个与其抗衡的地区力量。它担心，东北亚国家的经济合作可能会"外溢"到政治、安全领域，使东北亚地区建立一个类似于欧盟的封闭性经济集团。显然，东北亚合作的碎片化对于霸权国是非常有利的，而美国的"重返亚太"战略其实就是出于延缓亚洲一体化进程的考虑。

由上可见，东北亚国家间的制度化合作的确面临着多重困境。该地区的多数国家在发展区域内贸易之前就与区域外国家建立了广泛的贸易联系。从某种意义上讲，对外贸易的全球导向对于形成区域性自贸区构成了障碍。区内大国强调全球层面的经济一体化并从国际劳动分工中获益，因此，它们更可能把对于区域贸易一体化的追求当作全球一体化的某种补充。另外，由于东北亚国家的贸易方式、发展水平各异，它们对于区域合作的不同考量和分散化需求很难在统一的制度性框架下实现。而合作机制的缺失又导致东北亚各国在资源禀赋方面的强互补性无法被充分转化成区域内贸易的增长动力。显然，东北亚目前的区域内贸易水平尚不足以支撑地区性合作机制的构建。而在东北亚自身机制化合作尚未形成时，外部力量的介入也将增加该地区未来合作的不确定性。

地区市场一体化的特性决定了东北亚地区制度化合作的特征。上述分析在从新视角透视东北亚区域合作症结的同时，也为切实推进和深化地区合作提供了具体思路。鉴于区内国家间密切的经济关联是实现制度化合作的必要前提，东北亚各国急需通过加强产业领域的务实合作提升区域内贸易水平。东北亚国家间的不同贸易模式决定了它们对制度化合作的不同需求，而这些不同层面的需求难以在统一的机制性合作框架下实现。融入东亚区域生产网络的中日韩率先启动自贸区谈判，而以能源贸易为主的东北亚国家之间则展开次区域功能性合作。其中，以能源开发和深加工为导向的多国经济合作颇具深远意义。它不再是东亚区域生产网络在东北亚的延伸，而将成为具有独立意义、集合区内各国禀赋优势的区域能源网络。同时，中日韩三国对能源的巨大需求必将直接促进区域消费市场的扩张，并有助于降低区域内贸易增长机制的外部依赖。而从长远意义上讲，加强区域合作，进而扩大区内国家间的共同经济利益，又可能成为破解东北亚"安全困境"的重要途径。

第二节　俄罗斯能源政策与东北亚能源关系

石油和天然气构成俄罗斯的经济核心和政治基石，同时也赋予其外交政策极大的能源权力。政治影响力和经济利润是俄罗斯能源政策制定的两大核心目标。[①] 就俄罗斯与东北亚能源关系而言，作为该地区唯一的油气出口国，俄罗斯的能源政策导向是东北亚能源合作的重要方向标。实际上，俄罗斯在东北亚地区的能源扩张首先是其国内不断变化的国家—资本关系对外延伸的结果。[②] 俄罗斯加强能源领域的国家产权控制使得国有能源企业取代私人企业和国际石油公司，成为该国对东北亚国家能源贸易的主导。然而，2008 年国际金融危机，特别是美国页岩气革命和乌克兰危机后，俄罗斯资源民族主义（resource nationalism）[③] 的能源政策遭遇瓶颈，这促使俄罗斯重新定位自己的能源利益和战略诉求。[④] 由欧洲主导的俄罗斯传统能源政策加速向欧亚主义能源政策转变。显然，有关俄罗斯与东北

[①]　[美] 安琪拉·斯登特：《有限伙伴：21 世纪美俄关系新常态》，欧阳瑾、宋和坤译，石油工业出版社 2016 年版，第 208 页。

[②]　张昕：《"能源帝国"、"能源超级大国"和"能源外交"的迷思》，《俄罗斯研究》2013 年第 6 期，第 13 页。

[③]　资源民族主义是指国家对自然资源的控制或支配以及将此权力用于政治和经济目的的能力，其核心是政府为保护或提升其国家遗产和主权干涉自然资源产业。（Reid Click and Robert Weiner, "Resource Nationalism Meets the Market: Political Risk and the Value of Petroleum Reserves", *Journal of International Business Studies*, Vol. 41, No. 5, 2010, p. 2.）

[④]　James Henderson, *The Strategic Implications of Russia's Eastern Oil Resources*, Oxford: The Oxford Institute for Energy Studies, WPM 41, January 2011, p. 2.

亚能源关系演变的研究,不仅涉及俄罗斯国内政治层面的国家——企业关系演进,而且还包括由全球能源体系变革和地缘政治冲击引发的俄罗斯在不同地区能源市场维度上的角色互动。[①]

俄罗斯加速能源战略东向将为东北亚能源市场,特别是中俄能源合作带来哪些契机?在西方制裁和油价暴跌背景下,俄罗斯能否通过欧亚主义能源政策改变目前的被动局面?全球能源体系变革下东北亚能源市场的自身特殊性对于俄罗斯能源战略东向的实施又将产生哪些影响?本节试图构建俄罗斯与东北亚能源关系演变的"双层博弈"框架[②],即在强调俄罗斯国内政治行为对地区能源关系影响的同时,考察东北亚能源市场上各方利益博弈对俄罗斯能源政策实施的作用。其中,全球能源体系变革和地缘政治危机对传统油气出口国的外部冲击将被纳入对东北亚能源关系演变的动态分析。

一 俄罗斯资源民族主义与东北亚能源市场博弈

能源部门持续扮演整个经济体的贡献者角色,是俄罗斯能源政策的构建理念。同时,丰富的资源禀赋可被用来提升国家经济和政治地位。[③] 2000年后,随着国际油价不断攀升,油气产业的战略重要性越发凸显。通过改变能源产业的规制方向,俄罗斯政府不断加强对战略性资源的产权控制。俄罗斯从"自由式"市场制度转向资源民族主义导致东北亚能源贸易的政治化倾向。同时,国际市场能源价格高企下东北亚国家对能源资源的需求增长导致了资源重商主义的地区扩散。[④] 东北亚国家围绕俄罗斯能源的利益博弈不断加剧。

[①] Miroslav Mares and Martin Larys, "Oil and Natural Gas in the Russia's Eastern Energy Strategy: Dream or Reality?", *Energy Policy*, Vol. 50, 2012, p. 436.

[②] 罗伯特·普特曼提出了有关国内政治与国际关系双层博弈的经典分析框架。他在分析国际关系的国内政治根源时也阐释了国内政治如何受到国际关系的影响。(Robert D. Putman, "Diplomacy and Domestic Politics: The Logic of Two-Level Games", *International Organization*, Vol. 42, No. 3, 1988, pp. 427 – 460.)

[③] Harley Balzer, "Vladimir Putin's Academic Writings and Russian Natural Resource Policy", *Problems of Post-Communism*, Vol. 53, No. 1, 2006, p. 48.

[④] Jeffrey D. Wilson, "Northeast Asian Resource Security Strategies and International Resource Politics in Asia", *Asian Studies Review*, Vol. 38, No. 1, 2014, pp. 29 – 30.

通过限制外国企业以产品分成协议①方式参与资源开采，俄罗斯实现了国家对远东油气资源以及统一油气供给系统和对外出口的控制。② 20 世纪 90 年代，有关离岸萨哈林岛油气开采的两项产品分成协议奠定了国际石油公司在俄罗斯远东开展业务的基础。③ 第一项是俄罗斯与五家外国石油公司于 1994 年签署的萨哈林 2 号产品分成协议。这项最大也是最为复杂的萨哈林 2 号项目由荷兰皇家壳牌公司牵头，并得到日本三井物产和三菱商事的资助。④ 第二项是 1996 年俄罗斯与埃克森美孚公司签署的萨哈林 1 号产品分成协议。⑤ 产品分成协议在俄罗斯一直饱受争议。尤科斯石油公司曾联合西伯利亚石油公司通过院外活动支持产品分成协议，但俄罗斯政府与议会间的政治斗争使得有关产品分成协议的议案被无限期推迟。⑥

尤科斯石油公司被迫解散及其资产被再次国有化意味着俄罗斯国家资

---

① 作为投资者与资源国政府之间的商业合同，产品分成协议是俄罗斯最早用于能源开发领域的国际合作模式。产品分成协议下资源国政府拥有能源资产的最终所有权，但授予私人企业或机构一定时期内的租赁权，以此来换取一定比例的被开采能源。

② Jae-Young Lee and Alexey Novitskiy, "Russia's Energy Policy and Its Impacts on Northeast Asian Energy Security", *International Area Review*, Vol. 13, No. 1, 2010, p. 50.

③ 俄罗斯曾签署了 3 项有关离岸萨哈林岛油气开采的产品分成协议。除萨哈林 1 号和 2 号项目外，1993 年，俄罗斯与埃克森美孚公司和雪佛龙公司签署了萨哈林 3 号产品分成协议。但 2004 年俄罗斯宣布该协议无效。俄罗斯石油公司、俄罗斯天然气工业股份公司、卢克石油公司和印度国家石油天然气公司宣布对获取萨哈林 3 号油气田使用权感兴趣。萨哈林 4 号项目的开发由俄罗斯石油公司等负责。萨哈林 5 号项目由英国石油公司（占股 49%）、俄罗斯石油公司（占股 25.5%）和萨哈林海洋石油天然气公司（占股 25.5%）联合开发。

④ 该项目于 1994 年 6 月签署，1999 年 1 月生效，总投资约为 100 亿美元。项目作业者萨哈林能源投资公司最初由马拉松石油公司（占股 30%）、麦克德莫特国际公司（占股 20%）、三井物产（占股 20%）、荷兰皇家壳牌公司（占股 20%）和三菱商事（占股 10%）构成。当麦克德莫特国际公司和马拉松石油公司分别于 1997 和 2000 年卖出股份后，该项目的具体股比变为荷兰皇家壳牌公司占 55%，三井物产占 25%，三菱商事占 20%。（Timothy Fenton Krysiek, "Agreements from Another Era: Production Sharing Agreements in Putin's Russia, 2000 – 2007", Oxford Institute for Energy Studies, WP 34, November 2007, p. 19.）

⑤ 该项目于 1995 年 6 月签署，1999 年 1 月生效。埃克森美孚公司最初选择与萨哈林海洋石油天然气公司联手，后者被俄罗斯石油公司收购。目前，埃克森美孚公司占 30% 股份，俄罗斯石油公司和印度国有石油天然气公司各占 20% 股份，日本投资财团萨哈林石油和天然气开发公司（SODECO）占 30% 股份。（Timothy Fenton Krysiek, "Agreements from Another Era: Production Sharing Agreements in Putin's Russia, 2000 – 2007", Oxford Institute for Energy Studies, WP 34, November 2007, p. 13.）

⑥ 刘锋：《关于俄罗斯产品分成协议问题的研究》，《俄罗斯中亚东欧市场》2012 年第 1 期，第 16—17 页。

本主义 (state capitalism)① 的到来。随着俄罗斯石油公司和俄气被提升至国家首要地位并被给予对国家油气储备的优先准入,② 俄罗斯国有能源企业开始展开对东西伯利亚和远东地区资源控制权的争夺。在石油方面,2003 年,俄罗斯石油公司通过购买英国—西伯利亚石油公司拥有了万科 (Vankor) 油田③的开发许可证。同年,该公司还购买了萨哈林 3 号项目区韦宁油气田开发许可证。俄罗斯石油公司及其子公司萨哈林海洋石油天然气公司持有萨哈林 1 号 40% 的股份。2005 年,通过收购尤科斯石油公司主要资产及整合尤甘斯克石油天然气公司,俄罗斯石油公司一跃成为俄罗斯第二大石油公司,④ 同时也成为俄罗斯在东西伯利亚和远东地区最重要的国内石油企业。⑤

作为国家垄断的天然气工业巨头⑥,俄气掌控了俄罗斯 65% 的已探明天然气储备、73% 的天然气生产份额⑦,并垄断了国内全部的天然气管道以及整个天然气出口产业的输气权。⑧ 2006 年,通过收购萨哈林 2 号参与公司所持股份,俄气成为该项目最大股东并控制了该项目石油和液化气的生产和出口。⑨ 俄气不仅收购了萨哈林 1 号天然气来补充萨哈林—哈巴罗

---

① 俄罗斯国家资本主义的核心是通过对战略性企业的整治与重组实现国家对重要行业、命脉部门与重大企业的控制与垄断。(田春生:《俄罗斯"国家资本主义"的形成及其特征》,《经济学动态》2010 年第 7 期,第 126 页。)

② Michael Bradshaw, "A New Energy Age in Pacific Russia: Lessons from the Sakhalin Oil and Gas Projects", *Eurasian Geography and Economics*, Vol. 51, No. 3, 2010, p. 351.

③ 万科油田于 2009 年 8 月正式投产,其原油是东西伯利亚—太平洋输油管道(ESPO)的主要来源。(Miroslav Mares and Martin Larys, "Oil and Natural Gas in the Russia's Eastern Energy Strategy: Dream or Reality?", *Energy Policy*, Vol. 50, 2012, p. 440.)

④ Yelena Kalyuzhnova and Christian Nygaard, "State Governance Evolution in Resource-rich Transition Economies: An Application to Russia and Kazakhstan", *Energy Policy*, Vol. 36, 2008, p. 1836.

⑤ James Henderson, *The Strategic Implications of Russia's Eastern Oil Resources*, Oxford: The Oxford Institute for Energy Studies, WPM 41, January 2011, p. 33.

⑥ 2005—2008 年,俄气进行了许多石油产业的收购活动。2005 年,俄气以拖欠税款为由迫使西伯利亚石油公司出售 72.6% 的股份,由此成为俄罗斯第五大石油生产企业的所有者。([美]迈克尔·克莱尔:《石油政治学》,孙芳译,海南出版社 2009 年版,第 95 页。)2007 年,俄气在其与雪佛龙联合企业北泰加油气公司(Северная тайга Нефтегаз)中的股份从 30% 增至 75%。2008 年,俄气从俄罗斯石油公司购买了托姆斯克石油公司 50% 的股份。

⑦ U. S. Energy Information Administration, *Russia*, International Energy Data and Analysis, 2015.

⑧ 根据 2006 年 7 月批准的《俄罗斯联邦天然气出口法》,除俄气外的其他独立天然气开采商无权出口天然气。2013 年底,俄罗斯允许俄罗斯石油公司和诺瓦泰克公司出口液化气。但由于这两家公司的液化气项目尚未投产,俄气目前仍是俄罗斯唯一出口管道天然气和液化气的企业。

⑨ 2006 年 12 月,俄气与荷兰皇家壳牌公司、三井物产和三菱商事达成协议,以 74.5 亿美元购得萨哈林 2 号项目 51% 的股份。由此,荷兰皇家壳牌公司的股份从 55% 降至 27.5%,三井物产和三菱商事的股份分别从 25% 和 20% 降至 12.5% 和 10%。

夫斯克—符拉迪沃斯托克（SKV）管道，而且封杀了埃克森美孚公司从萨哈林1号至中国的管道建设。① 同时，俄气也是东西伯利亚天然气资产的主要开发者和科维克金凝析气田②的新持有者，而科维克金凝析气田则是俄罗斯与东北亚国家天然气合作的关键。由此，俄气自然成为实施俄罗斯国家东部天然气政策的协调者，并在对东北亚国家天然气销售谈判中扮演主导角色。

资源民族主义下俄罗斯对东北亚能源贸易的策略是通过促进能源进口国之间的需求竞争实现自身利益最大化。与此同时，作为地区范围内对资源安全担忧加剧的共同反应，东北亚国家的资源重商主义不断加强。由此，围绕俄罗斯油气管道走向的东北亚国家博弈愈演愈烈。21世纪初期，当时俄罗斯最大的石油企业尤科斯石油公司与中国发展石油管道合作势头强劲。而东西伯利亚—太平洋管道运输系统也成为俄日能源对话的首要问题。日本以对东西伯利亚和远东地区进行大规模投资为利诱，说服俄罗斯政府改变尤科斯石油公司最初围绕中国的管道设计方案。③ 它提出将管道终点设在俄远东港口纳霍德卡。自此，中国与日本分别就各自支持的"安大线"与"安纳线"展开激烈竞争。2004年尤科斯石油公司解体后，该项目的建设和管理被移交给俄罗斯国家石油管道运输公司（Транснефть）。④ 俄罗斯随即提出对"安大线"和"安纳线"的折中方案"泰纳线"，即将输油管道的起点和终点分别定在伊尔库茨克州的泰舍特和太平洋沿岸的纳霍德卡。

---

① ［瑞典］斯蒂芬·赫德兰：《危机中的俄罗斯：一个超级能源大国的终结》，《俄罗斯研究》2010年第2期，第47页。

② 科维克金凝析气田的开采许可证最初由俄罗斯露西亚石油公司持有，韩国韩宝集团是该公司最大股东（占46.1%股份）。1997年韩宝集团破产后，其股份被转售给西丹科石油公司和英国石油公司。2003年，由秋明石油公司和英国石油公司合资创建的秋明英国石油公司（TNK-BP）持有露西亚石油公司62.89%的股份。2007年6月，在面临失去生产许可证的情况下，秋明英国石油公司被迫将科维克金凝析气田公司的控股权转让给俄气。

③ 根据2003年1月日俄签署的能源合作计划，日本承诺从俄罗斯每天进口石油100万桶，同时准备提供50亿美元贷款并协助俄罗斯开发油田及修建输油管道。(И. А. Носова, "Российско-Японский Энергетический Диалог", *Мировая Экономика и Международные Отношения*, № 4, 2011, с. 46.)

④ 继1994年11月尤科斯石油公司提出修建从西伯利亚到中国东北石油管道（即"安大线"）的建议后，2003年5月，尤科斯石油公司和中国石油天然气总公司（以下简称中石油）签署了《关于中俄原油管道、原油长期购销合同基本原则和共识的总协定》。该协议规定"安大线"有800公里在中国境内建设，建设费用约8亿美元，俄方负责其境内1600公里的管道建设，建设费用约17亿美元。(M. Olcott and N. Petrov, *Russia's Regions and Energy Policy in East Siberia*, Houston: James Baker III Institute for Public Policy & The Institute of Energy Economics, 2009, p. 18.)

该方案本质上是对日本"安纳线"建设方案的认可和支持。由于同时控制管道的出入口,该管道的贯通将助推俄罗斯对日本、朝鲜半岛及其他亚太国家的石油外交。

由上可见,俄罗斯资源民族主义的勃兴不仅引发了东西伯利亚和远东地区油气田的产权结构变化,而且加剧了东北亚能源进口国围绕俄罗斯石油管道走向的利益博弈。一方面,通过彻底改造俄罗斯政府与外国能源企业之间的关系,国有能源企业取代私人企业和国际石油公司掌控了该地区的能源开采和对东北亚国家的油气出口,而后者则相应地被降为该地区主要能源项目的次要参与者。① 同时,在世界能源卖方市场下,东北亚能源市场供求关系的非对称性决定了俄罗斯具有利用能源进口国之争寻求利益最大化的契机。显然,通过建立统一的东北亚油气管道系统,俄罗斯力求成为整合被分割的东北亚能源市场的地区内纽带,② 这无疑将有助于俄罗斯在领导新的能源联盟时获得一种选择权,并提升其在东北亚能源市场上的地位和权力。③

二 俄罗斯欧亚主义能源政策与东北亚能源合作深化

国际能源格局的调整与变动是俄罗斯能源政策演变的重要外生变量。2000年前,俄罗斯能源政策总体上呈碎片化特征。④ 直至2003年5月通过《2020年前俄罗斯能源战略》⑤,俄罗斯能源政策中的亚洲维度才得以被首次阐释。⑥ 2008年全球经济危机,特别是美国页岩气革命和乌克兰危机

---

① [美]迈克尔·克莱尔:《石油政治学》,孙芳译,海南出版社2009年版,第98页。
② Elena Shadrina, "Russia's Natural Gas Policy toward Northeast Asia: Rationales, Objectives and Institutions", *Energy Policy*, Vol. 74, 2014, p. 65.
③ Rafael Fernandez and Enrique Palazuelos, "The Future of Russian Gas Exports to East Asia: Feasibility and Market Implications", *Futures*, Vol. 43, Issue 10, 2011, pp. 1069, 1072.
④ 俄罗斯能源政策的基本框架形成于20世纪90年代初期。继1992年通过《俄罗斯在新经济条件下能源政策的基本构想》后,1995年,俄联邦政府相继批准通过了《2010年前俄罗斯能源政策的主要方向》和《俄罗斯能源战略基本原则》。
⑤ Министерство Энергетики РФ, Энергетическая Стратегия России на период до 2020 года, 2003, http://minenergo.gov.ru.
⑥ 2003年,俄联邦政府批准通过了《开展有前景国际项目条件下东西伯利亚与远东油气开发的基本方向》,该文件是《2020年前俄罗斯能源战略》内容在东西伯利亚与远东地区的具体化。(Об Основных Направлениях Развития Нефтегазового Комплекса Восточной Сибири и Дальнего Востока с учетом Реализации Перспективных Международных Проектов, Материал Представлен Министерством Энергетики РФ к Заседанию Правительства РФ 13 марта 2003, http://www.gasforum.ru/concept/me_atr_0303.shtml.)

后，亚洲维度在俄罗斯能源政策中的重要性迅速提升。① 随着俄罗斯能源政策制定与实施中欧亚主义特征的最终凸显②，俄罗斯与东北亚国家之间的能源关系不断发展与深化。

俄欧能源关系走向对于俄罗斯推进东向能源战略的力度和决心具有直接影响。苏联解体后，加强对欧能源合作一直主导着俄罗斯能源政策的方向，而俄罗斯扩大与亚洲能源联系的基本定位也仅是旨在提升国内东西伯利亚和远东地区的经济发展。2004年是俄欧能源关系发展的分水岭。随着原属俄罗斯势力范围的中东欧国家入盟，欧盟实现了历史上前所未有的"爆炸式扩大"，③ 而2004年橙色革命后的乌克兰更是与俄罗斯渐行渐远。2006年和2007年俄乌、俄白天然气定价争端使得俄罗斯切断天然气管道供给，这严重损害了其作为欧洲值得信赖天然气供给国的长期地位，并导致俄欧能源对话复杂化。2008年全球经济危机后，欧洲能源需求疲软限制了俄罗斯在欧洲市场的能源出口增长。而俄罗斯追求长期的市场准入和控制上游资源这一核心利益与欧盟积极推进能源市场自由化和多边能源治理制度之间越来越不兼容。④ 显然，俄罗斯的能源武器外交与欧盟统一能源政策之间具有不可调和的矛盾与冲突，而乌克兰危机后西方对俄实施经济制裁更是阻碍了其在欧洲资源地理维度上的利益实现。⑤

页岩气革命后美国在全球天然气市场上的角色转变引发了全球能源市

---

① 根据2003年批准通过的《2020年前俄罗斯能源战略》，至2020年，亚太地区在俄罗斯石油出口中的比重将从目前的3%升至30%，其在俄罗斯天然气出口中的比重将升至15%。根据2009年批准通过的《2030年前俄罗斯能源战略》，至2030年，亚太地区在俄罗斯石油出口中的比重将从6%增至20%—25%，其在俄罗斯天然气出口中的比重将增至19%—20%。根据2014年发布的《2035年前俄罗斯能源战略草案》，至2034年，俄罗斯所有能源出口中的23%将出口至亚太地区。（Министерство Энергетики РФ, *Энергетическая Стратегия России на период до 2020 года*, 2003; *Энергетическая Стратегия России на Период до 2030 года*, 2009; *Основные Положения Проекта Энергетической Стратегии России на Период до 2035 года*, 2014, http://minenergo.gov.ru.）

② Miroslav Mares and Martin Larys, "Oil and Natural Gas in Russia's Eastern Energy Strategy: Dream or Reality?", *Energy Policy*, Vol. 50, 2012, p. 437.

③ 金玲：《欧盟东扩对共同外交与安全政策内部决策环境的影响》，《欧洲研究》2007年第2期，第78页。

④ 高淑琴、[英]彼得·邓肯：《欧盟与俄罗斯的能源博弈：能源垄断、市场自由化与能源多边治理》，《世界经济研究》2014年第2期，第85页。

⑤ Pami Aalto and Tuomas Forberg, "The Structuration of Russia's Geo-economy under Economic Sanctions", *Asia European Journal*, Vol. 14, 2016, p. 223.

场的结构性变革。非常规天然气规模的扩大不仅使俄美能源关系从互补性转为竞争性,而且极大地挑战了传统天然气生产国俄罗斯在欧洲市场上的主导地位。[1] 根据俄罗斯能源政策的最初预测,北美能源市场是俄罗斯能源出口最具前景的目标市场之一,其中,西西伯利亚—巴伦支海石油输送管道项目,特别是施托克曼油气田是俄美能源合作的主要方向。然而,自2009年起,美国取代俄罗斯成为全球最大的天然气生产国。[2] 美国非常规天然气的发展扼杀了俄罗斯向美国出口天然气的可能性,俄气被迫推迟在巴伦支海的施托克曼气田项目。同时,原本面向美国市场的北非、卡塔尔等液化气产能开始转向欧洲市场。[3] 此外,随着美国完全从天然气净进口国变为净出口国[4],来自东海岸和墨西哥湾的美国液化气将因距离近、可靠性和政治考虑为欧洲提供替代能源。[5] 显然,美国页岩气产量的扩大及向欧洲出口液化气的前景将改变欧洲天然气市场的供给结构,使液化气成为俄罗斯管道气的重要替代。[6] 而欧盟能源进口来源和结构的多元化无疑将降低俄罗斯对欧洲能源政策的可操作空间和影响力。

受页岩气革命和乌克兰危机的双重冲击,俄罗斯保证自身能源和经济安全的重要出路是推进能源东向战略、实现出口市场的地缘最优平衡。[7]

---

[1] Petr Ocelik and Jan Osicka, "The Framing of Unconventional Natural Gas Resources in the Foreign Energy Policy Discourse of the Russian Federation", *Energy Policy*, Vol. 72, 2014, p. 97.

[2] BP, *BP Statistical Review of World Energy 2010*, 2010, p. 4.

[3] 卡塔尔是欧洲最大的液化气供给国,阿尔及利亚是北非最大的天然气出口国,利比亚和埃及具有大量的天然气储备。(BP, *BP Statistical Review of World Energy 2016*, 2016, p. 28.)

[4] 由于美国天然气市场处于供过于求和高库存状态,北美发展液化气的空间已经缩小,这将迫使一些液化气出口商将目标转向国外市场。根据美国能源信息署预测,美国将在2018年前成为天然气净出口国。至2021年,近50%的净出口增长将是液化气出口。美国天然气净出口将在2040年达到总产量的18%。(U. S. Energy Informational Administration, *Annual Energy Outlook 2016 Early Release Overview*, 2016, p. 52.)

[5] Seksun Moryadee, Steven A. Gabriel, and Hakob G. Avetisyan, "Investigating the Potential Effects of U. S. LNG Exports on Global Natural Gas Markets", *Energy Strategy Reviews*, Vol. 2, Issue 3 – 4, 2014, p. 273.

[6] 2008—2010年,液化气在欧洲天然气总进口中的比重从12.8%升至19.8%,而俄罗斯管道天然气的比重则从32.9%降至26.8%。(BP, *BP Statistical Review of World Energy 2009 – 2011*, 2009—2011, p. 30.)据估计,至2030年,欧洲液化气与管道天然气的进口比例将升至1∶1.93,即液化气在欧洲天然气总进口中的比重将达到34%。(Uwe Remme, Markus Blesl, and Ulrich Fahl, "Future European Gas Supply in the Resource Triangle of the Former Soviet Union, the Middle East and Northern Africa", *Energy Policy*, Vol. 36, 2008, p. 1636.)

[7] 富景筠、张中元:《世界能源体系中俄罗斯的结构性权力与中俄能源合作》,《俄罗斯东欧中亚研究》2016年第2期,第57页。

第五章　俄罗斯与东北亚能源政治　　157

市场和地缘政治的外部冲击促使俄罗斯能源政策首次从地位、角色和行为模式上具有了真正的欧亚性质。① 根据2007年俄气发布的《东部天然气规划》,俄罗斯将在萨哈(雅库特)开发新气田并在东北亚地区建设新的管道运输网络。② 随着俄罗斯在东西伯利亚和远东地区逐步建立一套完整的石油和天然气提炼、运输和供给体系,俄罗斯能源出口的东部维度在资源出口地理结构中的权重不断扩大。③

就石油管道而言,中国和日本已就俄罗斯东西伯利亚—太平洋输油管道④的建设次序展开争夺。由于日本对俄能源合作存在种种顾虑⑤,2006年,俄日能源问题的双边协调以及两国主要能源企业之间的接触出现停滞。当2007年俄罗斯开始建设科兹米诺港终端后,能源合作再次在日本对俄关系中占据关键地位。由于中俄于2009年签署了"贷款换石油"的合作协议⑥,俄罗斯决定先行建设泰舍特—斯科沃罗季诺一期工程及斯科沃罗季诺—大庆的中国支线。⑦ 东西伯利亚—太平洋输油管道的开通极大

---

① Elena Shadrina, "Russia's Foreign Energy Policy: Paradigm Shifts within the Geographical Context of Europe, Central Eurasia and Northeast Asia", The Norwegian Institute for Defence Studies and IFS Insights, November 2010, p. 15.

② Программа Создания в Восточной Сибири и на Дальнем Востоке Единой Системы Добычи, Транспортировки Газа и Газоснабжения с учетом Возможного Экспорта Газа на Рынки Китая и Других Стран Азиатско-тихоокеанского Региона//www. alppp. ru/law/konstitucionnyj-stroj/federativnoe-ustrojstvo/5/programma-sozdanija-v-vostochnoj-sibiri-i-na-dalnem-vostoke-edinoj-sistemy-dobychi-transpo. html.

③ [俄] А. М. 马斯捷潘诺夫:《俄罗斯能源战略和国家油气综合体发展前景》(第一卷),世界知识出版社2009年版,第71页。

④ 该管道西起泰舍特,东至俄罗斯太平洋沿岸的科兹米诺港。一期和二期工程分别于2009年和2012年正式投入运营。东西伯利亚—太平洋输油管道于2006年4月开始修建,2009年10月完成从泰舍特至斯科沃罗季诺的全长2694公里的第一阶段建设,12月28日起从太平洋沿岸的科兹米诺港开始出口原油。

⑤ 日本方面的具体疑虑包括俄罗斯对东西伯利亚—太平洋输油管道走向的摇摆不定、资金问题以及俄乌能源冲突是否会在亚洲重现等。2004年12月,当俄罗斯决定东西伯利亚—太平洋输油管道的亚太终端后,日本对俄能源谈判立场出现实质性转变。日本对自己承诺的超过120亿美元贷款增加了附加条件,即对该项目提供政府担保和签署特殊政府间协议,其中包括规定俄罗斯石油供货期限、规模及用贷款采购日本设备等。(И. А. Носова, "Российско-Японский Энергетический Диалог", Мировая Экономика и Международные Отношения, № 4, 2011, с. 43.)

⑥ 根据该协议,中国国家开发银行将对俄罗斯国家石油管道运输公司和俄罗斯石油公司分别提供100亿美元和150亿美元的长期贷款用于资助东西伯利亚油田开发和管道建设。俄罗斯以石油为抵押,以供油偿还贷款。2010年底前,俄罗斯将修建至中国大庆的一条石油管道。2011至2030年间,俄罗斯每年按1500万吨规模向中国供应3亿吨石油。

⑦ 徐建伟、葛岳静:《俄罗斯太平洋石油管道建设的地缘政治分析》,《东北亚论坛》2011年第4期,第61页。

地扩展了俄罗斯与东北亚国家的石油贸易规模,并提升了俄罗斯在东北亚能源市场上的地位。2009年萨哈林2号项目下南萨哈林岛普里戈罗德诺耶端口开始出口液化气后,俄罗斯实现了对东北亚地区的液化气出口。

在天然气管道方面,根据俄气的《东部天然气规划》,俄罗斯对中国的管道气出口将主要依靠萨哈(雅库特)恰扬金斯基—哈巴罗夫斯克的东西管道①和将西西伯利亚天然气经阿尔泰输入中国的西线管道。2014年,俄气与中石油相继签署《东线供气购销合同》②和《关于沿西线管道从俄罗斯向中国供应天然气的框架协议》③,历时20年的中俄天然气"马拉松谈判"取得实质性突破。然而由于国际油价大幅下跌,中俄两国尚未签署西线天然气管道建设和供气合同。俄气随后进一步提出从萨哈林向中国供应管道气的第三条路线,并于2015年9月与中石油就从俄远东地区经管道对华输气项目签署了谅解备忘录。④

在跨朝鲜半岛天然气管道方面,韩国正逐步成为俄罗斯在东北亚天然气管道建设中颇具影响力的谈判国。基于朝韩关系的改善,韩国曾于2000年提出经朝鲜至韩国的科维克金项目管道建设方案。2009年,俄气与韩国天然气公司签署了关于萨哈林—哈巴罗夫斯克—符拉迪沃斯托克管道⑤至韩国天然气出口可能路线的联合研究协议。2011年,俄韩两国达成关于从符拉迪沃斯托克经朝鲜至韩国的管道气项目路线图。⑥双方计划从2013年

---

① 2012年10月,俄罗斯开始建设从恰扬金气田通往哈巴罗夫斯克和符拉迪沃斯托克的天然气管道。该管道连接萨哈(雅库特)新气田后并入萨哈林—哈巴罗夫斯克—符拉迪沃斯托克管道。这一天然气版本的东西伯利亚—太平洋输气管道被重新命名为"西伯利亚力量"。(Masumi Motomura, "Japan's Need for Russian Oil and Gas: A Shift in Energy Flows to the Far East", *Energy Policy*, Vol. 74, 2014, p. 73.)

② 根据《中俄东线供气购销合同》,俄方从2018年起向中国供气,最终达到每年380亿立方米,合同期为30年。东线天然气管道的供气资源地是俄罗斯东西伯利亚伊尔库茨克州的科维克金气田和萨哈共和国的恰扬金气田。

③ 该协议规定未来供气规模为每年300亿立方米,供气期限为30年。西线天然气管道的供气资源地为俄罗斯西西伯利亚气田。

④ 刘乾等:《俄罗斯天然气:内部管理体制改革与对外合作战略转型》,《俄罗斯研究》2015年第5期,第72页。

⑤ 2009年8月,哈巴罗夫斯克—符拉迪沃斯托克天然气管道正式修建并于2011年秋竣工。([日]本村真澄:《俄罗斯2030年前能源战略——实现的可能性和不确定性》,《俄罗斯研究》2010年第3期,第64页。)

⑥ 该管道长1100公里,从萨哈林通过哈巴罗夫斯克再经符拉迪沃斯托克后至朝鲜,其中700公里将穿越朝鲜。它的建设费用预计在160亿美元,其供气资源地是萨哈林3号项目和雅库茨克气田,年输气量近100亿立方米。(Miroslav Mares and Martin Larys, "Oil and Natural Gas in the Russia's Eastern Energy Strategy: Dream or Reality?", *Energy Policy*, Vol. 50, 2012, p. 445.)

开始建设，并于 2017 年供气。从经济收益上看，朝鲜每年将因天然气过境国地位获得 1 亿美元的过境费。俄罗斯将获得 30 年的稳定天然气市场、超过 900 亿美元的销售利润以及对韩国、日本和中国的出口市场准入。韩国将获得低于液化气 30%—70% 进口价格的稳定天然气供给。[1] 尽管这是俄韩朝三方共赢的管道建设项目，但来自潜在过境国朝鲜方面的政治风险直接影响到该项目的实现可能。韩国因担心朝鲜利用过境国地位实现政治目的，更倾向于发展绕过朝鲜的液化气进口项目。[2]

通过引入天然气管道提升对液化气的价格竞争是日本对俄罗斯开展天然气管道合作的重要目的。[3] 萨哈林 1 号项目财团曾制定和规划建设穿越北部边界宗谷海峡至日本列岛的天然气管道项目，但因消费市场规模过小，被迫于 2004 年放弃。由于日本电力部门力求扩大核电在能源生产结构中的比重，作为核电有力竞争的天然气管道项目长期遭到忽视。2011 年福岛核泄漏事件后，天然气被认为是替代核能、克服能源危机的最可行方式。俄日天然气管道合作再度出现新态势。2012 年，日本同意与俄气就天然气管道的可行性展开共同研究。[4] 但日本核电的继续发展将对日俄未来天然气管道合作产生负面影响。特别是乌克兰危机后日本追随美国和欧盟对俄采取经济制裁更导致日俄天然气合作陷入困境。

利用横跨欧亚大陆的地缘优势改善自己在欧洲和亚洲维度的能源合作环境是俄罗斯推进能源外交的核心目标。全球能源体系变革下俄罗斯与欧洲和美国的能源关系是其东北亚能源政策演变的重要外生变量。由于东北亚能源市场规模巨大且不断增长[5]，俄罗斯扩大对东北亚国家的能源出口

---

[1] Youn Seek Lee, "The Gas Pipeline Connecting South Korea, North Korea, and Russia: Effects, Points of Contention, and Tasks", *KINU Policy Study* 11-05, 2011, p. 1.

[2] Miroslav Mares and Martin Larys, "Oil and Natural Gas in Russia's Eastern Energy Strategy: Dream or Reality?", *Energy Policy*, Vol. 50, 2012, p. 445.

[3] Masumi Motomura, "Japan's Need for Russian Oil and Gas: A Shift in Energy Flows to the Far East", *Energy Policy*, Vol. 74, 2014, p. 72.

[4] Masumi Motomura, "Japan's Need for Russian Oil and Gas: A Shift in Energy Flows to the Far East", *Energy Policy*, Vol. 74, 2014, p. 75.

[5] 在石油方面，自 2009 年超过日本成为世界第二大石油进口国后，2014 年，中国又超过美国成为世界最大的石油净进口国。日本和韩国分别是世界第三大和第五大石油净进口国。(U. S. Energy Information Administration, China, International Energy Data and Analysis, 2015.) 在天然气方面，日本和韩国分别是世界最大和第二大液化气进口国，中国是增长迅速的液化气市场。(BP, *BP Statistical Review of World Energy 2016*, 2016, pp. 18, 28.)

将平衡因欧洲油气需求停滞或下降带来的出口市场萎缩。① 目前，俄罗斯石油已经成为中日韩对中东石油进口的稳步替代。而俄罗斯向东北亚地区的液化气出口则使其实现了天然气出口形式和地区的多元化。同时，东北亚国家的地理接近也给予俄罗斯进入东北亚能源市场的直接准入，避免了欧洲市场的能源过境问题。显然，通过改变地理优先对象、利用对多元化出口市场的直接准入，俄罗斯扩大对东北亚国家的能源合作不仅将有助于降低因过度依赖欧洲市场而引发的负外部性，② 而且将获得对外能源关系的更大灵活性和合作性收益。③

三 东北亚能源市场的特殊性与俄罗斯能源东向战略的实施前景

东北亚能源市场由该地区唯一的能源出口国俄罗斯和世界主要能源进口国中日韩组成。由于高度依赖外部能源供给，中日韩均将俄罗斯作为实现本国能源进口多元化的重要来源。俄罗斯油气供给不仅具有距离近、安全和灵活的优势，而且对于提升中日韩对其他油气供给国的议价地位具有积极作用。显然，俄罗斯能源东向战略与中日韩保障自身能源安全的诉求之间具有较强的利益契合点。

然而，与欧盟不同，东北亚目前尚未建立真正有效的地区能源合作机制。就东北亚多边能源合作而言，1997年，中日韩俄蒙五国联合发起东北亚天然气和管道论坛（NAGPF）。该论坛目前是促进东北亚地区天然气利用和管网建设的非营利组织。④ 2005年，韩朝俄蒙四国在能源合作高官委员会会议上确定了东北亚能源合作的政府间合作机制（ICM-ECNEA）。然而，这一多边对话机制的缺陷是尚未涵盖全部东北亚国家。其中，日本至今仅是该机制的观察国。尽管建立多边能源合作机制有助于东北亚国家应对资源民族主义下俄罗斯对能源资源的战略性使用，⑤ 但东北亚国家对能

---

① Michael Bradshaw, "A New Energy Age in Pacific Russia: Lessons from the Sakhalin Oil and Gas Projects", *Eurasian Geography and Economics*, Vol. 51, No. 3, 2010, p. 333.

② Elena Shadrina, "Russia's Natural Gas Policy toward Northeast Asia: Rationales, Objectives and Institutions", *Energy Policy*, Vol. 74, 2014, p. 55.

③ [俄] C. 3. 日兹宁：《俄罗斯在东北亚地区的对外能源合作》，《俄罗斯研究》2010年第3期，第73页。

④ 参见东北亚天然气和管道论坛网站（www.nagpf.info/index.htm）。

⑤ 徐斌、黄少卿：《从双边博弈到多边合作——中日俄石油管线争端的案例研究》，《世界经济与政治》2010年第3期，第154页。

源资源的政治和经济竞争使得中日韩对俄罗斯的能源合作不具有统一立场，而是寻求自行开展与俄罗斯的双边能源合作。① 在俄罗斯与东北亚国家的能源关系中，双边合作占据主导且机制化程度较低。② 这意味着俄罗斯具有对中日韩能源贸易谈判的更大可操作空间，并能通过战略性的保持与东北亚国家的双边能源合作提升自己在该地区的影响力。

然而，美国页岩气革命后东北亚能源市场的多元竞争与地缘政治特征越发凸显，这成为俄罗斯深化对东北亚能源关系的重要挑战。从市场层面看，美国从液化气进口国向出口国的角色转变将可能成为亚洲液化气定价和合约③的规则改变者。与非常规天然气发展相伴的液化气贸易增长使得缺乏流动性的地区性天然气市场变得更加灵活，④ 同时，北美和亚洲天然气的大幅价差意味着美国向亚洲出口天然气的潜力巨大。与此同时，由于中亚廉价天然气目前已在中国管道气进口格局中占据主导，它自然成为俄罗斯对中国发展天然气管道合作的主要竞争者。⑤ 显然，俄罗斯天然气出口价格的竞争力对于东北亚天然气管道建设和液化气项目具有直接影响。只有通过提供商业上有吸引力的合约，俄罗斯才能在全球液化气交易规模最大和管道气发展前景广阔的东北亚天然气市场上占据重要一席。

就地缘政治而言，考虑到东北亚现有地缘政治关系对能源市场结构演变的作用，俄罗斯对东北亚的能源出口多元化不可避免地受到朝鲜半岛局势和美日、美韩同盟关系的影响。俄韩目前发展能源关系的唯一重要障碍是韩国的地理位置，这导致朝鲜的参与成为不可或缺的因素。随着2008

---

① Keun-Wook Paik, *Sino-Russian Oil and Gas Cooperation—The Reality and Implications*, Oxford: The Oxford Institute for Energy Studies, 2012, p. 506.

② Elena Shadrina, "Russia's Foreign Energy Policy: Paradigm Shifts within the Geographical Context of Europe, Central Eurasia and Northeast Asia", *The Norwegian Institute for Defence Studies and IFS Insights*, November 2010, p. 4.

③ 北美、欧洲和亚洲是世界三大天然气市场，彼此价格互不关联。北美天然气价格由市场竞争决定，欧洲市场是净回值定价和油气挂钩两者兼有，亚洲市场的液化气进口价格与日本进口原油综合价格（JCC）挂钩。

④ Elena Kropatcheva, "He Who Has the Pipeline Calls the Tune? Russia's Energy Power against the Background of the Shale 'Revolutions'", *Energy Policy*, Vol. 66, 2014, p. 4.

⑤ 目前，东北方向的中俄油气管道、西北方向的中哈油气管道和中亚天然气管道、西南方向的中缅油气管道以及海上液化气管道共同构成中国的能源进口格局。2016年，中国进口的管道气和液化气总量分别为336亿立方米和262亿立方米，其管道气进口来源是土库曼斯坦（82.66%）、缅甸（11.69%）、乌兹别克斯坦（4.59%）和哈萨克斯坦（1.06%）。（BP, *BP Statistical Review of World Energy 2016*, 2016, p. 28.）

年李明博出任总统后朝韩关系开始恶化并陷入困境,韩国天然气公司对与朝鲜开展能源合作不再寄予希望,转向积极研究对跨朝鲜半岛天然气管道的替代方案。显然,朝鲜半岛安全困境是导致俄韩油气合作迟滞的主要原因。俄日领土争端悬而未决使得双边能源合作受到限制。同时,由于美国有目的地阻止俄罗斯通过能源贸易加强日本对其能源依赖,美日同盟关系使得俄日两国发展管道气项目的可能性微乎其微。页岩革命后美国分别取代沙特和俄罗斯成为全球最大石油和天然气生产国。为巩固和强化美日、美韩的盟友关系,美国通过签署液化气供应协议在对日、韩的传统安全贸易同盟关系中增加了能源安全板块。[①] 显然,美国因素的掣肘必将导致东北亚能源市场的利益博弈更趋复杂化。[②]

毋庸置疑,随着常规和非常规天然气供给国之间的全球竞争加剧以及欧洲天然气供给来源的多元化,俄罗斯在欧洲能源市场上的权力和地位正在减弱。页岩气革命和乌克兰危机后,东北亚成为俄罗斯油气管道政治权力的唯一增量。以能源为纽带加强与东北亚能源进口国的合作,无疑是俄罗斯走出欧洲地缘政治困境的重要出路。

尽管从地理位置和能源供应多元化角度看,俄罗斯油气供给对中日韩具有较强的吸引力。但对于能源需求不断增长的东北亚而言,俄罗斯目前仅扮演着该地区能源供给国的平衡角色。[③] 东西伯利亚—太平洋输油管道的开通使得俄罗斯正在稳步成为中日韩对中东石油的进口替代来源。但俄罗斯目前与中日韩的天然气合作水平与其作为世界最大天然气出口国以及东北亚天然气消费市场规模极不相称。

页岩气革命后,资源生产国之间、常规与非常规天然气生产国之间对市场份额和定价权的争夺无疑将增强东北亚天然气市场的进口多元化趋势,并引发亚洲天然气市场定价机制的深刻变革。考虑到世界能源市场正在经历从卖方市场向买方市场的转变,俄罗斯对东北亚能源合作的需求程

[①] 2012年和2013年,美国分别与韩国和日本签署了液化气出口协议。2014年,美国能源部宣布批准液化气对日本的出口计划。美国预计将从2017年起每年向日本供应1200万吨液化气、向韩国供应570万吨液化气。(白桦等:《美国 LNG 出口前景分析》,《天然气技术与经济》2014年第6期,第56页。)

[②] 富景筠:《东北亚天然气格局的演变逻辑——市场结构与权力结构的分析》,《东北亚论坛》2015年第4期,第67页。

[③] Vladimir I. Ivanov, "Russia and Regional Energy Links in Northeast Asia", The James A. Baker III Institute for Public Policy of Rice University, 2004, p.56.

度将越来越大于后者对前者的进口依赖。显然，作为能源生产国和出口国，俄罗斯的能源权力已不能仅仅局限于凭借掌控能源资源和运输管道对其伙伴国施加政治影响，而应具有应对市场冲击和地缘政治挑战的技术和理念能力。[①] 这自然需要俄罗斯从资源民族主义转向实施更加开放包容的能源政策。而俄罗斯这一能源政策的范式转变亦将实质性地推进其与东北亚能源关系的提升与深化。

第三节　东北亚天然气格局的演变逻辑

东北亚是世界上经济发展和能源需求增长最快，同时也是地缘政治形势最为复杂的地区之一。由于全球能源体系变革及欧洲地缘政治危机的双重影响，东北亚天然气格局正处于关键的调整期。具体而言，页岩气革命和乌克兰危机对俄罗斯在欧洲天然气市场上的传统垄断地位造成了严重冲击。为了应对美国非常规天然气的挑战及欧盟的能源供给多元化趋势，俄罗斯将进一步加快向亚洲，尤其是东北亚市场出口天然气。同时，随着页岩气革命后全球天然气生产重心的西移和消费重心的东移，东北亚无疑也将成为美国未来天然气出口的重要目标市场。由此，俄罗斯对东北亚天然气市场的战略转向、未来美国能源角色转变后天然气出口的巨大潜力将使得东北亚地缘政治博弈变得更加复杂。

实际上，与具有高度流动性的石油相比，天然气的地缘政治不确定性更为强烈。一国为获得能源贸易收益进行合作性博弈的同时，也可能为保证自身权力和安全与伙伴国展开竞争性零和博弈。由此，天然气贸易也相应地从经济关系升级为地缘政治关系，即产生与天然气贸易相关的"天然气地缘政治效应"。[②] 从相当意义上讲，一国在地区能源关系中的权力取决于其在能源市场上的地位，尤其是市场层面的非对称相互依赖加深了政治格局中结构性权力的作用。因此，考察东北亚天然气格局演变时，本节将把外部冲击因素纳入对市场结构与权力结构的互动分析之中；探讨外部冲击下东北亚天然气市场结构的变化及原因，并分析这种市场因素的地缘政

[①] Elena Kropatcheva, "He Who Has the Pipeline Calls the Tune? Russia's Energy Power against the Background of the Shale 'Revolutions'", *Energy Policy*, Vol. 66, 2014, p. 8.

[②] ［英］戴维·维克托、埃米·贾菲、马克·海斯：《天然气地缘政治——从1970到2040》，王震、王鸿雁等译，石油工业出版社2010年版，第5页。

治效应以及现有地缘政治关系对天然气市场结构演变的重要影响。

一 东北亚天然气市场结构的变化及原因

素有"绿色能源"之称的天然气在世界能源中的地位迅速提升。2000—2013 年,全球天然气消费量增加了 28%。① 2013 年,天然气占世界一次能源消费的比重达到 23.7%。② 在东北亚国家中,中国、日本和韩国是最主要的天然气消费国和进口国。从天然气消费总量上看,2000—2013 年,中国天然气消费总量从 245 亿立方米增至 1616 亿立方米,年均增长率达 15%。同期,日本天然气消费总量从 723 亿立方米增至 1169 亿立方米,年均增长率仅为 4%。韩国天然气消费总量从 189 亿立方米增至 525 亿立方米,年均增长率为 8.7%。在能源消费结构方面,天然气在中国一次能源消费中的比重最低,仅从 2000 年的 3% 增至 2013 年的 5.1%。天然气在一次能源消费中占比最高的是日本,从 2000 年的 13.4% 升至 2013 年的 22.2%。同期,韩国天然气占比从 9.8% 升至 17.4%。(见图 5-4)

就天然气进口而言,日本和韩国的天然气消费全部依赖进口,而中国的天然气对外依存度也不断提升。③ 2000—2013 年,中日韩三国液化气进口总量占全球液化气总进口的份额在 60% 左右。具体来看,中国从 2006 年开始进口液化气,其进口量从 2006 年的 10 亿立方米增至 2013 年的 245 亿立方米。相应地,中国在东北亚液化气总进口中的比重不断增长并于 2013 年达到 12.4%。日本液化气进口量和在东北亚液化气总进口中的占比均居首位。2000—2013 年,该国液化气进口从 724.6 亿立方米增至 1190 亿立方米。但由于中国进口增加,日本液化气占比从 2006 年后开始下降并于 2013 年降至 60%。韩国液化气进口从 2000 年的 196.8 亿立方米增至 2013 年的 542 亿立方米,其在东北亚液化气总进口中的比重基本保持在 27% 的水平上。(见图 5-5)

随着进口来源多元化趋势增强,中日韩三国的天然气进口集中度不断下降。就中国而言,2006 年,澳大利亚是中国唯一的天然气进口来源国。随着 2007 年后开始从尼日利亚、俄罗斯、马来西亚和印度尼西亚等国进

---

① BP, *BP Statistical Review of World Energy 2014*, 2014, p. 23.
② BP, *BP Statistical Review of World Energy 2014*, 2014, p. 3.
③ 2006 年以前,中国一直实现天然气完全自给。2006—2017 年,中国天然气的对外依存度从 2% 升至 39%。

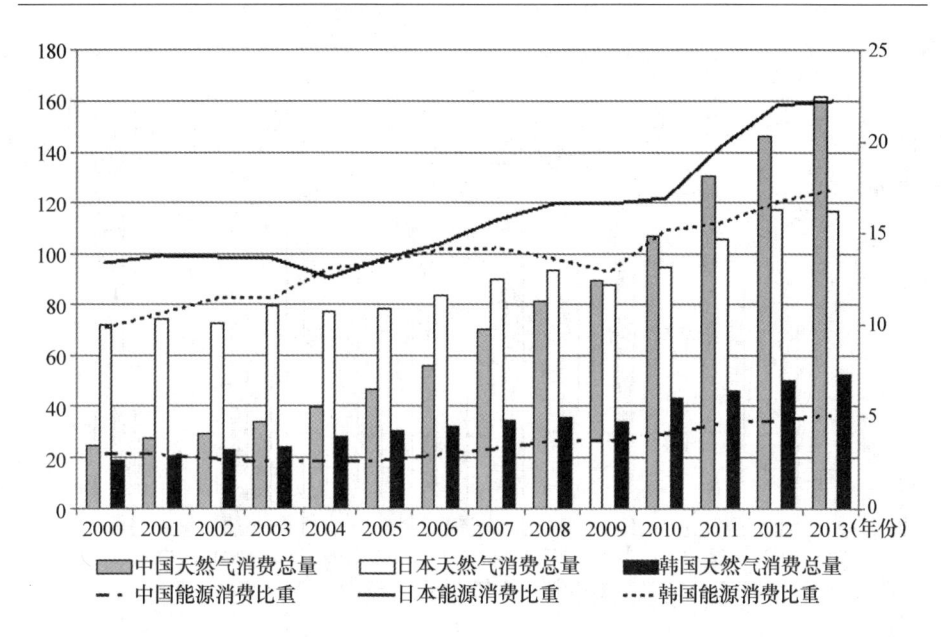

图5-4 中日韩天然气消费总量及天然气在一次能源消费中的比重（2000—2013年）

注：左坐标轴表示中日韩天然气消费总量（单位：10亿立方米）；右坐标轴表示中日韩天然气在一次能源消费中的比重（单位：%）。

资料来源：笔者根据 BP Statistical Review of World Energy（2001-2014）统计数据计算而成。

口液化气，中国天然气的进口集中度从2006年的100%降至2009年的83.25%。2010年，中国开始从哈萨克斯坦和土库曼斯坦等中亚国家进口管道气，天然气进口集中度进一步降至68.57%。由于卡塔尔近年来成为中国最大的液化气进口国，2012年和2013年，中国天然气进口集中度分别升至80%和74%。

日本天然气进口完全采用液化气形式，其天然气进口集中度相对较低。2000—2010年，印度尼西亚、马来西亚、澳大利亚是日本前三大天然气进口来源国。由于卡塔尔、阿曼和阿联酋等波斯湾国家及俄罗斯对日本的天然气出口增加，日本天然气进口集中度从2000年的67.41%降至2010年的49.59%。2011年后，卡塔尔取代印度尼西亚，与澳大利亚和马来西亚成为日本天然气进口的三大来源国。对卡塔尔天然气的进口依赖增加使得日本天然气进口集中度从2011年的51.56%升至2013年的55.88%。

与日本相同，韩国的天然气贸易也完全是液化气形式。波斯湾的卡塔尔和阿曼、东南亚的印度尼西亚和马来西亚一直是韩国主要天然气进口来

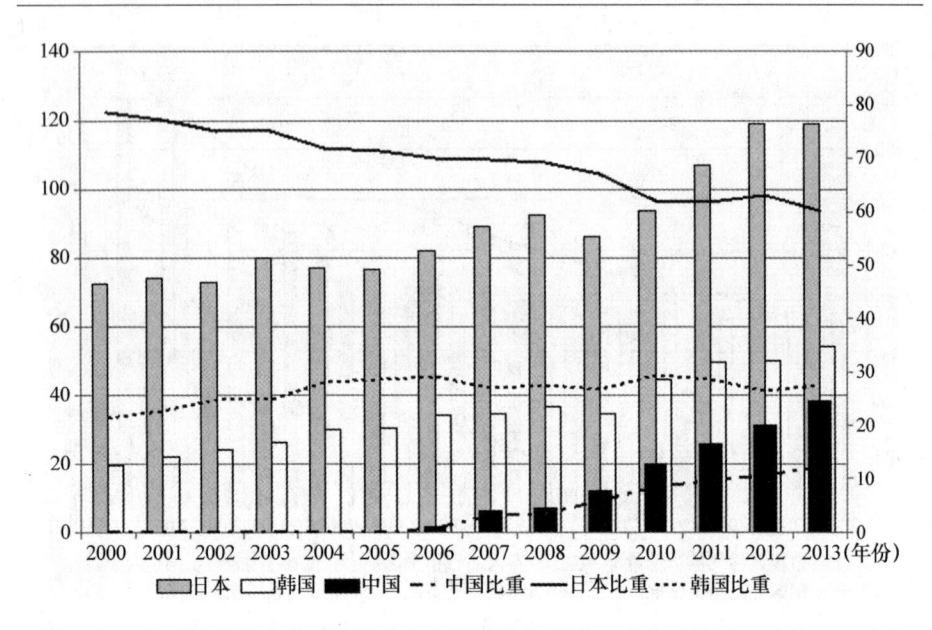

图 5-5　中日韩液化气进口量及在东北亚液化气总进口中的比重（2000—2013 年）

注：左坐标轴表示中日韩液化气进口量（单位：10 亿立方米）；右坐标轴表示中日韩液化气进口在东北亚液化气总进口中的比重（单位：%）。

资料来源：笔者根据 BP Statistical Review of World Energy（2001-2014）统计数据计算而成。

源国。由于尼日利亚和俄罗斯对韩国的天然气出口增加，韩国天然气进口集中度从 2000 年的 81.55% 降至 2010 年的 53.94%。但随着 2011 年后对卡塔尔天然气进口依赖的增强，韩国天然气进口集中度出现小幅增长，从 2011 年的 53.94% 增至 2013 年的 58.86%。（见图 5-6）

　　俄罗斯是东北亚国家中唯一的天然气出口国，并从 2009 年开始向东北亚出口液化气。在东北亚国家中，日本与俄罗斯的液化气贸易最为密切。无论就进口绝对量还是在本国天然气总进口中的占比来说，日本均居首位。2009—2013 年，日本从俄罗斯进口的液化气从 36.9 亿立方米升至 116 亿立方米，相应地，俄罗斯天然气在日本天然气总进口中的比重从 4.3% 增至 9.75%。同期，韩国从俄罗斯进口的液化气从 13.5 亿立方米增至 25 亿立方米，但俄罗斯天然气占韩国天然气总进口的比重仅从 1.35% 增至 2.5%。相对来说，中国从俄罗斯进口的液化气最少，仅从 2009 年的 2.5 亿立方米增至 2012 年的 5.2 亿立方米。而俄罗斯天然气在中国液化气总进口中的比重则从 3.28% 降至 2.59%。（见图 5-7）

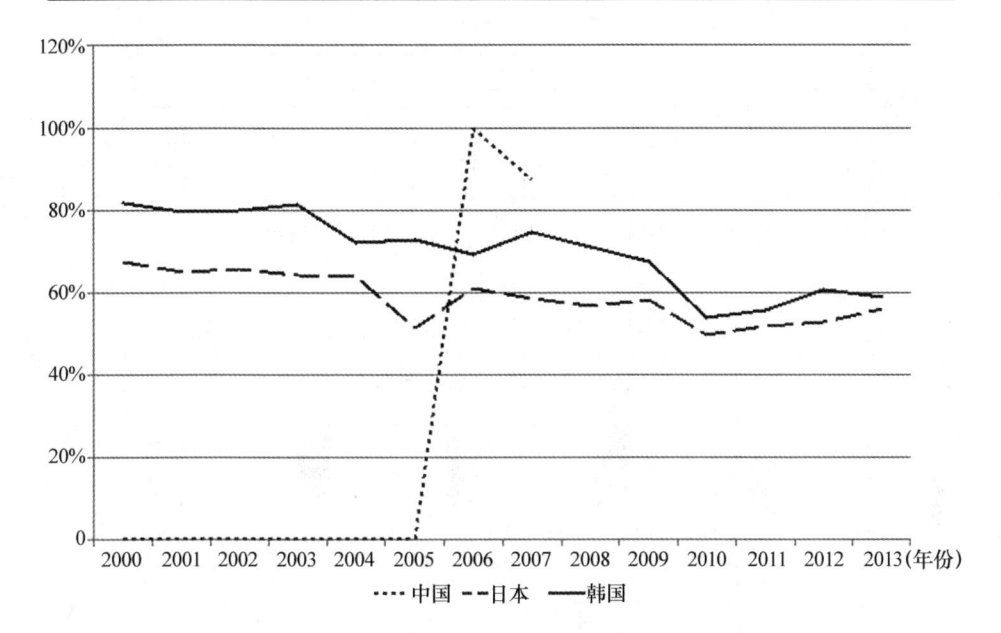

图 5-6　中日韩天然气进口集中度（以 CR3 测量）（2000—2013 年）

注：CR3 进口集中度，即该国前三国进口量占该国总进口量比率。

CR3（中国）：2006 年澳大利亚是中国唯一的天然气进口国；2007 年澳大利亚和尼日利亚是中国两个天然气进口国；2008 年为澳大利亚、尼日利亚和埃及；2009—2010 年为澳大利亚、马来西亚和印度尼西亚；2011 年和 2013 年为土库曼斯坦、澳大利亚和卡塔尔；2012 年为哈萨克斯坦、卡塔尔和澳大利亚。

CR3（日本）：2000—2010 年为印度尼西亚、马来西亚和澳大利亚；2011—2013 年为澳大利亚、卡塔尔和马来西亚。

CR3（韩国）：2000—2005 年、2010 年、2011 年和 2013 年为印度尼西亚、卡塔尔和马来西亚；2006—2009 年、2012 年为卡塔尔、马来西亚和阿曼。

资料来源：笔者根据 BP Statistical Review of World Energy（2001-2014）统计数据计算而成。

通过对东北亚主要国家天然气消费和贸易状况的中长期考察，我们发现，东北亚天然气市场结构出现了以下三个重要变化。一是由于中国从 2009 年开始进口管道气，东北亚天然气市场从完全的液化气贸易变为管道气与液化气并存的供求格局。二是随着 2009 年后俄罗斯向东北亚国家出口液化气，东北亚区域内的天然气贸易水平不断增强，这实质性地改变了东北亚国家天然气贸易完全依赖区域外进口的状况。三是尽管中国、日本和韩国的进口集中度总体呈下降趋势，但由于近年来对卡塔尔液化气进口依赖的大幅增长，三国天然气进口集中度均出现小幅上扬。

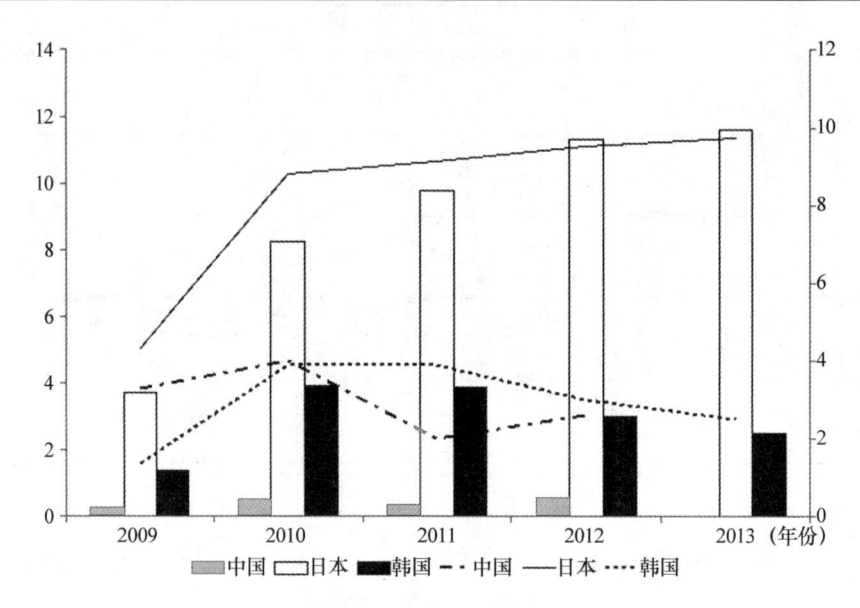

图 5-7　中日韩从俄罗斯进口液化气的状况（2009—2013 年）

注：左坐标轴表示中日韩进口俄罗斯的液化气量（单位：10 亿立方米）；右坐标轴表示俄罗斯天然气在中日韩液化气总进口中的比重（单位：%）。

资料来源：笔者根据 BP Statistical Review of World Energy（2001 - 2014）统计数据计算而成。

究其原因，首先，东北亚天然气市场管道气与液化气并存格局的形成与中国天然气需求的增长及进口布局密切相关。中国在 2006 年前一直实现天然气完全自给。此后，自给率不断下降、进口依赖迅速上升。2006—2017 年，中国天然气的对外依存度从 2% 升至 39%。为了实现天然气进口来源和进口形式的多元化，中国与周边天然气资源丰富的国家共同推进了管道气合作项目。一是中国与土库曼斯坦、乌兹别克斯坦和哈萨克斯坦等中亚国家的天然气管道项目。[①] 二是中国与缅甸的天然气管道项目。[②] 由此，中国已初步形成由东北中俄油气管道、西北中哈油气管道和中亚天然气管道、西南中缅油气管道、海上液化气管道构成的四大油气通道的能源进口布局。

[①] 中国—中亚天然气管道西起土库曼斯坦和乌兹别克斯坦边境的格达伊姆，经乌兹别克斯坦和哈萨克斯坦从霍尔果斯进入中国。土库曼斯坦是该管道项目的主要气源国。自 2009 年投产至 2014 年 11 月，中国—中亚天然气管道累计输气突破 1000 亿立方米。

[②] 2009 年，中国与缅甸签署了《中缅原油管道权利与义务协议》。中缅油气管道境外与境内段分别于 2010 年 6 月和 9 月正式开工建设。2013 年 5 月，中国第四条能源进口战略通道中缅油气管道全线贯通。海上进口原油和缅甸天然气资源将绕过马六甲海峡运送至中国。

其次,俄罗斯对东北亚天然气市场的出口转向具有明显的危机驱动性。2008年国际金融危机前,俄罗斯的天然气贸易几乎完全集中在欧洲大陆。金融危机后,欧洲天然气市场需求开始萎缩。同时,为了降低对俄罗斯天然气的进口依赖,欧盟推行能源进口来源多元化趋势明显。此外,由于页岩气革命对美国"能源独立"的重要贡献[1],自2009年起,美国超过俄罗斯成为世界最大的天然气生产国。美国向"能源独立"目标的迈进使得俄罗斯向美国市场出口天然气计划彻底破灭。与此同时,美国在非常规天然气生产上的突破将对俄罗斯作为传统欧洲市场上的供给者角色构成严峻挑战。[2] 为了应对欧洲对俄罗斯天然气需求的下降趋势和美国未来天然气出口的竞争,俄罗斯开始积极抢占具有巨大需求潜力的东北亚天然气市场。

最后,由于美国页岩气革命后全球天然气供给的再平衡,卡塔尔近年来成为东北亚最大的液化气进口国。具体来看,美国本土页岩气产量的增加使其天然气进口需求大幅降低。原本运往美国市场的液化气不得不重新进行市场定位,东北亚国家因此获得了来自波斯湾和北非国家更多的液化气。特别是作为世界最大液化气出口国的卡塔尔在中日韩液化气进口中的比重迅速提升,这直接导致三国天然气进口集中度增加。显然,页岩气革命后美国在全球天然气市场上角色的转变,引发了东北亚天然气市场上供给结构的变化。

二 东北亚天然气市场结构与权力结构的互动分析

页岩气革命和乌克兰危机后俄罗斯能源出口战略的东向调整,使得东北亚天然气的市场供给出现了新变量。同时,美国未来在全球天然气市场上能源角色的转变,意味着它可能会成为东北亚天然气市场的潜在供给国。考虑到东北亚现有地缘政治关系对地区天然气市场演变的影响,俄罗斯和美国参与东北亚天然气市场的利益博弈,无疑将使该地区的地缘政治形势变得更加复杂。由此,探讨外部冲击下市场结构与地缘政治权力结构的互动关系对于分析东北亚天然气格局的演变具有深远意义。

---

[1] 页岩气在美国国内天然气生产总量中的比重从2000年的不足1%升至2010年的超过20%。根据美国能源信息署预测,2035年,这一比重将达到46%。(Paul Stevens, "The 'Shale Gas Revolution': Developments and Changes", *Chatham House Briefing Paper*, EERG BP 2012/04, 2012, p. 2.)

[2] Elena Shadrina, "Russia's Natural Gas Policy toward Northeast Asia: Rationales, Objectives and Institutions", *Energy Policy*, Vol. 74, 2014, p. 54.

(一) 俄罗斯向东北亚出口天然气的地缘政治效应

以页岩气为代表的非常规天然气发展正在影响着欧洲天然气供给格局的演变。乌克兰危机后，欧盟降低对俄能源依赖的政治意愿成为促使欧洲天然气需求格局转变的强烈动机。① 在页岩气革命和乌克兰危机的双重冲击下，俄罗斯保证自身能源安全的重要出路是通过推进能源东向战略实现天然气出口市场的地缘最优平衡。根据俄罗斯能源部 2014 年初公布的《俄罗斯 2035 年前能源战略草案》，俄罗斯天然气总出口将从 2010 年的 2230 亿立方米增至 2035 年的 3600 亿立方米，其中，东向（出口中国、日本、韩国、印度等）份额在俄天然气总出口的比重将从 6% 增至 32.5%。②

俄罗斯对东北亚天然气出口采用管道气和液化气同时推进的方式。东西伯利亚的克拉斯诺雅尔斯克、伊尔库茨克天然气田和远东地区的萨哈（雅库特）、萨哈林天然气田将成为向东北亚出口的主要气源。就液化气而言，萨哈林 2 号项目和亚马尔项目是俄罗斯目前在东北亚实施的天然气项目，中国、日本和韩国是最主要的目标市场。在管道气方面，俄罗斯对东北亚的天然气出口将主要依靠雅库特恰扬金斯基—哈巴罗夫斯克的东西管线和阿尔泰管线。③ 东线管道将萨哈（雅库特）天然气经俄远东地区输送到中国东北，而西线管道将西西伯利亚天然气经阿尔泰共和国输入中国新疆并与西气东输管道相连，这无疑打开了从世界最大天然气区亚马尔—涅涅茨自治区向中国出口天然气的通道。随着 2014 年 5 月《中俄东线供气购销合同》的签署，历时 20 年的中俄天然气"马拉松谈判"最终取得实质性突破。④ 11 月，中俄再次签署《西线天然气供气协议》。⑤ 考虑到中俄

---

① 乌克兰危机后，虽然欧盟短期内无法改变对俄罗斯天然气进口的刚性依赖，但通过能源进口市场多元化相对降低对俄罗斯的能源依赖已成为一种趋势。（富景筠：《"页岩气革命"、"乌克兰危机"与俄欧能源关系——对天然气市场结构与权力结构的动态分析》，《欧洲研究》2014 年第 6 期，第 82—83 页。）

② Министерство Энергетики РФ, *Энергетическая Стратегия России на Период до 2035 года*, 2014, p. 116.

③ Rafael Fernandez and Enrique Palazuelos, "The Future of Russian Gas Exports to East Asia: Feasibility and Market Implications", *Futures*, Vol. 43, Issue 10, 2011, p. 1074.

④ 根据《中俄东线供气购销合同》，俄方从 2018 年起向中国供气，最终达到每年 380 亿立方米，合同期为 30 年。东线方案从东西伯利亚、远东和萨哈林向中国出口天然气。它将天然气从萨哈共和国运至太平洋口岸，在此汇入来自萨哈林的天然气，经符拉迪沃斯托克输往中国。

⑤ 该协议规定了未来俄罗斯通过中俄西线天然气管道向中国供气的基本技术经济条款，供气规模为每年 300 亿立方米，供气期限为 30 年。

东西线管道的供气规模,两条管线开通后中国将超过德国成为俄罗斯最大的天然气买家。

作为世界最大的常规天然气生产国和出口国,俄罗斯扩大东向天然气出口将改变东北亚天然气市场的供给结构并产生不容忽视的地缘政治效应。首先,俄罗斯的天然气出口将加速东北亚天然气供求格局从以液化气贸易为主转变为液化气与管道气并重,随之而来的是东北亚与管道运输和过境相关的地缘政治博弈将可能加剧。具体来看,蒙古国一直希望成为中俄天然气管道的过境国,并提出了经该国铺设管道具有安全、距离短和途经地为草原等优势的"草原路线"倡议。俄罗斯和韩国力推跨朝鲜半岛天然气管道项目,而韩国的地理位置决定了俄韩管道气合作无法绕开朝鲜,这意味着朝鲜可能成为东北亚天然气市场的潜在过境国。随着中俄积极推进西线天然气管道合作项目,俄罗斯与印度的天然气管道项目也被提上日程。由于该管线将跨越中国新疆,中国将可能成为连接东北亚与南亚的管道过境国。由此,管道气垂直贸易链条下生产国、消费国与过境国之间的利益博弈将成为未来东北亚天然气地缘政治的焦点问题之一。

其次,随着俄罗斯未来对东北亚天然气市场的深度融入,管道气合约的特殊性将有利于俄罗斯成为整合被分割的东北亚天然气市场的地区内纽带。[1] 这自然会令俄罗斯在领导新的能源联盟时掌握一种选择权,而这一联盟将提升俄罗斯在东北亚天然气市场上的地位和权力。[2] 具体而言,随着对跨朝鲜半岛天然气管道项目的积极推进,俄罗斯实际上已取得了朝、韩两国中间协调人的优势地位。而纵贯朝鲜半岛天然气管道一旦建成并运行,俄罗斯无疑将因掌控"能源"这一朝鲜半岛生命线而提升自己在朝鲜半岛力量结构中的影响力。[3] 此外,蒙古国和哈萨克斯坦围绕中俄西线天然气管道的过境运输权展开争夺,而俄罗斯在决定管线的未来走向上无疑具有关键性作用。显然,作为未来东北亚天然气市场上举足轻重的供给国

---

[1] Elena Shadrina, "Russia's Natural Gas Policy toward Northeast Asia: Rationales, Objectives and Institutions", *Energy Policy*, Vol. 74, 2014, p. 65.

[2] Rafael Fernandez and Enrique Palazuelos, "The Future of Russian Gas Exports to East Asia: Feasibility and Market Implications", *Futures*, Vol. 43, Issue 10, 2011, pp. 1069, 1072.

[3] 2011年11月,俄韩两国达成关于从符拉迪沃斯托克经朝鲜到韩国的管道天然气项目路线图。双方计划从2013年9月开始进行天然气管道建设,并从2017年1月开始供应天然气。(Youn Seek Lee, "The Gas Pipeline Connecting South Korea, North Korea, and Russia: Effects, Points of Contention, and Tasks", KINU Policy Study 11 - 05, 2011, p. 1.)

和能源枢纽，俄罗斯对东北亚地缘政治的影响力将有所增强。

最后，页岩气革命和乌克兰危机后俄罗斯对东北亚的能源外交战略从以前在中日之间摇摆转向与中国建立"战略能源联盟"。长期以来，日本一直与中国为争夺俄罗斯远东油气资源展开激烈竞争。凭借资金、技术及市场规模优势，日本在俄罗斯的能源东向战略中占据了重要地位。在推进出口市场多元化过程中，俄罗斯通过在中日两国之间寻求战略平衡谋求出口利益最大化。然而，乌克兰危机后日本追随美国和欧盟对俄罗斯采取经济制裁，这导致曾经发展迅速的日俄天然气合作陷入困境。与此相对，由于天然气自给率有限、供求缺口增大，中国成为俄罗斯签署天然气出口协议的重要伙伴国。而中俄天然气贸易水平提升、能源相互依赖增强将使得双方经济利益与地缘政治利益更加紧密地捆绑在一起。

（二）美国作为东北亚天然气地缘政治博弈的新变量

美国页岩气产量的爆发式增长大大提高了其能源自给率。2017年，美国在全球天然气市场上的角色从净进口国转变成净出口国。美国天然气市场处于供过于求和高库存状态，这使得北美发展液化气的空间已经缩小，由此迫使一些液化气出口商将目标转向国外市场。根据美国能源部预测，如果用于进口液化气的再气化设施被成功改造成液化气出口终端，至2020年，美国将成为仅次于卡塔尔和澳大利亚的全球第三大液化气出口国。①

取代俄罗斯成为全球最大的天然气生产国，自然会增加美国能源博弈的筹码，提升其对天然气市场及全球能源格局的影响力。就东北亚天然气地缘政治版图而言，首先，页岩气革命将加快全球天然气生产重心西移、消费重心东移的趋势，② 而亚洲天然气市场"溢价"格局下的东北亚将成为未来美国天然气出口的重要目标市场。由此，以美洲取代中东为内容的世界新油气生产中心的更迭式转变，意味着美国未来的能源利益将从争夺

---

① Seksun Moryadee, Steven A. Gabriel, and Hakob G. Avetisyan, "Investigating the Potential Effects of U. S. LNG Exports on Global Natural Gas Markets", *Energy Strategy Reviews*, Vol. 2, Issues 3–4, 2014, p. 273.

② 由于美国页岩气和加拿大油砂的迅速发展，至2020年，世界油气中心预计将转移至西半球。美国、巴西、加拿大和委内瑞拉等国将成为世界最重要的能源生产国和出口国。（Amy Myers Jaffe, "The Americas, Not the Middle East, Will Be the World Capital of Energy", *Foreign Policy*, September/October 2011, p. 86.）

资源转向争夺市场。随着美国"能源独立"助推其"重返亚太"的进程,[①] 美国势必会寻求将能源市场与政治外交相结合的战略"支点"。

其次,以非常规天然气与常规天然气为代表的美国和俄罗斯在东北亚天然气市场上的利益博弈将会加剧。乌克兰危机后俄罗斯寻求通过向东北亚市场出口天然气来缓解其在欧洲传统能源市场上的压力。为了进一步挤压俄罗斯的外部市场空间,防止其在亚洲市场扩张能源主导权,美国对俄罗斯能源外交的遏制范围将从欧洲扩大到亚洲市场。具体而言,美国有目的地阻止俄罗斯通过能源贸易加强日本对其能源依赖。其结果是,尽管日本能通过在萨哈林岛开掘天然气获利,也对此保持兴趣,但是美日同盟关系使得俄日两国发展管道气项目的可能性微乎其微。与此同时,通过签署液化气供应协议,美国在对日、韩的传统安全贸易同盟关系中增加了能源安全板块,进而巩固和强化了美日、美韩的盟友关系。2012 年和 2013 年,美国分别与韩国和日本签署了液化气出口协议。显然,随着美国天然气出口潜力被转化为地缘政治优势,美国因素的掣肘将使得东北亚天然气市场的利益博弈更趋复杂化。

最后,美国页岩气革命提升了全球天然气市场化程度,而东北亚天然气市场的进口多元化趋势无疑为该地区天然气进口国增加自身议价能力、改变亚洲天然气市场的"溢价"局面提供了重要机遇。实际上,页岩气革命后全球天然气供给的再平衡已使原本运往美国的中东和北非液化气部分转向了东北亚市场。除美国和俄罗斯外,卡塔尔、加拿大、澳大利亚等天然气出口国也将东北亚作为自己的重要目标市场。资源生产国之间、常规与非常规天然气生产国之间对市场份额和定价权的争夺,将对与油价挂钩的天然气长期合约形成压力,[②] 进而引发亚洲天然气市场定价机制的变革。[③] 目前,日本正在稳步推进以美元计价的液化气期货目标。全球首个液化气期货交易将在东京工业品交易所推出,并由此确定液化气基准价格。然而,由于日本和韩国天然气消费完全依赖进口、中国天然气的对外

---

① 武正弯:《美国"能源独立"的地缘政治影响分析》,《国际论坛》2014 年第 4 期,第 10 页。

② 不同地区天然气市场的成熟程度和供求结构决定了差异性的地区定价方式。北美、欧洲和亚洲是世界三大天然气市场,彼此价格互不关联。北美天然气价格由市场竞争决定,欧洲市场是净回值定价和油气挂钩两者兼有,亚洲市场的液化气进口价格与日本进口原油综合价格(JCC)挂钩。

③ 具体包括加快亚洲市场天然气价格与油价脱钩,转而采用现货市场价或基于交易中心的枢纽定价机制。

依存度已逼近40%，基于对天然气供给安全的考虑，中日韩三国不可能单纯选择天然气现货交易方式。① 因此，未来一段时间内，东北亚天然气的长期合同定价方式与交易中心定价方式将同时存在且相互作用。

天然气具有经济和政治的双重属性，因此考察东北亚天然气格局的演变逻辑需要同时分析市场层面与地缘政治层面的影响变量，特别是市场与权力互动下的大国博弈。一方面，俄罗斯在页岩气革命和乌克兰危机的双重冲击下对东北亚天然气市场的战略转向、未来美国能源角色转变后天然气出口的巨大潜力，将使得东北亚地区的地缘政治博弈更趋复杂化。另一方面，考虑到东北亚现有地缘政治关系对天然气市场结构演变的作用，俄罗斯在东北亚的天然气出口多元化不可避免地会受到朝鲜半岛局势和美日、美韩同盟关系的影响。同时，为了阻止俄罗斯对日韩扩张能源主导权、牵制和围堵中国崛起，美国将借助天然气出口的杠杆作用加强对东北亚潜在天然气进口国的贸易谈判主导权。② 资源生产国之间、常规与非常规天然气生产国之间对市场份额和定价权的争夺，无疑将增强东北亚天然气市场的进口多元化趋势并引发亚洲天然气市场定价机制的深刻变革。

从某种意义上讲，东北亚天然气新格局下的中国能源安全取决于其在该地区天然气市场及地缘政治权力结构中的定位。由于天然气进口同时包括管道气和液化气，中国在东北亚天然气市场上兼具消费国和潜在过境国的双重角色。中国正在成为天然气消费大国，天然气对外依存度越来越高；③ 因此，需要与周边天然气生产国及消费国建立起相应的协调机制，进而有效参与和构建东北亚地区的天然气市场规则和能源治理机制。④ 特别是未来一段时间内，全球能源市场仍将明显供过于求⑤，这自然为东北

---

① Elena Shadrina, "Russia's Natural Gas Policy toward Northeast Asia: Rationales, Objectives and Institutions", *Energy Policy*, Vol. 74, 2014, p. 65.

② Nick Cunningham, "The Geopolitical Implications of U. S. Natural Gas Exports", American Security Project, March 2013, p. 2.

③ 中国的天然气需求将从2010年的980亿立方米增至2035年的5570亿立方米，其天然气自给率将在2035年降至54%。（Yuhji Matsuo, Akira Yanagisawa, and Yukari Yamashita, "A Global Energy Outlook to 2035 with Strategic Considerations for Asia and Middle East Energy Supply and Demand Interdependencies", *Energy Strategy Review*, Vol. 2, Issue 1, 2013, pp. 85 – 86.）

④ 徐斌：《市场失灵、机制设计与全球能源治理》，《世界经济与政治》2013年第11期，第78页。

⑤ 目前，世界能源市场上以沙特阿拉伯为首的传统产油国为捍卫市场份额与美国页岩油气展开了激烈的价格战。2014年底，美国打破了长达40年的原油出口禁令，批准了轻质原油出口申请。

第五章　俄罗斯与东北亚能源政治　　175

亚天然气进口国增加自身议价能力、改变亚洲天然气市场的"溢价"局面提供了重要机遇。中国有必要根据全球能源格局变化及自身能源安全特点，通过提供地区性和全球性公共产品，提升其在地区能源机制和全球能源治理体系中的话语权。

第四节　中俄天然气关系

与发展迅速的中俄石油贸易不同①，中俄天然气合作经历了长期停滞，未能达到两国地理接近和能源互补所需要的合作水平。2014 年，历时 20 年的中俄天然气谈判最终达成《中俄东线供气购销合同》。② 中俄天然气谈判取得实质性突破无疑将对未来亚洲乃至整个欧亚地区的能源格局产生重要影响。对于促使中俄天然气合作走出停滞、取得突破的原因，学界目前主要从以下三个视角展开分析。一是从市场层面强调全球天然气供求关系变化的影响。页岩气革命后美国在全球天然气市场上的角色发生转变，世界液化天然气供给国数量增多，但同时欧洲天然气需求却不断萎缩。因此，俄罗斯被迫重新审视一直以欧洲市场为主导的天然气出口战略。③ 二是从地缘政治视角分析，认为乌克兰危机后西方经济制裁对俄罗斯能源产业的融资和技术限制加速了其能源东向战略的实施，特别是增强了其对中国天然气合作的内在需求。④ 三是从中俄天然气合作博弈视角出发，探讨二者在全球天然气市场和地缘政治格局演变下的谈判力量对比、利益分歧与合作意愿如何影响到两国天然气谈判

---

① 自 2015 年起，俄罗斯取代沙特阿拉伯成为中国最大的石油进口国。2015 年和 2016 年，俄罗斯在中国石油总进口中的份额分别为 12.6% 和 13.7%。（BP, *BP Statistical Review of World Energy 2016*, 2016, p. 18; *BP Statistical Review of World Energy 2017*, 2017, p. 24.）

② 根据《中俄东线供气购销合同》，俄方从 2018 年起向中国供气，最终达到每年 380 亿立方米，合同期为 30 年。东线天然气管道的供气资源地是俄罗斯东西伯利亚伊尔库茨克州的科维克金气田和萨哈共和国的恰扬金气田。2017 年 7 月，俄气确定从 2019 年 12 月开始向中国供气。

③ Petr Ocelik and Jan Osicka, "The Framing of Unconventional Natural Gas Resources in the Foreign Energy Policy Discourse of the Russian Federation", *Energy Policy*, Vol. 72, 2014, p. 97.

④ Keun-Wook Paik, *Sino-Russian Gas and Oil Cooperation: Entering into a New Era of Strategic Partnership?* Oxford: The Oxford Institute for Energy Studies, 2015, pp. 1 – 52; James Henderson, *The Pricing Debate over Russian Gas Exports to China*, Oxford: The Oxford Institute for Energy Studies, 2011, pp. 1 – 55.

进程。①

实际上,俄罗斯油气出口战略的具体实施与该国油气部门工业结构的演变路径密不可分。苏联解体后,俄罗斯天然气部门与该国石油部门沿循了相反的发展路径。相对于较早完成私有化进程的石油部门而言,俄罗斯天然气部门在苏联解体后的私有化进程中受到的冲击较小,尤其是国家天然气管网的完整性未被削弱。同时,由于天然气对国内经济的重要补贴作用②,天然气部门因其战略意义成为俄罗斯经济中最受保护的产业。③ 20世纪90年代天然气部门的结构性改革,使得俄气在运输和出口领域乃至生产领域占据准垄断地位。④ 随着21世纪俄罗斯从"自由式"市场制度转向资源民族主义,⑤ 俄气对东西伯利亚和远东气田进行了大规模收购并从法律上确定了对管网运输和出口的垄断权。其结果是20世纪90年代以来,中石油与俄罗斯私有天然气企业和外国油气企业之间的合作协议不再有效。而俄气与中石油的天然气谈判则因天然气报价、管线走向和合作方式等分歧一度陷入僵局。近年来独立天然气企业和俄罗斯石油公司的迅速崛起对俄气在天然气生产和出口方面的传统垄断地位构成直接挑战。它们对天然气出口权的积极游说,客观上促使僵持已久的中俄天然气谈判进程和合作方式出现了新契机。

由此可见,对于探讨影响中俄天然气合作发展的深层原因而言,我们有必要关注全球天然气市场层面和地缘政治格局演变下俄罗斯天然气部门内部的利益集团博弈,特别是这些能源利益集团与克里姆林宫之间错综复杂的关系对俄罗斯国内天然气部门管制和出口政策的直接影响。而从利益集团博弈视角切入对中俄天然气关系演变的分析,亦将有助于判断和预测俄罗斯天然气市场自由化趋势及中俄天然气合作的发展前景,这对于推进

---

① 陈菁泉、云曙明:《中俄天然气合作博弈与发展趋势研究》,《俄罗斯中亚东欧研究》2011年第6期;郝宇彪、田春生:《中俄能源合作:进展、动因及影响》,《东北亚论坛》2014年第5期;张梦秋、王栋:《天然气合作背后的中俄关系模式探析》,《国际展望》2016年第6期。

② [美]塞恩·古斯塔夫森:《财富轮转:俄罗斯石油、经济和国家的重塑》,朱玉犇、王青译,石油工业出版社2014年版,第3页。

③ Yuli Grigoryev, "Today or not Today: Deregulation the Russian Gas Sector", *Energy Policy*, Vol. 35, 2007, p. 3037.

④ Catherine Locatelli, "The Russian Gas Industry: Challenges to the 'Gazprom Model'?", *Post-Communist Economies*, Vol. 26, No. 1, 2014, p. 53.

⑤ 富景筠:《俄罗斯能源政策的范式转变与东北亚能源关系》,《俄罗斯研究》2016年第6期,第188页。

目前丝绸之路经济带与欧亚经济联盟的战略对接,尤其是深化中俄油气领域的产能合作具有深远意义。

一 俄气垄断模式与俄罗斯对华天然气合作的重新洗牌

俄罗斯天然气行业沿袭了苏联时代受政府管辖的传统。俄气至今仍保持垂直一体化的高度集中模式。20世纪90年代,尽管俄气名义上仍归国家所有,但其实际控制权已落到前总理切尔诺梅尔金的门生列姆·维亚希列夫(Рем Вяхирев)及其亲戚手中。[①] 2000年普京上任后,俄罗斯政府通过改变能源产业的规制方向不断加强对战略性资源的产权控制。1993—2000年,俄气股份中的国有份额从38%增至50%以上,[②] 国家从"支配股东"变为"多数股东"。[③] 克里姆林宫逮捕传媒巨头弗拉基米尔·古辛斯基(Владимир Гусинский)后,维亚希列夫联合其他17位商界领袖写了抗议信,由此宣告其职业前途的结束。随着2001年强力集团成员阿列克谢·米勒(Алексей Миллер)替代叶利钦时代寡头集团成员维亚希列夫成为俄气董事会主席,新的政治权力完全控制了俄气。[④]

与国有石油公司不同,俄气是真正意义上的上下游一体化企业。作为国家垄断的天然气工业巨头[⑤],俄气占据天然气生产领域的准垄断地位并掌控国内全部的天然气管道以及整个天然气出口产业的输气权。[⑥] 俄气垄断模式的形成导致俄罗斯对华天然气合作的重新洗牌。从20世纪90年代

[①] 维亚希列夫的儿子尤里掌控俄气出口企业天然气出口公司,女儿塔蒂亚娜是俄气管道建造商斯特洛伊天然气运输公司的大股东,切尔诺梅尔金的两个儿子也是该公司股东。维亚希列夫的表弟维克托是俄气主钻承包商负责人。([美]塞恩·古斯塔夫森:《财富轮转:俄罗斯石油、经济和国家的重塑》,朱玉犇、王青译,石油工业出版社2014年版,第236页。)

[②] Elena Shadrina and Michael Bradshaw, "Russia's Energy Governance Transition and Implications for Enhanced Cooperation with China, Japan, and South Korea", *Post-Soviet Affairs*, Vol. 29, No. 6, 2013, p. 464.

[③] Christian von Hirschhausen and Hella Engerer, "Post-Soviet Gas Sector Restructuring in the CIS: A Political Economy Approach", *Energy Policy*, Vol. 26, No. 15, 1998, p. 7.

[④] 张昕:《国家资本主义、私有化与精英斗争——近期俄罗斯"国家—资本"关系的两重逻辑》,《俄罗斯研究》2012年第6期,第87页。

[⑤] 2016年,俄气储备占整个俄罗斯天然气储备的72%,占世界天然气储备的17%。(Газпром, Годовой Отчёт ПАО《Газпром》за 2016 год, 2017, p. 14.)

[⑥] Catherine Locatelli, "The Russian Gas Industry: Challenges to the 'Gazprom Model'?", *Post-Communist Economies*, Vol. 26, No. 1, 2014, p. 53.

末至21世纪初期的10年时间里,由于俄气并未控制通向中国天然气供给链的主要资产,中石油的谈判对象主要是当时在东西伯利亚进行天然气开采的俄罗斯私有油气企业和外国油气企业。[①] 就科维克金凝析气田的开采和管道运输而言,中石油早在1994年便与俄罗斯西丹科石油公司联合进行可行性研究。至1996年该研究完成时,此气田开采权被转至俄罗斯露西亚石油公司手中。1999年,中石油与俄罗斯露西亚石油公司签署了《关于共同起草向中国供应科维克金天然气的技术经济论证的协议》。由于韩国天然气公司加入,2000年,中石油、俄罗斯露西亚石油公司和韩国天然气公社三方签署了科维克金气田的天然气管道建设和供气协议。[②] 与此同时,2002年,中石油同萨哈石油天然气公司签署了开发恰扬达气田并铺设对华管道的可行性研究报告。2004年,中石油同埃克森美孚公司签署协议,计划对华供应萨哈林1号项目天然气并进行价格谈判。

在中石油与俄罗斯私有油气企业和外国油气企业展开天然气合作的同时,俄气一直在游说俄罗斯政府授权自己在东西伯利亚和远东地区建立天然气生产、运输和配送的联合系统,[③] 其目的是通过成立单一的统一亚洲市场天然气销售商获取天然气出口中国的独家谈判权。随着《俄罗斯联邦天然气出口法》的颁布以及随后俄气对东西伯利亚和远东气田的大规模收购,俄气成为实施俄罗斯国家东部天然气政策的协调者,并在对华天然气销售谈判中扮演着主导角色。

在天然气开采方面,2006年,通过收购萨哈林2号参与公司所持股份,俄气成为该项目最大股东并控制了该项目石油和液化气的生产和出口。[④] 俄气收购了萨哈林1号天然气,以补充萨哈林—哈巴罗夫斯克—符

---

① James Henderson, *The Pricing Debate over Russian Gas Exports to China*, Oxford: The Oxford Institute for Energy Studies, 2011, pp. 6 – 7.
② 该项目规划的科维克金气田天然气年产量为300亿—350亿立方米,对中国和韩国的出口量分别为200亿立方米和100亿立方米。
③ Jonathan Stern and Michael Bradshaw, "Russian and Central Asian Gas Supply for Asia", in Jonathan Stern, ed., *Natural Gas in Asia: The Challenges of Growth in China, India, Japan, and Korea*, The Oxford Institute of Energy Studies, 2008, p. 250.
④ 2006年12月,俄气与荷兰皇家壳牌公司、三井物产和三菱商事达成协议,以74.5亿美元购得萨哈林2号项目50%的股份。由此,荷兰皇家壳牌公司的股份从55%降至27.5%,三井物产和三菱商事的股份分别从25%和20%降至12.5%和10%。

拉迪沃斯托克（SKV）管道。① 2007 年《东部天然气规划》最终获批，意味着俄气在俄罗斯亚洲部分的天然气供应中正式享有优先权。2008 年和 2011 年，俄气分别获得恰扬达气田和科维克金气田及其开发许可。由此，俄气成为东西伯利亚天然气资产的主要开发者和科维克金凝析气田的新持有者，而科维克金凝析气田则是俄罗斯与中国乃至东北亚国家天然气合作的关键。② 这不仅为俄气对华东线供气落实了气源，而且强化了其作为东西伯利亚和远东地区天然气出口商的垄断地位。

在管道运输和天然气出口方面，俄罗斯政府通过法律和政府命令加强俄气作为国有天然气公司和管道运营商的垄断地位，特别是授予了该公司天然气出口垄断权。根据 2006 年 7 月通过的《俄罗斯联邦天然气出口法》，俄气是俄罗斯唯一授权的天然气运输和销售企业。俄罗斯生产的所有天然气都必须通过俄气的联合供气系统（UGSS）输送并销售，而其他企业在支付佣金的基础上通过俄气出口天然气（包括气态和液态天然气）。③ 这意味着俄气获得将东西伯利亚天然气输送到亚洲市场的垄断权。

由此，中石油被迫终止此前同非俄气企业签署的天然气供销协议，转向与俄气进行天然气谈判。中石油与俄气的天然气谈判主要涉及四大内容：一是俄罗斯上游的油气田产权和中国计划开采这些资源的技术；二是连接俄罗斯油气田至中国管道的产权与融资；三是天然气管道走向选择；四是天然气价格决定问题。④ 导致二者天然气谈判出现长期停滞的主要原因是天然气价格和管线走向分歧，及俄气拒绝中方对其天然气上游开采和运输进行投资。⑤

---

① ［瑞典］斯蒂芬·赫德兰：《危机中的俄罗斯：一个超级能源大国的终结》，《俄罗斯研究》2010 年第 2 期，第 47 页。

② 科维克金气田的开采许可证最初由俄罗斯露西亚石油公司持有，韩国韩宝集团是该公司最大股东（占 46.1% 股份）。1997 年韩宝集团破产后，其股份被转售给俄罗斯西丹科石油公司和英国石油公司。2003 年，由秋明石油公司和英国石油公司合资创建的秋明英国石油公司（TNK-BP）持有露西亚石油公司 62.89% 的股份。2007 年 6 月，在面临失去生产许可证的情况下，秋明英国石油公司被迫将科维克金气田公司的控股权转让给俄气。2010 年，俄气买下露西亚石油公司全部股份，从而将科维克金气田完全掌握在自己手中。

③ Se Hyun Ahn and Michael T. Jones, "Northeast Asia's Kovyka Conundrum: A Decade of Promise and Peril", *Asia Policy*, No. 5, 2008, pp. 131 - 132.

④ Morena Skalamera, "Sino-Russian Energy Relations Reversed: A New Little Brother", *Energy Strategy Reviews*, Vol. 13 - 14, 2016, p. 97.

⑤ Morena Skalamera, "Booming Synergies in Sino-Russian Natural Gas Partnership: 2014 as the Propitious Year", Harvard Kennedy School Belfer Center for Science and International Affairs, 2014, p. 5.

具体来看，天然气价格分歧主要表现在中俄天然气报价悬殊和天然气定价公式构成方面。俄罗斯一直希望在对华天然气销售上获得等同于甚至高于欧洲市场的天然气出口价格。[1] 21世纪初期，中国对俄罗斯的天然气进口报价是每千立方米100美元，而俄罗斯对欧洲的天然气出口价格则达到每千立方米120美元。2007年，中石油对俄气的报价升至每千立方米195美元。在2008年国际油价高达每桶140美元的情况下，俄罗斯对欧洲的天然气出口价格已攀升至每千立方米近500美元。中俄双方天然气预期价差达到历史峰值。2010年，俄气提出每千立方米300美元的价格，中石油则根据同期从中亚进口天然气的价格出价每千立方米200—210美元。[2] 2011年，俄气将报价提升至每千立方米350美元，中俄天然气报价差距保持在每千立方米65—100美元。在天然气定价方式方面，由于煤炭在国内能源市场上占据主要贡献者地位，中国最初坚持以煤炭价格为基准进行天然气价格谈判。此后，中国完全放弃了同煤炭挂钩的天然气价格计算方法，改为以液化气价格为基准的定价方式。俄罗斯则一直主张参照其对欧洲出口、与国际油价挂钩的天然气定价方式。[3]

就管线走向而言，根据俄气2007年的《东部天然气规划》，俄罗斯对中国的管道气出口将主要依靠萨哈（雅库特）恰扬金斯基—哈巴罗夫斯克的东西管道[4]和将西西伯利亚天然气经阿尔泰输入中国的西线管道。中俄在应给予哪条管道优先地位上持不同意见。俄罗斯力推阿尔泰管道的主要原因是，该管道不仅距离短、基础设施完备成熟，而且可以通过在欧洲和亚洲两大市场之间进行套利实现西西伯利亚资源销售的最优化。[5] 对中国

---

[1] James Henderson, *The Pricing Debate over Russian Gas Exports to China*, Oxford: The Oxford Institute for Energy Studies, 2011, p. 6.

[2] Erica S. Down, "Sino-Russian Energy Relations: An Uncertain Courtship", in James Bellacqua, ed., *The Future of China-Russia Relations*, Lexington: University Press of Kentucky, 2010, p. 156.

[3] James Henderson, *The Pricing Debate over Russian Gas Exports to China*, Oxford: The Oxford Institute for Energy Studies, 2011, p. 10.

[4] 2012年10月，俄罗斯开始建设从恰扬金气田通往哈巴罗夫斯克和符拉迪沃斯托克的天然气管道。该管道连接萨哈（雅库特）新气田后并入萨哈林—哈巴罗夫斯克—符拉迪沃斯托克管道。这一天然气版本的东西伯利亚—太平洋输气管道被重新命名为"西伯利亚力量"。（Masumi Motomura, "Japan's Need for Russian Oil and Gas: A Shift in Energy Flows to the Far East", *Energy Policy*, Vol. 74, 2014, p. 73.）

[5] James Henderson, *The Commercial and Political Logic for the Altai Pipeline*, Oxford: The Oxford Institute for Energy Studies, 2014, p. 5.

而言,西气东输管线和中亚管道气进口使得西线天然气供给变得不再紧迫,而且中亚的权益天然气在未来西气东输的建设中将被优先考虑作为供给来源。因此,中国更倾向于率先启动东线天然气管道建设,它有助于解决中国东北老工业区的天然气短缺和企业需求问题。

就合作方式而言,中国对外天然气合作的目标是通过增加气田和管道项目权益形成完整的产业价值链。中俄石油合作自2009年起通过250亿美元的"贷款换石油"协议取得突破性进展。然而,俄气一直凭借其垄断地位拒绝中国提出的"贷款换天然气"、参与中上游开发与运输等提议。俄气模式完全排除了中石油拥有并使用权益天然气的可能性,这意味着在整个产业价值链体系上中国没有任何控制权,而中俄双方也无法通过天然气产业链合作实现共同利益。①

总体来看,从20世纪90年代至21世纪初约20年中,中俄天然气合作未能取得实质性进展。俄气垄断模式的形成导致中石油与俄罗斯私有天然气企业和外国油气企业之间的合作协议不再有效,这迫使中石油完全转向与俄气进行天然气谈判。而这一谈判则因天然气价格、管线走向和合作方式等分歧一直处于停滞状态。与此同时,中国通过对中亚国家上游油气资产收购和相应管道建设融资拥有了权益天然气。尽管中国未能成功将对中亚天然气合作的模式复制到对俄气的天然气谈判中,但是中国—中亚天然气管道的投入运营客观上打破了俄气对华管道气出口的垄断,②来自中亚的天然气供给竞争无疑提升了中国在未来对俄天然气谈判中的讨价还价能力。

二 俄气—非俄气企业利益博弈与中俄天然气合作新进展

俄罗斯天然气部门目前正处于温和去集中化的转型时期。③ 天然气企业之间,特别是国有油气企业之间的竞争加剧是俄罗斯天然气部门制度化改革的特殊特征。④ 随着俄气与非俄气天然气企业之间的利益博弈、俄罗斯石油

---

① [韩]白根旭:《中俄油气合作现状与启示》,丁晖、赵卿、李滨译,石油工业出版社2013年版,第11页。
② Onur Cobanli, "Central Asian Gas in Eurasian Power Game", *Energy Policy*, Vol. 68, 2014, pp. 349, 354.
③ Volkan Ozdemir and Sohbet Karbuz, "A New Era in Russian Gas Market: The Diminishing Role of Gazprom", *Energy Strategy Reviews*, Vol. 8, 2015, p. 39.
④ Catherine Locatelli, "The Russian Gas Industry: Challenges to the 'Gazprom Model'?", *Post-Communist Economies*, Vol. 26, No. 1, 2014, p. 54.

公司对天然气部门的积极介入，俄罗斯天然气部门的权力平衡正从单一的俄气垄断格局转变成四大角色的共生结构，即仍占据主导地位的俄气、私有天然气企业诺瓦泰克公司、国有石油企业俄罗斯石油公司和其他油气企业[1]。

近年来，两类非俄气企业在俄罗斯天然气部门中的地位越发凸显。一类是独立天然气企业，即在 1992 年俄罗斯天然气部门改革中获得开采和生产许可证的私有企业。艾特拉天然气公司（Itera）[2]、北气（Севергаз）和诺瓦泰克公司就属于这类企业，其中，诺瓦泰克公司目前是俄罗斯第三大天然气生产商和最主要的独立天然气企业。诺瓦泰克公司实力的快速增长与格纳蒂·季姆申科（Геннадий Тимченко）进入该公司董事会密切相关。[3] 季姆申科与克里姆林宫政界具有特殊关系。在由乌克兰危机引发的西方经济制裁后，诺瓦泰克公司仍成功为其亚马尔液化气项目获得政府主权财富基金 1500 亿卢布的融资。[4]

另一类是具有生产伴生气油田或者直接持有天然气开采许可证的国有石油企业。禁止开采石油时燃烧天然气，使得伴生气进入天然气市场。此类石油企业包括俄罗斯石油公司、苏尔古特油气公司、秋明英国石油公司和卢克石油公司。[5] 2005 年，通过收购尤科斯石油公司主要资产及整合尤甘斯克石油天然气公司，俄罗斯石油公司一跃成为俄罗斯第二大石油公司，[6] 同时也成为俄罗斯在东西伯利亚和远东地区最重要的国内石油企

---

[1] 卢克石油公司目前仍未在俄罗斯天然气生产和运输领域扮演独立角色，它继续将获取的天然气销售给俄气进行运输。（Raamat Mart and Bryza Matthew, "Developments in the Russian Internal Gas Sector: Cosmetic Changes or Concrete Reform?", International Center for Defense and Security, Estonia, 2015, p. 6.）

[2] 艾特拉天然气公司是除诺瓦泰克公司以外最为突出的非俄气天然气企业。该公司于 1992 年成立，其主要业务是在原苏联国家进行消费品、石油和石油产品贸易。1994 年，它通过与土库曼斯坦的良好关系进入天然气市场。艾特拉天然气公司两个主要资产被由俄气控股 51% 的联合企业控制。此外，艾特拉天然气公司股份中的 6% 由俄罗斯石油公司持有。

[3] 季姆申科控制的伏尔加资源公司（Volga Resources）首先在 2008 年获取诺瓦泰克公司 5.07% 的股份，2009 年增至 18.2%。同期，伏尔加资源公司将其在塔姆别伊油气公司（Tambey-neftegas）中 51% 的股份卖给诺瓦泰克公司。季姆申科在诺瓦泰克公司中的股份随之增至 23.1%。

[4] Lars Petter Lunden, Daniel Fjaertoft, Indra Overland, and Alesia Prachakova, "Gazprom vs. Other Russian Gas Producers: The Evolution of the Russian Gas Sector", *Energy Policy*, Vol. 61, 2013, p. 668.

[5] Marina Tsygankova, "When is a Break-up of Gazprom Good for Russia?", *Energy Economics*, No. 32, 2010, p. 912.

[6] Yelena Kalyuzhnova and Christian Nygaard, "State Governance Evolution in Resource-rich Transition Economies: An Application to Russia and Kazakhstan", *Energy Policy*, Vol. 36, 2008, p. 1836.

业。① 继 2012 年收购俄罗斯当时第三大天然气公司艾特拉天然气公司后，② 俄罗斯石油公司又于 2013 年购买了秋明英国石油公司 50% 股份。后者拥有大量天然气资源，且已与地区电力公司达成一系列天然气供给协议。由此，俄罗斯石油公司不仅控制着俄罗斯 40% 的石油产出，而且将其天然气产量提升至与诺瓦泰克公司相等的规模。③ 普京个人助理伊格尔·谢钦（Игорь Сечин）成为油气领域的关键圈内人是促使俄罗斯石油公司迅速崛起的关键因素。作为普京政府负责能源事务的副总理，2012 年，谢钦出任俄罗斯石油公司总裁，同时兼任俄罗斯能源决策实体——俄罗斯总统能源燃料战略发展和生态安全委员会执行秘书。④

就天然气产业内竞争而言，俄气首先面临着非俄气企业在液化气勘探开发领域的激烈竞争。俄罗斯目前旨在出口亚洲的液化气项目主要有 6 个。它们是俄罗斯石油公司与埃克森美孚公司共同开发的萨哈林 1 号液化气项目⑤，诺瓦泰克公司、中石油和道达尔公司分别控股的亚马尔液化气项目⑥，俄罗斯石油公司的伯朝拉液化气项目以及俄气的符拉迪沃斯托克液化气项目、施托克曼气田项目⑦和萨哈林 3 号项目。亚马尔液化气项目和萨哈林 1 号液化气项目在 2018 年前向亚太市场供给天然气，这迫使俄气搁置符拉迪沃斯托克液化气项目并重新聚焦向中国供给管道气。⑧

由于天然气开采量降低和来自非俄气天然气企业的竞争加剧，俄气在天然气生产领域中的传统垄断地位不断下降。2011—2016 年，俄气天然气

---

① James Henderson, *The Strategic Implications of Russia's Eastern Oil Resources*, Oxford: The Oxford Institute for Energy Studies, 2011, p. 33.

② Andrei V. Belyi, "Gazprom-Rosneft Competition for Asian Gas Markets: Opportunities and Challenges", *Russian Analytical Digest*, No. 174, 2015, p. 13.

③ Роснефть Годовой Отчет 2016, 2017, p. 32.

④ 2012 年普京第三次当选总统后，签署成立"能源燃料战略发展和生态安全委员会"总统令，由普京本人任主席。该委员会负责管理俄所有矿产、监督油气公司行为，包括油气田的分配、预算划拨资金、税收政策、定价机制等。该委员会拥有决策权威，其目的是集中总统对于能源部门的控制，进一步加强国有企业尤其是俄罗斯石油公司的权力。

⑤ 该项目的产权结构是埃克森美孚公司占股 30%，日本 SODECO 公司 30%，印度 ONGC Videsh 公司 20%，俄罗斯石油公司 20%。

⑥ 该项目的产权结构是诺瓦泰克公司占股 60%，道达尔公司和中石油各占股 20%。

⑦ 自 2009 年起，美国取代俄罗斯成为全球最大天然气生产国。美国非常规天然气的发展扼杀了俄罗斯向美国出口天然气的可能性，俄气被迫推迟实施在巴伦支海的施托克曼气田项目。

⑧ James Henderson, *The Commercial and Political Logic for the Altai Pipeline*, Oxford: The Oxford Institute for Energy Studies, 2014, p. 7.

产量从 5131.7 亿立方米降至 4201 亿立方米,同期,诺瓦泰克公司天然气产量从 535.4 亿立方米增至 661 亿立方米,俄罗斯石油公司天然气产量从 128 亿立方米增至 671 亿立方米。2011—2016 年,俄气在俄罗斯天然气生产中的份额从 76.5% 降至 66%,而诺瓦泰克公司的份额从 8% 增至 10.4%,俄罗斯石油公司的份额则从 1.9% 增至 10.5%,迅速与诺瓦泰克公司份额持平。(见表 5-3)

表 5-3 俄罗斯天然气生产结构

年份 项目	2011	2012	2013	2014	2015	2016
生产份额(%)						
俄气	76.5	74.6	73.1	69.3	66	66
诺瓦泰克公司	8	8.8	9.3	9.7	10.8	10.4
俄罗斯石油公司	1.9	4.5	5.8	8.8	9.8	10.5
产量(亿立方米)						
俄气	5131.7	4879.9	4883.9	4449	4195.2	4201
诺瓦泰克公司	535.4	573.2	612.2	621.3	679	661
俄罗斯石油公司	128	164	382	567	625	671

资料来源:根据俄气、诺瓦泰克公司和俄罗斯石油公司年度报告整理而成。

由于与俄气之间存在竞争性商业利益,俄罗斯石油公司和诺瓦泰克公司加强了其对俄罗斯天然气政策形成的政治杠杆。随着非俄气企业寻求天然气资源的货币化,俄气和非俄气企业之间的国内竞争被延伸至出口市场准入方面。俄罗斯石油公司和诺瓦泰克公司一直为争取平等的天然气出口机会积极游说。[1] 它们力求打破俄气出口垄断,实现俄罗斯天然气出口的去俄气化。非俄气企业利益集团的施压促使俄罗斯能源决策者着手改革天然气出口政策。2013 年 12 月,普京总统签署了《液化气出口许可自由化法案》,自 2014 年 1 月起,允许俄气以外其他企业生产的天然气以液化气

---

[1] Marina Tsygankova, "An Evaluation of Alternative Scenarios for the Gazprom Monopoly of Russian Gas Exports", *Energy Economics*, No. 32, 2012, p. 153.

第五章 俄罗斯与东北亚能源政治　　　　　　　　　　　　　　　　185

形式出口。该法案对进入液化气出口市场的准入限制①，使得目前只有拥有亚马尔液化气项目的诺瓦泰克公司和具有萨哈林1号项目的俄罗斯石油公司可以从中获益。允许非俄气生产商出口液化气，被视为俄罗斯天然气出口去垄断化的重要征兆。

随着液化气出口实现部分自由化，打破俄气对管道气出口垄断的压力正在增长。② 2014年，俄罗斯石油公司向俄政府提出创建政府管制下的天然气独立系统运营商，从而使所有市场参与者平等进入天然气管网。③ 2015年，俄罗斯石油公司总裁伊格尔·谢钦提出俄罗斯管道气出口的去垄断化，即允许非俄气企业通过管道出口天然气。④ 由于俄气拒绝俄罗斯石油公司对连接其计划的液化气设施的管线网络准入，俄罗斯石油公司向俄罗斯联邦反垄断局（FASR）提出投诉，谴责俄气在管线能力分配中对独立生产企业的歧视行为。⑤ 诺瓦泰克公司尽管积极支持俄罗斯石油公司在液化气出口自由化方面的游说活动，但对于管线出口自由化的态度则比较模糊。从相当意义上讲，俄罗斯实现天然气管线出口自由化的可能性将取决于俄罗斯石油公司撬动天然气出口政策变革的政治杠杆与俄气捍卫管道出口垄断权的政治影响力之间的力量对比。

长期以来，俄罗斯政府力求将管道气和液化气区别对待，进而避免二者在国外市场彼此竞争。但随着非俄气液化气出口项目与俄气对华管道气出口之间的竞争加剧，俄气与非俄气企业之间的海外出口利益越来越出现偏离甚至冲突。⑥ 俄罗斯天然气企业对中国市场的相互竞争促使长期停滞的中俄天然气谈判进程和合作方式出现新契机，即破解天然气谈判的价格僵局与解决中国对俄上游气田的产权投资需求之间具有了"催化联系"

---

① 该法案的准入限制包括2013年前具有液化气生产许可证、离岸气田生产液化气时则需是国有企业。
② Volkan Ozdemir and Sohbet Karbuz, "A New Era in Russian Gas Market: The Diminishing Role of Gazprom", *Energy Strategy Reviews*, Vol. 8, 2015, p. 39.
③ Mart Raamat and Bryza Matthew, "Developments in the Russian Internal Gas Sector: Cosmetic Changes or Concrete Reform?", International Center for Defense and Security, Estonia, 2015, p. 9.
④ Rosneft News Release, "Igor Sechin Made a Report at the Presidential Commission for Fuel and Energy Industry", June 4, 2014, http://www.rosneft.com/news/today/04062014.html.
⑤ Mart Raamat and Bryza Matthew, "Developments in the Russian Internal Gas Sector: Cosmetic Changes or Concrete Reform?", International Center for Defense and Security, Estonia, 2015, p. 5.
⑥ Catherine Locatelli, "The Russian Gas Industry: Challenges to the 'Gazprom Model'?", *Post-Communist Economics*, Vol. 26, Issue 1, 2014, p. 62.

(catalytic link)。① 2012 年,中国提出由俄方参股中国天然气管道建设、中方参与俄方上游天然气开发的"上下游一体化"的全新合作模式。俄罗斯提出以资产对等置换为前提,即用中国或中国在其他国家拥有的天然气资产进行置换。② 2013 年,中石油收购了诺瓦泰克公司亚马尔液化气工厂的 20% 股份。2014 年,中石油获得俄罗斯石油公司万科尔油田的 10% 股份,由此正式进入俄罗斯油气产业的上游领域。显然,非俄气企业加强对华天然气出口战略使得中国获得从俄气最强国内竞争对手进口天然气的机会。③ 非俄气企业的液化气出口导致俄气在俄罗斯对华天然气出口方面出现去垄断化趋势。④

在页岩气革命和乌克兰危机两大市场和地缘政治冲击下,面对非俄气企业对华液化气出口的激烈竞争,俄气被迫加速对华管道气谈判进程。2014 年,俄气与中石油相继签署了《中俄东线供气购销合同》和《关于沿西线管道从俄罗斯向中国供应天然气框架协议》。⑤ 由于 2014 年下半年国际油价大幅下跌,俄气与中石油尚未签署西线天然气管道建设和供气合同。俄气随后进一步提出从萨哈林向中国供应管道气的第三条路线,并于 2015 年 9 月与中石油就从俄远东地区经管道对华输气项目签署了谅解备忘录。⑥ 考虑到页岩气革命对传统天然气供给国俄罗斯的巨大挑战以及亚马尔液化气项目对俄气管道气的强烈冲击,中俄西线管道项目和萨哈林管道项目的合作前景不容乐观。

俄罗斯政府正在通过重组俄气与非俄气企业之间的竞争关系启动天然

---

① Morena Skalamera, "Booming Synergies in Sino-Russian Natural Gas Partnership", Harvard Kennedy School Belfer Center for Science and International Affairs, 2014, p. 3.
② 张梦秋、王栋:《天然气合作背后的中俄关系模式探析》,《国际展望》2016 年第 6 期,第 69 页。
③ Anton Orlov, "The Strategic Implications of the Second Russia-China Gas Deal on the European Gas Market", *Energy Strategy Reviews*, Vol. 13 – 14, 2016, p. 1.
④ James Henderson, "Competition for Customers in the Evolving Russian Gas Market", *Europe-Asia Studies*, Vol. 65, No. 3, 2015, p. 367.
⑤ 西线供气协议规定未来供气规模为每年 300 亿立方米,供气期限为 30 年。西线天然气管道的供气资源地为俄罗斯西西伯利亚气田。
⑥ 刘乾:《俄罗斯天然气:内部管理体制改革与对外合作战略转型》,《俄罗斯研究》2015 年第 5 期,第 72 页。

气市场自由化进程。但目前旨在实现天然气市场自由化和改善独立天然气企业状况的政府举措并未释放出真正的市场竞争信号,而是显示出克里姆林宫将不会阻止俄罗斯天然气部门形成寡头垄断行业格局。① 实际上,俄罗斯政府鼓励天然气部门出现一定程度竞争的主要目的是,通过竞争者的存在降低国家在对俄气关系上的信息不对称,进而避免企业寻求商业利益最大化行为导致国家在天然气生产和出口决策上出现战略误判。

目前,东北方向的中俄油气管道、西北方向的中哈油气管道和中亚天然气管道、西南方向的中缅油气管道以及海上液化气管道共同构成中国能源进口格局。随着全球天然气市场正在从卖方市场转变为买方市场,中国越来越成为俄罗斯和中亚管道气以及美国、俄罗斯、澳大利亚和加拿大液化气的重要出口竞争市场。特别是美国从液化气进口国向出口国的角色转变,将可能使其成为亚洲液化气定价和合约的规则改变者。与非常规天然气发展相伴的液化气贸易增长使得缺乏流动性的地区性天然气市场变得更加灵活,② 同时,北美和亚洲天然气的大幅价差意味着美国向亚洲出口天然气的潜力巨大。在2017年5月公布的中美经济合作百日计划中,中美双方原则上已就允许美国天然气出口商更容易进入中国市场达成协议。

廉价液化气竞争无疑将构成俄罗斯在中国实施雄心勃勃天然气出口计划的严峻挑战。鉴于目前俄罗斯扩大对华能源合作的需求远远大于中国对俄罗斯能源的进口依赖,中俄天然气关系的发展前景在很大程度上取决于未来俄罗斯天然气出口价格的竞争力和俄罗斯天然气企业能否提供商业上更具吸引力的合约。而如何利用俄罗斯管道气出口和全球液化气市场供给过剩的时机,获取天然气交易定价权,进而解决长期以来的天然气"亚洲溢价",则是中国目前对外天然气合作面临的重要现实问题。

---

① Kateryna Boguslavska, "Gazprom: From Monopoly to Oligopoly on the Russian Gas Market", *Russian Analytical Digest*, No. 174, 2015, p. 5.

② Elena Kropatcheva, "He Who Has the Pipeline Calls the Tune? Russia's Energy Power against the Background of the Shale 'Revolutions'", *Energy Policy*, Vol. 66, 2014, p. 4.

第六章 页岩气革命对俄罗斯的地缘政治影响

美国一直掌控着世界能源体系结构性权力[1]的内核。美国是世界上最早进行油气开采与利用的国家，并长期占据世界最大油气消费国地位。凭借强大的海军力量和海外军事基地网络，美国牢牢控制着世界油气运输生命线。同时，石油美元计价机制使美国能通过调整国内货币政策影响甚至操纵国际油价。[2] 上述能源结构性权力，无疑构成美国主导世界能源体系的基石。

本章将主要探讨页岩气革命给美国带来的能源权力增量，特别是页岩气革命引发国际油气市场的结构性变化在市场层面对美国能源权力的影响与重塑，以及美国使用能源新权力对俄罗斯的地缘政治影响。石油和天然气在塑造全球政治的性质中扮演着重要角色。它们不仅影响国家间关系，而且逐渐形成管理国际关系实践的规范。[3] 实际上，世界政治体系的演进在很大程度上是建立在资源政治与地缘政治结构之间的互动之上。因此，考察美国的能源新权力及其地缘政治影响不仅有助于分析世界能源格局的演变趋势，而且对于推进能源政治与国际关系的相关研究也具有重要意义。

---

[1] 作为非传统现实主义者的苏珊·斯特兰奇认为在经济事务中发挥关键性作用的不是物质上的资源禀赋，而是结构与联系，并由此提出基于生产、安全、金融和知识四种权力来源的"结构性权力"概念。（［英］苏珊·斯特兰奇：《国家与市场》，杨宇光等译，上海世纪出版集团2006年版，第21、211—217页。）

[2] 徐建山：《论油权——初探石油地缘政治的核心问题》，《世界经济与政治》2012年第12期，第126—129页。

[3] Nalin Kumar Mohapatra, "Energy Security Paradigm, Structure of Geopolitics and International Relations Theory: From Global South Perspectives", *GeoJournal*, Vol. 82, 2017, pp. 683–700.

第一节　页岩气革命对美国能源地位的重塑

自 20 世纪 70 年代两次石油危机以来，美国一直将对外能源依赖视为一种战略弱点，积极推进"能源独立"政策。近年来，水平钻井和水力压裂技术促使美国页岩气和致密油等非常规油气资源被大规模开发，由此带来世界石油和天然气市场的结构性变化。在石油方面，美国于 2017 年超过沙特阿拉伯，成为世界最大石油生产国。自 2015 年取消石油出口禁令后，美国页岩油不仅强力挺进世界最大和增长最快的亚洲市场，甚至出口至传统产油地中东地区。2015—2017 年，美国保持世界第三大石油出口国地位，其石油出口占世界石油出口总量的比重在 7% 左右。[①] 在天然气方面，美国自 2009 年取代俄罗斯成为世界最大天然气生产国后，迅速领先于后者。2017 年，美国在近 60 年来首次成为天然气净出口国。[②] 根据美国能源信息署（EIA）预测，至 2020 年，美国将成为仅次于澳大利亚、卡塔尔的世界第三大液化气出口国。[③] 根据国际能源署（IEA）发布的《世界能源展望 2018》报告，页岩气革命将继续撼动全球油气市场。至 2025 年，全球近 1/5 的石油和 1/4 的天然气将产自美国。至 2040 年，美国将贡献全球油气生产增量的 75% 和 40%。[④]

表 6-1　美国在全球石油和天然气生产体系中的地位（2007—2017 年）

	2007	2008	2009	2010	2011	2012	2013	2014	2015	2016	2017
石油（单位：百万吨）												
全球	3954.2	3999	3892.6	3981.4	4009.5	4120.8	4125.3	4223	4355.2	4377.1	4387.1
美国	305.1	302.3	322.4	332.7	344.8	393.8	447	522.5	565.3	543.1	571
沙特阿拉伯	488.9	509.3	456.7	473.8	525.9	549.8	538.4	543.4	567.9	586.6	561.7

---

① BP, *BP Statistical Review of World Energy-underpinning Data 1965 – 2016*, 2017, p. 24.
② EIA, The United States Exported More Natural Gas than It Imported in 2017, https://www.eia.gov/todayinenergy/detail.php? id = 35392, 2018 – 03 – 19.
③ EIA, United States Expected to Become a Net Export of Natural Gas This Year, https://www.eia.gov/todayinenergy/detail.php? id = 32412#, 2017 – 08 – 09.
④ IEA, *World Energy Outlook 2018*, 2018, p. 24.

续表

	2007	2008	2009	2010	2011	2012	2013	2014	2015	2016	2017
石油（单位：百万吨）
俄罗斯	497.5	494.4	501.5	512.5	519.6	526.9	532.3	535.1	541.9	555.9	554.4
天然气（单位：10亿立方米）
全球	2941.3	3045.4	2952.8	3169.3	3269	3337.1	3376.2	3446.9	3519.4	3549.8	3680.4
美国	521.9	546.1	557.6	575.2	617.4	649.1	655.7	704.7	740.3	729.3	734.5
俄罗斯	601.6	611.5	536.2	598.4	616.8	601.9	614.5	591.2	584.4	589.3	635.6

资料来源：BP, *BP Statistical Review of World Energy 2018*, 2018, pp. 16, 28.

关于页岩气革命对世界能源市场及地缘政治的影响，美国学界目前存在两类观点。一类观点从新自由主义视角出发，认为美国页岩油气出口通过增加竞争性和供给多元化使全球能源安全得到整体性改善。[1] 就页岩油生产对国际石油安全的重塑而言[2]，页岩气革命对传统石油出口国的"垄断租金"构成长期威胁，这限制了生产国使用"破坏性权力"中断供给的可能。同时，美国页岩气规模扩大并由此带动液化气贸易增加，这正在促使天然气从具有垄断性的地区性商品转向更具灵活性的全球性商品。[3] 全球天然气市场自由化将对欧洲和亚洲天然气市场价格形成机制构成压力，减少传统垄断性天然气出口国的市场权力和地缘政治优势。

另一类观点则从新现实主义视角出发，将页岩油气视为美国权力和全球领导力的新来源。[4] 页岩气革命使得一直被看成战略"短板"的能源成为美国的新战略优势，强化了美国在国际能源领域的主导地位。具体来看，丰富的页岩油气储备扩大了美国权力的物质基础并构成有力的外交政策资产。同时，美国能源角色转变这一市场现实正在促使其地缘政治地位

---

[1] Kenneth B. Medlock, Amy Myers Jaffe, and Meghan O'Sullivan, "The Global Gas Market, LNG Exports and The Shifting US Geopolitical Presence", *Energy Strategy Reviews*, Vol. 5, 2014, p. 15.

[2] Jim Krane and Kenneth B. Medlock III, "Geopolitical Dimensions of US Oil Security", *Energy Policy*, Vol. 114, 2018, p. 561.

[3] Agnia Grigas, *The New Geopolitics of Natural Gas*, Cambridge: Harvard University Press, 2017, pp. 9, 94.

[4] Jason Bordoff and Akos Losz, "The United States Turns on the Gas", *Foreign Affairs*, March 4, 2016, https://www.foreignaffairs.com/articles/2016 – 03 – 04/united-states-turns-gas; Bruce D. Jones and David Steven, *The Risk Pivot: Great Powers, International Security, and the Energy Revolution*, Brookings, November 21, 2014.

进一步提升。这类观点认为，美国应致力于将能源出口视为增加国家外交优势的杠杆、赢得地缘政治优势的筹码，在使用传统外交、发展和安全工具的同时利用能源权力支持盟国、遏制敌手。①

从具体实践看，特朗普政府的能源外交越来越具有浓厚的新现实主义色彩。② 特朗普执政后出台的"美国能源优先计划"，其核心是通过发展化石能源谋求全球能源格局主导权。2017年6月，特朗普总统撤销了奥巴马时期有关油气出口的各项限制和监管规定，公开宣布美国进入"能源统治"的新时代。特朗普政府发布的《国家安全战略报告》称："美国已经成为一个在全球有能源支配地位的国家"；"作为全球能源、技术和服务的供应者，美国将帮助其盟友和伙伴更灵活地面对那些使用能源来威慑他人的国家的挑战"。③ 2018年北约峰会期间，特朗普批评德国在能源上是"俄罗斯的俘虏"，认为其选择和俄罗斯达成管道协议、向俄支付数十亿美元非常"不合适"。美国还指责俄罗斯利用北溪－2天然气管道项目分裂欧洲，并警告将考虑对参与该项目的欧洲企业进行惩罚。④

页岩气革命后美国能源角色的转变无疑将引发世界能源市场与地缘政治的"系统效应"。页岩气革命使得美国在石油供给上面临的地缘政治风险越来越少。一个对外部能源供给依赖减弱的美国将在外交政策上拥有更大的灵活度。同时，页岩气革命引发的世界能源市场结构性变化正在改变美国和传统油气出口国及主要行为体之间的利益关系和行为模式。⑤ 约瑟夫·奈曾撰文称："页岩革命不仅是一场能源革命，更是一场地缘政治革命。"美国不仅借页岩气革命成为全球最大油气生产国，而且正在利用能

---

① Brittney Lenard and Yevgen Sautin, "Time for Natural Gas Diplomacy", https：//nationalinterest. org/commentary/time-natural-gas-diplomacy-9825, 2014 – 02 – 05; *Empowering America：How Energy Abundance Can Strengthen US Global Leadership*, Atlantic Council Global Energy Center, 2015, p. 2; Tim Boersma, Charles K. Ebinger and Heather L. Greenley, "An Assessment of U. S. Natural Gas Exports", *Natural Gas Issue Brief*, Vol. 4, 2015, p. 16.

② 2018年3月，美国能源部长里克·佩里在"剑桥能源周"发表主题演讲，首次旗帜鲜明地提出"能源新现实主义"，即美国在"能源独立"的基础上向全世界出口更多的石油和天然气，其实质是进一步追求"能源统治"这一新的战略目标。

③ *National Security Strategy of the United States of America*, December 2017, pp. 22 – 23, https：//www. whitehouse. gov/wp-content/uploads/2017/12/NSS-Final-12 – 18 – 2017 – 0905 – 2. pdf.

④ William Wilkes, "U. S. Threatens Sanctions if Nord Stream 2 Project Proceeds", https：//www. worldoil. com/news/2018/5/17/us-threatens-sanctions-if-nord-stream-2-project-proceeds.

⑤ 富景筠：《"页岩革命"与俄罗斯在世界能源体系中的地位》，《欧亚经济》2018年第3期，第51页。

源新权力改变油气市场博弈规则，进而重塑全球能源地缘政治格局。①

第二节 页岩油与美国的新油权

石油市场的核心是石油利益的分配权，其中，油价是影响利益分配的关键。20世纪60年代，国际石油定价机制由西方跨国公司寡头垄断。此后，石油输出国组织（"欧佩克"）开始合谋定价。② 随着国际油价形成机制中的参与主体日益多元，国际油价从"参考价"转变为更加及时反映石油市场供求变化的"期货价格"。页岩气革命后，美国超过沙特阿拉伯成为世界最大的石油生产国并强劲推进石油出口。这无疑将实质性挑战国际石油市场的传统博弈规则和定价模式，进而对构建石油新秩序产生深刻影响。③

美国页岩油的大规模开发源于20世纪90年代末期。2010年后，美国页岩油产量迅猛增长。2012—2014年是美国页岩油开发的繁荣时期。受2014年国际油价下跌影响，美国页岩油产量在2015年3月达到阶段峰值后出现持续递减。即便如此，至2015年，页岩油产量占美国石油总产量的比重已经超过50%。2016年底，美国页岩油产业度过低迷期后明显回暖。当年，页岩油产量增至每日461.5万桶，占美国石油总产量的52%。2017年升至每日550万桶，占美国石油总产量的60%。据美国能源信息署预测，2019年1月，美国页岩油平均日产量将达到816.6万桶；而至2035年将达到1100万桶，占美国石油总产量的66%。④

美国页岩油的勃兴意味着欧佩克的市场权力将成为一种"过时的东西"。⑤ 通常而言，欧佩克具有两个影响全球油价的根本性战略：一是管控

---

① Meghan L. O'Sullivan, *Windfall: How the New Energy Abundance Upends Global Politics and Strengthens America's Power*, New York: Simon & Schuster, 2017, p. 80.
② 刘叶等：《现行国际原油定价机制下中东利益保障机制及其启示》，《世界经济与政治论坛》2013年第1期，第83页。
③ Meghan L. O'Sullivan, *Windfall: How the New Energy Abundance Upends Global Politics and Strengthens America's Power*, New York: Simon & Schuster, 2017, p. 43.
④ Tight Oil Expected to Make Up Most of U. S. Oil Production Increase through 2040, February 13, 2017, https://www.eia.gov/todayinenergy/detail.php?id=29732.
⑤ A. M. Jaffe and E. Morse, "The End of OPEC", *Foreign Policy*, October 16, 2013, https://foreignpolicy.com/2013/10/16/the-end-of-opec/#.

现有生产能力；二是限制新生产能力的增长。① 2010 年以前，欧佩克依靠闲置产能调控世界原油产量，进而操控油价。传统石油供给是相对"价格非弹性"，从投资流向石油产业再到石油产出往往需要若干年时间。投资与生产之间的较长周期使得石油产量对价格波动反应迟缓。因此，欧佩克对"减产保价"模式的实施成效具有相对稳定预期。尽管高油价下新供给者进入市场会增大油价下行压力，但在此之前，欧佩克可以在相当一段时期内享有来自高油价的收益。

页岩油生产的非常规特征对欧佩克传统"减产保价"模式形成了巨大冲击。首先，非常规石油项目与传统石油项目的区别在于更短的生产周期和相对更低的生产成本，因此，前者比后者在供给上具有更大的"价格弹性"。传统油田开发通常需要数十亿美元的长期投资，而页岩井则规模较小、开采成本低廉。由于生产周期短，页岩油可以在若干月甚至若干星期内进入全球石油市场。页岩油投资和生产之间的高度相关性使其能对油价变化迅速做出反应②，"熨平"全球石油市场波动的峰谷。其中，美国作为"机动产油国"将发挥调整石油供求关系、促使中断的供求关系趋于平衡的关键作用。

其次，页岩油作为未来的持续供给来源，将成为全球油价波动的减震器。美国页岩气革命使得全球供给曲线扁平化，资源稀缺性对石油市场周期性波动的影响减弱。具体来看，油价上涨时，页岩油生产商对新项目融资将促使页岩油产量增长，由此限制油价的剧增。而油价下降时，页岩油供给将减少，由此缓解油价下降的影响。页岩油创造石油的长期价格上限，同时，页岩油生产商可以在相对更低的盈亏平衡点进行调整。③ 这意味着，页岩油的存在将引入实现油价市场相对稳定的价格走廊。④

最后，页岩油生产比传统石油更依赖信贷的可获得性，这使得美国页

---

① Jeff D. Colgan, "The Emperor has no clothes: the limits of OPEC in the global oil market", *International Organization*, Vol. 68, 2014, pp. 599–632; Khalid M. Kisswani, "Does OPEC Act as a Cartel? Empirical Investigation of Coordination Behavior", *Energy Policy*, Vol. 97, 2016, p. 178.

② Jeff D. Colgan and Thijs Van de Graaf, "A Crude Reversal: The Political Economy of the United States Crude Oil Export Policy", *Energy Research & Social Science*, Vol. 24, 2017, p. 34.

③ Robert L. Kleinberg, Sergey Paltsev, Charle K. Ebinger, David Hobbs, and Tim Boersma, "Tight Oil Development Economics: Benchmarks, Breakeven Points, and Inelasticities", MIT CEEPR Working Paper, August 2016, p. 2.

④ Dawud Ansari, "OPEC, Saudi Arabia, and Shale Revolution: Insights from Equilibrium Modeling and Oil Politics", *Energy Policy*, Vol. 111, 2017, p. 174.

岩气革命将一种金融渠道引入国际石油市场。传统石油供给由大型国有石油公司和跨国石油公司主导。这些公司规模较大、资金储备雄厚,杠杆比例相对较低。因此,国际石油市场处于一种与国际金融体系相对隔离的状态。美国页岩油的发展则依靠市场化运作机制。页岩油产量取决于国际油价和开发成本等因素共同作用下的利润水平。页岩油生产商对金融体系的风险暴露更高,意味着国际石油市场未来将更可能受到金融震荡的影响。[1]

页岩油潜力的释放,增加了美国影响油价形成的市场权力,而更具弹性的供给曲线将降低欧佩克施加产量或保留市场份额政策的有效性。[2] 由于欧佩克所限制的产量将被页岩油取代,欧佩克的决定不再是一种战略性决定,竞争的规则将使其难有作为。[3] 欧佩克在历史上首次仅具有应对暂时性冲击而非结构性冲击的能力。[4] 目前,页岩油的迅速扩张正在促使国际石油市场形成新的权力组合。以沙特阿拉伯和俄罗斯为首的欧佩克和非欧佩克之间达成联合减产协议的"维也纳联盟",这促使国际油价进入持续稳定回升通道。2018年3月,沙特阿拉伯和俄罗斯称正考虑签署为期10—20年的石油减产长期协议,将"维也纳联盟"的短期减产协议变为长期"减产合作联盟"。减产协议的常态化和机制化将重组影响国际油价的传统力量。

从未来一段时期看,美国页岩油与"维也纳联盟"将成为国际油价的"调节器",前者将凭借反应灵活、产能充足的优势进一步压缩后者联手操纵油价的空间。[5] 倘若美国继续保持强劲的石油生产能力,那么,任何缺

---

[1] Spencer Dale, "New Economics of Oil", Society of Business Economists Annual Conference, London, October 2015, pp. 8 – 10.

[2] 当作为卡特尔组织的欧佩克协商减产并促使全球油价升高时,页岩油生产商能迅速提升生产能力,这将缩短传统产油国"减产保价"模式的受益时间。而当油价低迷时,页岩油生产商又将迅速削减投资实现减产、规避损失。

[3] Dawud Ansari, "OPEC, Saudi Arabia, and Shale Revolution: Insights from Equilibrium Modeling and Oil Politics", *Energy Policy*, Vol. 111, 2017, p. 168; John Baffes, M. Ayhan Kose, Franziska Ohnsorge, and Marc Stocker, *The Great Plunge in Oil Prices: Causes, Consequences, and Policy Responses*, Development Economics, World Bank Group, 2015, p. 14.

[4] Spencer Dale, "New Economics of Oil", Society of Business Economists Annual Conference, London, October 2015, p. 17.

[5] Meghan L. O'Sullivan, *Windfall: How the New Energy Abundance Upends Global Politics and Strengthens America's Power*, New York: Simon & Schuster, 2017, p. 34.

少美国参与配合的国际油价协调机制的作用都将大为逊色。① 如果较丰厚的利润水平促使页岩油产量进一步大幅提升，欧佩克和俄罗斯等传统产油国可能会被迫放弃联合减产协议，在相对较低价格区间内通过扩大石油供给获取收益，与美国页岩油开启低价争夺市场份额的零和博弈。而国际石油市场供过于求的状况将引发未来国际油价的新一轮下滑。更何况，2018年12月3日，美国四名参议员联名提交了"反石油生产和出口卡特尔"法案（NOPEC）。该法案如若通过，美国政府就可以"蓄意操纵国际石油市场"为名起诉欧佩克，使其面临反垄断诉讼。尽管这份议案通过前景尚不明朗，但一旦过关，或又是对欧佩克的致命一击。

第三节 页岩气与美国的新气权

天然气权力的核心是天然气价格形成中的权力分配。美国目前是世界最大天然气生产国和蒸蒸日上的天然气出口国。它通过积极扩大液化气出口减少传统合约中气价与油价的关联性，推进形成以本国亨利中心价格为基准的全球天然气定价机制。重塑全球天然气市场的博弈规则、实现去政治化和开放竞争的全球天然气贸易模式，是美国构建天然气权力和政治影响力的重要手段。

与石油不同，受限于运输难度，天然气长期以来是一种依靠管道运输的地区性燃料，缺乏流动性和灵活性，北美、欧洲和亚洲基本上是相互分割的世界三大天然气市场。② 由于统一的全球天然气市场尚未形成，跨国天然气贸易目前沿循着不同的定价机制。北美市场的天然气价格由市场供求关系决定，属于受衍生工具影响的金融定价③，购买者可以任意转售天然气。欧洲天然气定价机制同时包括主导欧洲大陆的石油指数化定价和西北欧竞争性枢纽定价。④ 亚洲市场的天然气价格则与日本进口原油加权平

---

① 李扬、徐洪峰：《特朗普政府"美国第一能源计划"及影响》，《东北亚论坛》2017年第5期，第106页。

② Andreas Goldthau, "Rhetoric versus Reality: Russian Threats to European Energy Supply", *Energy Policy*, Vol. 36, 2008, p. 686.

③ 美国液化气价格采用美洲管道气长期合同价与路易斯安那州亨利中心价格挂钩的定价方式。亨利中心价格绑定了纽约商品交易所实物交割的天然气期货合约价。

④ Anthony J. Melling, *Natural Gas Pricing and Its Future—Europe as the Battleground*, Washington D. C.: Carnegie Endowment for International Peace, 2010, p. 10.

均价格（JCC）挂钩。传统合约下，欧洲管道气与亚洲液化气价格均与油价挂钩，属于油气价格联动机制。此外，欧洲长期管道气合约还包括"照付不议"条款和目的地条款，而亚洲传统液化气合约则包括目的地条款和涵盖所有过境费用的到岸价条款。

液化气和远洋运输业的发展促使彼此分割的地区性天然气市场走向全球天然气市场的一体化。① 美国页岩气革命后，液化气贸易的大幅增长提高了天然气供给曲线的弹性。特别是美国液化气因具有明显价格优势实现出口，② 而区域市场的价格联动性增强侵蚀了石油指数化定价模式的市场合法性。③ 天然气不再是被垄断性控制的稀缺的、地区性的、难以运输的资源。供给来源竞争削弱了欧洲和亚洲传统天然气生产国的市场权力，使消费国相对于生产国的议价能力得到提升。

具体来看，在欧洲天然气市场，进入21世纪，欧洲主要天然气进口商为修改长期合约条款开始频繁启动国际仲裁程序。包括德国、法国、意大利和奥地利等在内的俄罗斯传统天然气贸易伙伴国纷纷提出改变定价机制的要求。俄气被迫在天然气价格和定价机制上做出重大妥协。首先是将俄欧天然气合约中的"照付不议"条款比例从85%降至60%。其次是降低长期合约中的基准价格水平（降幅为7%—10%）。如果新基准价格超过交易中心价格，将给予价差"折扣"。最后，同意将长期合约价格的15%改为现货价格定价模式。④ 面对液化气的激烈竞争，俄气不得不接受油气挂钩和现货价格同时并存的定价机制，并在长期合约谈判中采用降低基准价格、保留石油指数化的混合定价模式。⑤

在亚洲天然气市场，天然气定价争端也导致买卖双方关系紧张。由于

---

① Massimiliano Caporin and Fulvio Fontini, "The Long-run Oil-Natural Gas Price Relationship and the Shale Gas Revolution", *Energy Economics*, Vol. 64, 2017, p. 512.

② Willem L. Auping, et al., "The Geopolitical Impact of the Shale Revolution: Exploring Consequences on Energy Prices and Rentier States", *Energy Policy*, Vol. 98, 2016, p. 390.

③ Paul Stevens, "The 'Shale Gas Revolution': Developments and Changes", *Chatham House Briefing Paper*, EERG BP 2012/04, 2012, p. 1; Atlantic Council Global Energy Center, "Empowering America: How Energy Abundance Can Strengthen US Global Leadership", July 2015, p. 20.

④ Jonathan Stern, "Russian Responses to Commercial Change in European Gas Markets", in James Henderson and Simon Pirani, eds., *The Russian Gas Matrix: How Markets are Driving Change*, Oxford: The Oxford Institute for Energy Studies, 2014, p. 64; Andrey A. Konoplyanik, "Russian Gas at European Energy Market: Why Adaptation is Inevitable", *Energy Strategy Reviews*, Vol. 1, Issue 1, 2012, p. 53.

⑤ 富景筠：《俄欧天然气定价权博弈探析》，《欧洲研究》2018年第3期，第100页。

亚洲天然气市场价格无法反映市场供求状况,亚洲地区长期存在"天然气溢价"。作为世界最大的液化气出口国,卡塔尔利用欧洲和亚洲液化气市场的价差来选择出口对象,并由此具有某种程度的定价权力。美国液化气在大西洋和太平洋之间的机动转换能力降低了卡塔尔的传统供给国地位,使其被迫提高与亚洲买家供气合同的灵活性。亚洲液化气买家越来越不愿执行新的与油价挂钩的长期交易,转而要求在合约中增加现货价格比例,降低天然气市场与石油市场之间的相关性。[①] 美国液化气出口促使亚洲液化气进口气价与美国亨利中心气价挂钩。美国切尔尼能源公司与亚洲买家签署的合同气价均与美国亨利中心价格挂钩,同时,"照付不议"比例也远低于传统的亚洲液化气进口合同。液化气正在改变全球天然气实时价格的波动机制,不同地区性市场的气价关联度越来越高。美国亨利中心价格指数与亚洲液化气价格指数的日益趋同将使持续多年的"亚洲溢价"逐渐消失。

天然气更富流动性预示着天然气的政治色彩将越来越从地区性转向国际性。[②] 页岩气革命与液化气贸易的勃兴、天然气基础设施建设的迅速发展正在改变全球天然气贸易版图。[③] 美国剑桥能源研究协会(CERA)主席丹尼尔·耶金在21世纪初期就预言,美国页岩气革命将挫败石油指数化全球天然气市场的出现。[④] 由于现货市场的天然气贸易量不断增长,天然气出口国面对取消目的地条款以及油气价脱钩的压力增加。未来,油气挂钩定价机制将越来越多地转向竞争性枢纽定价机制(见图6-1),而美国亨利中心价格指数对于未来全球天然气定价机制的形成将具有重要影响。

---

① Victoria Zaretskaya and Scott Bradley, "Natural Gas Prices in Asia Mainly Linked to Crude Oil, but Use of Spot Indexes Increases", EIA, September 29, 2015, https://www.eia.gov/todayinenergy/detail.php?id=23132.

② The Hague Centre for Strategic Studies & The Netherlands Organisation for Applied Scientific Research (TNO), *The Geopolitics of Shale Gas*, 2014, p. 53, https://hcss.nl/sites/default/files/files/reports/Shale_Gas_webversieSC.pdf.

③ Agnia Grigas, *The New Geopolitics of Natural Gas*, Cambridge: Harvard University Press, 2017, p. 9.

④ Daniel Yergin, *The Quest: Energy, Security and the Remaking of the Modern World*, New York: Penguin, 2012, p. 344.

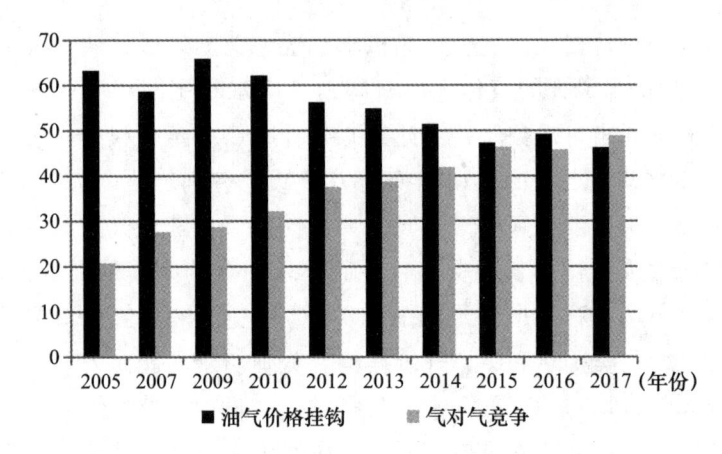

图6-1 世界天然气进口价格形成（2005—2017年）　单位：%
资料来源：International Gas Union, *IGU Wholesale Gas Price Survey*, 2018, p. 39。

第四节　美国能源新权力对俄罗斯的地缘政治影响

能源市场权力的博弈方同时也是地缘政治的竞争者。页岩气革命使美国在很大程度上摆脱了对外能源依赖的窘境，弥补了其综合国力体系的一块"短板"。而美国能源角色的重新界定，特别是从"能源独立"转向"能源统治"，将导致其对外政策的重要变革。能源被当作美国加强其全球领导力和国际影响的重要地缘政治工具。美国以能源为手段达到地缘政治目的的可能性迅速增强，其霸权地位也将相应得到巩固。

具体来看，首先，页岩气革命促使世界能源权力体系出现力量重组，美国由此会占据更有利的优势地位。世界石油市场的分散化与多元性使得石油本身的重要性降低，这将导致地缘政治平衡发生结构性变革。[1] 生产国与消费国相互依存关系的变化，意味着产油国使用石油武器进行可信威胁的能力大幅降低。与此相对，美国同时作为世界最大石油生产国与石油消费国，其掌控的能源权力相对增加。美国凭借页岩气革命和国际影响力向欧佩克发起挑战，争夺石油市场的主导权。由于自身石油产量的激增，特朗普政府能够大规模动用战略石油储备（SPR）来遏制油价高涨。美国当前的战略石油储备是6.6亿桶，正在运行的4个主要战略石油储备点均

---

[1] Paul D. Miller, "The Fading Arab Oil Empire", *The National Interest*, July/August 2012, p. 42, https://nationalinterest.org/article/the-fading-arab-oil-empire-7072.

第六章 页岩气革命对俄罗斯的地缘政治影响

分布在墨西哥湾沿岸,这为战略石油储备的运输提供了灵活方式。美国释出战略石油储备的计划显然与欧佩克实施"减产保价"、稳定市场份额的努力背道而驰。

页岩气的勃兴阻止了任何新的生产者卡特尔的崛起,并将重新改写天然气地缘政治。① "天然气出口国家论坛"(GECF)是由世界主要天然气生产国建立的政府间国际组织。俄罗斯、卡塔尔和伊朗等国曾试图依托该论坛筹建"天然气欧佩克"(Gas OPEC),其目的是确定天然气生产和出口配额及价格机制。② 但页岩气的迅速发展恶化了传统天然气出口国的贸易条件,削弱了其天然气出口的垄断性定价权,这实际上也宣告了"天然气欧佩克"设想的破灭。③ 此外,页岩气革命后,该论坛成员国因彼此竞争出现严重的利益分化。全球天然气产量激增使天然气市场从供给短缺变为供给过剩。美国从进口国转向出口国使得原本计划向美国出口液化气的国家被迫转变出口目的地。后者对欧洲和亚洲市场份额的争夺越发激烈。其中,卡塔尔向欧洲的液化气出口,对俄罗斯的管道气构成巨大竞争。天然气生产国之间彼此竞争导致"天然气出口国家论坛"成员国之间难以实质性合作。④

其次,美国降低对中东的能源依赖为其影响中东事务提供了更为多样的手段,客观上加强了其外交行为能力。美国在中东的军事存在将不再以获取稳定石油供给为主要目标,而是着眼于利用其在中东的主导地位战略性地操控中东能源资源。⑤ 美国中东政策调整与其能源战略布局具有高度

---

① Agnia Grigas, *The New Geopolitics of Natural Gas*, Cambridge: Harvard University Press, 2017, pp. 1 – 2.

② "天然气出口国家论坛"于2001年成立,由世界12个主要天然气生产国和5个观察员国组成。该论坛控制全球天然气储备的57%,全球天然气贸易的40%和液化气贸易的60%。(Eldar O. Kassayev, "The Myth of a Natural Gas OPEC", *The National Interest*, February 11, 2013, https://nationalinterest.org/commentary/the-myth-natural-gas-opec-8082.) "天然气出口国家论坛"是一个代表天然气生产国利益的国际机构。有关该论坛是否会变成天然气卡特尔引发了很多争论。(S. A. Gabriel, K. E. Rosendahl, Ruud Egging, H. G. Avetisyan, and S. Siddiqui, "Cartelization in Gas Market: Studying the Potential for a 'Gas OPEC'", *Energy Economics*, Vol. 34, 2012, p. 137.)

③ 富景筠、张中元:《世界能源体系中俄罗斯的结构性权力与中俄能源合作》,《俄罗斯东欧中亚研究》2016年第2期,第61页。

④ 王涛、曹峰毓:《天然气出口论坛的缘起发展及困境》,《国际石油经济》2015年第4期,第10页。

⑤ David Hastings Dunn and Mark J. L. McClelland, "Shale Gas and The Revival of American Power: Debunking Decline?", *International Affairs*, Vol. 89, No. 6, 2013, p. 1428.

关联性。20世纪70年代"波斯湾战略"的基本目标是维持海湾地区稳定、保障海上石油运输线畅通。"卡特主义"做出在波斯湾利益承诺的主要原因在于,海湾国家是美国重要的石油进口来源。[①] 能源自给率的大幅提高,特别是对中东石油依赖度下降,将使美国战略主动性增加。美国不必如同海湾战争和伊拉克战争时期那样在中东大动干戈、花费过多资源并遭受难以承受的后果。维持与海湾盟友积极的能源关系将从战略目标导向转变为地缘政治工具。[②] 从长远来看,石油生产的地理多元化预示着大型石油出口国的战略重要性被逐步稀释。特别是美国石油安全的增加,使中东在全球能源生产体系和大国政治中的战略重要性相对下降。[③]

再次,能源制裁越来越被特朗普政府用作打击对手、实现自身地缘政治利益和对外政策目标的工具。作为新供给来源,美国页岩油气降低了能源的稀缺性,而传统油气出口国或进口国仍保持对油气的高度依赖。这意味着被制裁国应付和转嫁经济制裁的能力减弱。特朗普宣布退出"伊核协议"后,针对伊朗启动了历史上最严厉的"石油禁运"政策,要求其盟友在2018年11月4日前全面停止从伊朗进口石油,否则将面临严苛的"二级制裁"并丧失美国市场准入权。[④] 石油出口收入是伊朗的主要经济来源。2017年,伊朗石油和石化产品出口收入达700亿美元,占其外汇总收入的70%以上。这道"封杀令"无疑直指伊朗经济命脉,意在迫使伊朗政府彻底放弃既有的核开发立场及在中东地区的地缘政治扩张。

[①] 1980年1月23日,美国总统卡特在国情咨文中提出一项对海湾地区的政策声明,称"外部势力攫取控制波斯湾地区的任何企图,都将被看作是对美国根本利益的进攻。对于这种进攻,美国将使用包括军事力量在内的任何必要手段,予以击退"。这一声明被称作"卡特主义"。关于美国是否应重新考虑其在海湾石油出口中的军事担保国角色,目前引起较大争论。(Glaser L. Glaser and Rosemary A. Kelanic, eds., *Crude Strategy: Rethinking the US Military Commitment to Defend Persian Gulf Oil*, Washington: Georgetown University Press, 2016, pp. 141 – 165; Glaser L. Glaser and Rosemary A. Kelanic, "Getting Out of the Gulf: Oil and US Military Strategy", *Foreign Affairs*, Vol. 96, No. 1, 2017, pp. 122 – 131.)

[②] 李扬、徐洪峰:《特朗普政府"美国第一能源计划"及其影响》,《东北亚论坛》2017年第5期,第106页。

[③] Jim Krane and Kenneth B. Medlock III, "Geopolitical Dimensions of US Oil Security", *Energy Policy*, Vol. 114, 2018, p. 561.

[④] Carol Morello, "U. S. Pushes Allies to Cut Oil Imports from Iran as Sanctions Loom", https://www.washingtonpost.com/world/national-security/us-pushes-allies-to-cut-oil-imports-from-iran-as-sanctions-loom/2018/06/26/c1d20e78 – 794f – 11e8 – aeee-4d04c8ac6158_story.html?utm_term = .77ee9e5a8ae2.

美国对朝鲜的石油禁运也是迫使后者改变立场的重要手段。2017年5月，美国众议院通过《对朝封锁与制裁现代化法》，其核心内容是封锁朝鲜石油和石油产品的进口渠道。2017年9月，联合国安理会批准制裁朝鲜的第2375号决议，将煤气、柴油和重燃油进口减少大半，全面禁止天然气和其他石油替代产品的进口。尽管新加坡会谈后美朝关系出现缓和，特朗普政府仍于2018年6月签署行政令，把"涉及朝鲜（威胁）的国家紧急状态"延长一年，保持对朝鲜的经济制裁，其中包括禁止进口石油。7月，美国又向联合国制裁委员会递交文件，要求所有联合国成员立即停止对朝鲜出口石油。实施石油禁运旨在配合特朗普政府以"极限施压"迫使实质性对话的对朝政策，其目的是优先解决朝核问题、实现无核化目标。[①]

此外，金融制裁是美国遏制石油出口国的又一撒手锏。美国利用对SWIFT支付系统的控制，对国际金融交易进行大规模监控。为了防止美国将自己踢出SWIFT系统，俄罗斯油气巨头向西方买家施加压力，要求其以欧元取代美元结算油气贸易，并在双方合同中引入赔偿条款。在引入非美元结算石油贸易上，欧洲和俄罗斯存在共同利益。为了规避美国实施更严厉的金融制裁，俄罗斯还试图建立自己的金融转移体系，与经贸合作伙伴合力打造独立于SWIFT系统之外的银行结算体系。美国还动用金融手段加速委内瑞拉经济的崩溃。2017年，特朗普政府禁止委内瑞拉政府和国有石油公司在美国市场发行新债。2018年2月，委内瑞拉宣布发行全球首个由国家发行的加密货币"石油币"（Petro），以石油、天然气等资源作为担保，币价格相当于一桶原油成本。3月，特朗普发布命令，禁止美国公民在美国境内购买委内瑞拉"石油币"，称委政府试图增加加密货币来规避美国制裁。[②] 这一禁令使马杜罗政府通过数字代币增加外汇储备的努力难见成效。

最后，美国积极推进液化气出口遏制俄罗斯在欧洲的传统能源权力，打造更为紧密的美欧伙伴关系，利用能源角色转变的外交效应增加自己干预欧洲事务的杠杆。美国在欧洲天然气市场的首要目标是利用页岩气革命在俄欧传统能源关系中打入楔子，进而撼动欧洲传统天然气地缘政治格

[①] 王俊生：《美国特朗普政府视角下的对朝政策：多元背景下的基本共识》，《东北亚论坛》2018年第4期，第39页。

[②] 《特朗普签署行政令 禁止美国国民交易委石油币》，2018年3月20日，中国石油新闻中心（http://news.cnpc.com.cn/system/2018/03/20/001681843.shtml）。

局。美国对欧洲出口液化气，相应降低了后者对俄罗斯油气资源的依赖。这不仅限制了俄罗斯将能源资源变为外交手段的能力，而且能获取对其施压的重要工具。目前，美国已实现对波兰、立陶宛等国的液化气出口。① 这些国家传统上对俄天然气进口高度依赖，但对俄却是极度不信任和排斥的。同时，美国对欧盟老成员国不断施压，试图迫使其放弃与俄罗斯共建北溪－2管道项目②，转为进口美国液化气。美国的干涉，将导致欧洲内部在对俄天然气依赖上的分歧更加剧烈。③

就美国能源新权力对中国能源安全及中俄能源合作的影响而言，当前，中国已经成为世界最大油气进口国④，油气进口依赖程度处于历史最高时期。⑤ 在此背景下，中国能源安全的敏感度增强，而中国利用市场规模获取能源权力的可能性也相应提升。如何构建与包括美国在内的全球主要油气行为体的新型合作关系，应成为中国能源安全战略的重要内容。页岩气革命既为中美在能源领域开展合作提供了机遇，同时也使美国拥有在能源领域对中国施压的新可能。如何应对特朗普政府的"能源新现实主义"外交，成为中国面临的新课题。

美国对中东石油依赖度的持续下降，意味着确保中东石油稳定将不再是其重点战略目标。美国转换角色和政策定位对越发依赖中东石油的中国能源安全造成了一定的不确定性。在美国的战略棋盘中，中东石油供应有

---

① 2017年6月，第一批美国液化气抵达波兰，波兰总理称这是"一个历史性的时刻"。2018年3月，美国实现向波罗的海三国出口液化气。

② 北溪－2天然气管道项目总造价95亿欧元，由俄气出资50%，其余一半融资由法国ENGIE集团、奥地利石油天然气集团（OMV Group）、荷兰皇家壳牌公司、德国Uniper公司和德国温特沙尔公司（Wintershall）提供。俄气是该项目运营商北溪－2公司的唯一股东。

③ 捷克、匈牙利、波兰、斯洛伐克、拉脱维亚、立陶宛、爱沙尼亚、罗马尼亚和克罗地亚共9个欧盟成员联名致函欧洲委员会，认为北溪－2使俄天然气直接输送至德国，强化了欧盟对俄天然气依赖，损害了欧盟整体利益。波兰称北溪－2是俄罗斯取得对欧输气控制权的政治性项目，并敦促欧盟委员会明确立场、按照欧盟法律审核该项目。乌克兰和波罗的海国家认为，作为直通管道，北溪－2的建成运营将使俄罗斯不再顾及过境国利益，随心所欲地"讹诈"乌克兰等欧洲国家。（Jean Arnold Vinois and Thomas Pellerin-Carlin, "Nord Stream-2: A Decisive Test for EU Energy Diplomacy", *Natural Gas Europe*, 16 December 2015, http://www.naturalgaseurope.com/nordstream-2-eu-energy-diplomacy-expert-27171.）

④ 2015年，中国取代美国首次成为世界最大石油进口国。根据国际能源署《天然气市场报告2018》，2017—2023年，中国将贡献全球天然气消费增长的37%，2019年成为世界最大的天然气进口国。

⑤ 2017年，中国石油进口依存度升至72.3%，天然气进口依存度为39%。

可能成为遏制中国的战略工具。① 面对美国全面制裁伊朗的"石油禁令"，日本、韩国、印度、欧盟等已相继减少或计划全面停止进口伊朗石油。伊朗目前是中国第五大石油进口来源国。2017年，中国从伊朗进口石油3115万吨，占石油总进口的7%。尽管明确拒绝美国的单边制裁，中国还是被迫减少来自伊朗的石油进口，其中，中国昆仑银行已暂停与伊朗的石油交易。在对伊朗新制裁临近生效之际，美国宣布给予中国、日本、韩国、印度等8个国家暂时豁免权。然而，美国的最终目标依然是使这些买家从伊朗的石油进口量逐渐减少并最终归零。在中东能源地缘政治领域，美国能源依赖下降与中国能源依赖保持高位意味着天平的重心在向美国倾斜。未来一个时期，如何保持中美在中东的建设性合作，并与其他国家共同维护中东地区的总体战略稳定，应是中国确立新时期的中东政策、确保能源安全的一个重要选项。

在美国将中俄同时界定为"战略竞争对手"的背景下，妥善处理好与俄罗斯的能源合作，对维护中国的能源安全以及发展中俄双边关系至关重要。目前，能源合作已成为中俄双边关系的重要内容。2017年，俄罗斯成为中国第一大石油和电力进口来源国、第四大煤炭进口来源国。俄罗斯向中国出口中的70%是矿物、燃料及其附属产品。在天然气方面，中俄天然气管道东线将在2019年冬季开始供气。如果双方达成西线供气协议，俄罗斯将成为中国天然气进口的最大供应国。亚马尔液化气项目是全球最大的北极液化气项目，该项目由俄罗斯诺瓦泰克公司、中石油、法国道达尔公司和中国丝路基金共同开发。在第二、第三条生产线投产后，中石油将从2019年起每年进口亚马尔项目300万吨液化气。② 然而，在美国2017年出台的新版《国家安全战略报告》中，中俄被认定为美国全球利益的挑战者和现存国际秩序的修正者，美国不断在各个领域同时加强对中俄的遏制力度。美国对俄罗斯的经济制裁加大了中俄油气合作的外在风险：一方面，美国禁止其管辖范围内的个人或实体与制裁名单上的俄罗斯个人或实体发生交易或为其交易提供协助。另一方面，美国对与俄罗斯开展油气合作的非美国企业通过"长臂管辖"实施次级制裁。

---

① 田文林：《全球地缘政治中的中东战略地位变迁》，《世界政治研究》2018年第1期，第159页。

② 《亚马尔项目第三条生产线将提前至今年年底投产》，2018年10月16日，中国石油新闻中心（http://news.cnpc.com.cn/system/2018/10/16/001707583.shtml）。

在中俄能源相互依赖越发密切的情况下，美国加大对俄罗斯的经济制裁意味着中国对俄能源合作企业面临的风险增加，也将影响中国未来的能源供应安全。

与此同时，我们也要充分认识、积极把握美国能源角色转变为改善中美双边关系和保证中国能源安全而提供的重要机遇。首先，提升和挖掘能源合作的潜力是改善中美经贸关系的重要抓手。当然，这一变化不可能一帆风顺，需要中美共同的努力，特别是需要双方克服贸易摩擦的障碍。2017年特朗普访华期间，中美签约项目34个，总金额高达2535亿美元，能源项目协议金额超过千亿美元。[①] 2018年2月，美国切尼尔能源公司称，已与中石油签署两项采购协议，将从美国的墨西哥湾沿岸向中国出口液化气。[②] 随着中美贸易摩擦加剧，上述协议的执行遇到困难。尽管如此，能源合作仍将成为中美经济关系的重要增长点。在石油贸易方面，2017年，中国成为美国第二大石油进口目的国。当年，美国出口到中国的石油为770万吨，占美国石油出口总量的17%，占中国石油进口总量的1.82%。在天然气贸易方面，2017年，中国从美国进口天然气21亿立方米，占美国液化气出口总量的12%，占中国液化气进口总量的4%。[③] 中美能源贸易不仅有助于降低两国贸易逆差，而且对改善中国当前的能源供应安全具有现实意义。具体来看，美国液化气进口将与俄罗斯和中亚等国的管道气以及澳大利亚等国的液化气形成竞争，并提升中方的议价能力。同时，扩大美国石油进口，也会降低中国对中东和非洲石油的高度依赖，增加中国的能源供给多元化程度。

其次，中美在全球能源治理方面可以探索合作的路径。作为世界重要油气消费国，中美的政策取向对国际能源市场稳定和全球能源治理体系构建具有举足轻重的影响。目前，双方在全球能源治理体系方面的合作还乏善可陈。未来，随着中国对多边国际能源机构的更多参与，双方可以在国

[①] 具体而言，国家能源投资集团与美国西弗吉尼亚州签署框架协议，对后者页岩气、电力和化工生产项目投资837亿美元。阿拉斯加州政府、阿拉斯加州天然气开发公司（AGDC）、中国石化、中投公司与中国银行签署协议，以促进阿拉斯加州的液化气开发，该协议将涉及最多430亿美元的投资。[《中美签订2535亿美元创纪录大单、能源项目超千亿美元》，2017年11月10日，新浪网（https://finance.sina.com.cn/roll/2017-11-10/doc-ifynsait6850227.shtml）.]

[②] 《中美签订首份天然气长约合同》，2018年2月11日，搜狐网（https://www.sohu.com/a/222228651_796289）。

[③] BP, *BP Statistical Review of World Energy 2018*, 2018, pp. 24, 34.

际能源署等既有国际能源机构中增强合作,也可以作为重要的倡议者共同推动包括能源生产国、消费国、过境运输国在内的"全球能源宪章"等机制的创建。尽管特朗普政府正在从诸多多边国际机制中迅速退出,但美国的"退群"行动是暂时的。它并不意味着美国要重回"孤立主义",而是表明美国要重塑国际规则。在这历史性的时刻,中国应该而且可以做的,就是用自己的自信、远见和建设性责任,与美国共建更符合国际现实与发展趋势的国际秩序,包括在能源领域。

再次,加强与美国在能源运输通道安全等领域的合作。在中国能源界,长期存在着对"马六甲困局"的担忧。实际上,中国不应把能源安全建立在与美国发生冲突、被后者掐断石油运输通道的假设之上。当前,对于美国"印太战略"的评估存在很大争议。美国与印度、澳大利亚等国合作增强控制和封锁马六甲海峡的能力,遏制中国在南海的石油资源开发、威胁中国通往中东地区的石油战略通道,给中国的能源安全造成战略压力。如何采取主动性措施化解各方疑虑并促成建设性合作,考验着中国的战略智慧。就维护马六甲海峡运输通道安全而言,通过联合护航、建立相关海域航行规则等举措增进中美以及相关国家间的安全信任,是走出"安全困境"、达成战略性妥协的重要切入点,这也可以成为中国应对"印太战略"的有效途径。

最后,中国有必要利用世界能源市场的结构性转型之机构建自身的能源市场权力。能源政治的传统研究视角主要关注如何应对能源生产国的"破坏性"权力。实际上,市场规模也可以成为能源进口国获取权力的一种来源。目前,由沙特阿拉伯和俄罗斯领衔的"减产合作联盟"对抗美国页岩油冲击,已成为国际石油市场的基本态势。同时,俄罗斯、美国、澳大利亚、卡塔尔等天然气出口国正在竞逐亚洲天然气市场。鉴于此,中国有必要以庞大的能源市场和消费能力为议价工具,同时联合其他油气进口国促进国际油气市场从卖方市场转向买方市场。在石油方面,中石油与印度石油公司开始正式商讨成立"买油国俱乐部",并向日本和韩国提出合作建议。2018年3月,中国原油期货在上海期货交易所上海国际能源交易中心正式挂牌交易。人民币计价的原油期货合约推动2018年全球原油期货交易量创下历史新高。就天然气而言,中国亦可以依托国内市场规模和运输通道地位,联合亚洲天然气供给国和消费国,打造亚洲的区域性天然气贸易中心①,在解决天然气"亚洲溢价"困境的同时推进"天然气人民币"战略。

页岩气革命后,美国能源角色的转变引发世界能源市场与地缘政治的"系统效应"。页岩气革命不仅将世界霸主美国推上全球最大能源生产国宝座,而且正在撼动传统油气市场的博弈规则,进而改变全球能源地缘政治格局。世界石油市场的分散化与多元性使得石油本身的重要性降低,这将导致地缘政治平衡发生结构性变革。页岩气的勃兴阻止了任何新的生产者卡特尔的崛起,并将重新改写天然气地缘政治。此外,能源制裁越来越被特朗普政府用作打击对手、实现自身地缘政治利益和对外政策目标的工具。美国积极推进液化气出口遏制俄罗斯在欧洲的传统能源权力,打造更为紧密的美欧伙伴关系,利用能源角色转变的外交效应增加自己干预欧洲事务杠杆。同时,美国油气出口对于中俄能源关系的发展也将具有深远影响。构建与包括美国在内的全球主要油气行为体的新型合作关系,应成为中国能源安全战略的重要内容。

---

① 徐铭辰:《全球天然气治理话语权与中国的对策分析》,《东北亚论坛》2018年第3期,第33—34页。

参考文献

俄 文

Байков, А., "'Интеграционные Маршруты' Западно-центральной Европы и Восточкой Азии", *Международные Процессы*, т. 5, № 3, 2007.

Белогорьев, А., "Предпосылки для Построения Общих Межгосударственных Рынков Газа", *Энергетическая Политика*, № 5, 2015.

Бордачёв, Т., "Будущее Азии и Политика России", *Россия в Глобальной Политике*, № 4, 2006.

Газпром, Годовой Отчёт ПАО 《Газпром》 за 2016 год, 2017.

Договор о Таможенном Кодексе Таможенного Союза от 27 ноября 2009 г., http://docs.cntd.ru/document/902200991.

Договор о Евразийском Экономическом Союзе от 29 мая 2014 г., http://www.consultant.ru/document/Cons_doc_LAW_163855.

Дорофеев, С., "Интересы России и США в Центральной Азии: Перспективы Возможного Сотрудничества", *Мировая Экономика и Международные Отношения*, № 2, 2011.

Загладин, Н., "Конфликт вокруг Грузии—Симптом Кризиса Системы Миропорядка", *Мировая Экономика и Международные Отношения*, № 5, 2010.

Ивашенцов, Г., "Саммит АТЭС-2012: Тихоокеанские Горизонты России", *Международная Жизнь*, № 2, 2012.

Кнобель, А., "Евразийский Экономический Союз: Перспективы Развития и Возможные Препятствия", *Вопросы Экономики*, № 3, 2015.

"Концепция Внешней Политики Российской Федерации", *Независимая*

Газета, 11 июля, 2000.

Концепция Формирования Общего Энергетического Рынка Государств-членов ЕврАзЭС от 12 декабря 2008 г., https：//www.lawmix.ru/abro-law/2470.

Лавров, С., "Подъём Азии и Восточный Вектор Внешней Политики России", Россия в Глобальной Политике, № 4, 2006.

Лузянин, С., Восточная Политика Владимира Путина, Москва: Восток-Запад, 2007.

Министерство Энергетики РФ, Энергетическая Стратегия России на период до 2020 года, 2003, http：//minenergo.gov.ru.

Министерство Энергетики РФ, Энергетическая Стратегия России на Период до 2030 года, 2009, http：//www.minprom.gov.ru.

Министерство Энергетики РФ, Энергетическая Стратегия России на Период до 2035 года, 2014, http：//minenergo.gov.ru.

Министерство Энергетики РФ, Основные Положения Проекта Энергетической Стратегии России на Период до 2035 года, 2014, http：//minenergo.gov.ru.

Митыпов, Е., "Восточноазиатская Интеграция：Плюсы и Минусы для России", Мировая Экономика и Международные Отношения, № 10, 2004.

Мозиас, П., "Экономическое Взаимодействие России и Китая：От Двустороннего Формата к Региональному", Мировая Экономика и Международные Отношения, № 11, 2011.

Носова, И. А., "Российско-Японский Энергетический Диалог", Мировая Экономика и Международные Отношения, № 4, 2011.

Оболенский, В., "Россия в Таможенном Союзе и ВТО：Новое в Торговой Политике", Мировая Экономика и Международные Отношения, № 12, 2011.

О Концепции Формирования Общего Электроэнергетического Рынка, Общего Рынка Газа и Общих Рынков Нефти и Нефтепродуктов Евразийского Экономического Союза, Решение Высшего Евразийского Экономического Совета от 8 мая 2015 г. № 12, 31 мая 2016 г. № 7 и №

8, http：//www. eurasiancommission. org/ru/act/energetikaiinfr/energ/Pages/default. aspx.

О Концепции Формирования Общего Рынка Газа Евразийского Экономического Союза, Решение Высшего Евразийского Экономического Совета от 31 мая 2016 г. № 7, http：//www. eurasiancommission. org/ru/act/energetikaiinfr/energ/Pages/default. aspx.

О Концепции Формирования Общих Рынков Нефти и Нефтепродуктов Евразийского Экономического Союза, Решение Высшего Евразийского Экономического Совета от 31 мая 2016 г. № 8, http：//www. eurasiancommission. org/ru/act/energetikaiinfr/energ/Pages/default. aspx.

Об Основах Энергетической Политики Государств-членов ЕврАзЭС, Решение Межгосударственного Совета Евразийского Экономического Сообщества от 28 февраля 2003 г. № 103, http：//docs. cntd. ru/document/902124369.

Об Основных Направлениях Развития Нефтегазового Комплекса Восточной Сибири и Дальнего Востока с учетом Реализации Перспективных Международных Проектов, Материал Представлен Министерством Энергетики РФ к Заседанию Правительства РФ 13 марта 2003, http：//www. gasforum. ru/concept/me_ atr_ 0303. shtml.

"Основные Положения Концепции Внешней Политики Российской Федерации", *Дипломатический Вестник*, Специальное Издание, 1993.

Пантин, В. , и В. Лапкин, "Внутри- и Внешнеполитические Факторы Интеграции Украины с Россией и ЕС", *Мировая Экономика и Международные Отношения*, № 11, 2012.

Потапов, М. , "Куда Идёт Экономическая Интеграция в Восточной Азии?", *Мировая Экономика и Международные Отношения*, № 9, 2006.

Приоритетные Направления Развития ЕврАзЭС на 2003 – 2006 и Последующие Годы, Решение Межгоссовета ЕврАзЭС от 9 февраля 2004 г. № 152, http：//www. evrazes. com/docs/view/30.

Программа создания в Восточной Сибири и на Дальнем Востоке единой системы добычи, транспортировки газа и газоснабжения с учетом возможного экспорта газа на рынки Китая и другихстран Азиатско-тихоокеанского региона, http://www.alppp.ru/law/konstitucionnyj-stroj/federativnoe-ustrojstvo/5/programma-sozdanija-v-vostochnoj-sibiri-i-na-dalnem-vostoke-edinoj-sistemy-dobychi-transpo.html.

Путин, В., "Новый Интеграционный Проект для Евразии—Будущее, Которое Рождается Сегодня", *Известия*, 3 октября, 2011.

Роснефть, Годовой Отчёт 2016, 2017.

Салин, П., "Три Пути России в Азии", *Россия в Глобальной Политике*, т. 10, № 5, 2012.

Севастьянов, С., "Регионализм в Восточной Азии и Россия", *Мировая Экономика и Международные Отношения*, № 12, 2008.

Севастьянов, С., "Новые Проекты Азиатско-Тихоокеанской Интеграции", *Мировая Экономика и Международные Отношения*, № 1, 2011.

Суздальцев, А., "Сменит ли Евразийский Экономический Союз Союзное Государство Белоруссии и России?", *Мировая Экономика и Международные Отношения*, № 8, 2013.

Титаренко, М., *Геополитическое Значение Дальнего Востока*, Москва: Памятники Исторической Мысли, 2008.

Федеральная Таможенная Служба, *Экспорт-Импорт России Важнейших Товаров За январь-декабрь 2012 года*, 2013.

Федоровская, И., "Вступление Армении в ЕАЭС", *Россия и Новые Государства Евразии*, № 3, 2015.

Федоровский, А., "Возможности и Проблемы Регионального Сотрудничества в Восточной Азии", *Мировая Экономика и Международные Отношения*, № 1, 2010.

Федоровский, А., "Эволюция АТЭС и Перспективы Региональных Интеграционных Процессов", *Мировая Экономика и Международные Отношения*, № 1, 2012.

Хейфец, Б., "Евразийский Экономический Союз: Новые Вызовы для Бизнеса", *Общество и Экономика*, №. 6, 2015.

Целищев, И., "Восточная Азия: Перспективы Развития. Восточная Азия: Интеграция?", *Мировая Экономика и Международные Отношения*, № 8, 2003.

Чуфрин, Г., "Евразийский Экономический Союз—Первые Результаты и Перспективы", *Россия и Новые Государства Евразии*, №. 1, 2016.

Шумский, Н. Н., "Единое Экономическое Пространство Беларуси, Казахстана, России и Украины: Проблемы и Перспективы", *Вопросы Экономики*, № 8, 2005.

Шурубович, А., "Евразийская Интеграция в Восприятии Белорусов", *Россия и Новые Государства Евразии*, №. 1, 2014.

英 文

Aalto, Pami, and Tuomas Forsberg, "The Structuration of Russia's Geo-economy under Economic Sanctions", *Asia Europe Journal*, Vol. 14, Issue 2, 2016.

Abbasov, Faig Galib, "EU's External Energy Governance: A Multidimensional Analysis of the Southern Gas Corridor", *Energy Policy*, Vol. 65, 2014.

Abdelal, Rawi, "The Profits of Power: Commerce and Realpolitic in Eurasia", *Review of International Political Economy*, Vol. 20, No. 3, 2013.

Abdelal, Rawi, "The Multinational Firm and Geopolitics: Europe, Russian Energy, and Power", *Business and Politics*, Vol. 17, No. 3, 2015.

ADB's Asia Regional Integration Center (ARIC) FTA Database, http://www.aric.adb.org.

Aggarwal, Vinod K., and Min Gyo Koo, "An Institutional Path: Community Building in Northeast Asia", in G. John Ikenberry and Chung-in Moon, eds., *The United States and Northeast Asia: Debates, Issues, and New Order*, New York: Rowman & Littlefield Publishers, Inc., 2008.

Ahn, Se Hyun, and Michael T. Jones, "Northeast Asia's Kovyka Conundrum: A Decade of Promise and Peril", *Asia Policy*, No. 5, 2008.

Andre, Sapir, "Regionalism and the New Theory of International Trade", *The World Economy*, Vol. 16, Issue 4, 1993.

Ansari, Dawud, "OPEC, Saudi Arabia, and Shale Revolution: Insights from Equilibrium Modeling and Oil Politics", *Energy Policy*, Vol. 111, 2017.

Athukorala, Prema-chandra, and Nobuaki Yamashita, "Production Fragmentation and Trade Integration: East Asia in a Global Context", *The North American*

Journal of Economics and Finance, No. 17, 2006.

Atlantic Council Global Energy Center, "Empowering America: How Energy Abundance Can Strengthen US Global Leadership", July 2015.

Auping, Willem L., et al., "The Geopolitical Impact of the Shale Revolution: Exploring Consequences on Energy Prices and Rentier States", *Energy Policy*, Vol. 98, 2016.

Averre, Derek, "Competing Rationalities: Russia, the EU and the 'Shared Neighbourhood'", *Europe-Asia Studies*, Vol. 61, No. 10, 2009.

Baev, Pavel K., and Indra Overland, "The South Stream versus Nabucco Pipeline Race: Geopolitical and Economic (Ir) Rationales and Political Stakes in Mega-projects", *International Affairs*, Vol. 86, No. 5, 2010.

Baffes, John, M. Ayhan Kose, Franziska Ohnsorge, and Marc Stocker, *The Great Plunge in Oil Prices: Causes, Consequences, and Policy Responses*, Development Economics, World Bank Group, 2015.

Balassa, Bela, *The Theory of Economic Integration*, Homewood: Richard D. Irwin, Inc., 1961.

Baldwin, Richard E., "The Spoke Trap: Hub and Spoke Bilateralism in East Asia", *KIEP CNAEC Research Series* 04–02, 2004.

Balzer, Harley, "Vladimir Putin's Academic Writings and Russian Natural Resource Policy", *Problems of Post-Communism*, Vol. 53, No. 1, 2006.

Belyi, Andrei V., "Gazprom-Rosneft Competition for Asian Gas Markets: Opportunities and Challenges", *Russian Analytical Digest*, No. 174, 2015.

Bilgin, Mert, "Energy Security and Russia's Gas Strategy: The Symbiotic Relationship between the State and Firms", *Communist and Post-Communist Studies*, Vol. 44, 2011.

Boersma, Tim, Charles K. Ebinger, and Heather L. Greenley, *An Assessment of U.S. Natural Gas Exports*, Natural Gas Issue Brief 4, Washington DC: Brookings Institution, July 2015.

Boguslavska, Kateryna, "Gazprom: From Monopoly to Oligopoly on the Russian Gas Market", *Russian Analytical Digest*, No. 174, 2015.

Bordoff, Jason, and Akos Losz, "The United States Turns on the Gas", *Foreign Affairs*, March 4, 2016, https://www.foreignaffairs.com/articles/2016–

03 – 04/united-states-turns-gas.

Bordoff, Jason, and Trevor Hauser, "American Gas to the Rescue? The Impact of US LNG Exports on European Security and Russian Foreign Policy", *Columbia SIPA Center on Global Energy Policy*, September 2014.

Boussena, A., and C. Locatelli, "Energy Institutions and Organisational Changes in EU and Russia: Revisiting Gas Relations", *Energy Policy*, Vol. 55, No. 1, 2013.

BP, *BP Statistical Review of World Energy 2000 – 2018*, 2000 – 2018, http://www.bp.com/statisticalreview.

BP, *BP Statistical Review of World Energy-underpinning Data*, 1965 – 2016, https://www.bp.com/en/global/corporate/energy-economics/statistical-review-of-world-energy/downloads.html.

BP, *BP Energy Outlook 2035*, 2014, http://www.bp.com/energyoutlook.

Bradshaw, Michael, "A New Energy Age in Pacific Russia: Lessons from the Sakhalin Oil and Gas Projects", *Eurasian Geography and Economics*, Vol. 51, No. 3, 2010.

Buszynski, Leszek, "Russia and Southeast Asia", in Hiroshi Kimura, ed., *Russia's Shift toward Asia*, Tokyo: The Sasakawa Peace Foundation, 2007.

Calder, Kent E., *The New Continentalism: Energy and Twenty-First-Century Eurasian Geopolitics*, New Haven and London: Yale University Press, 2012.

Caporin, Massimiliano, and Fulvio Fontini, "The Long-run Oil-Natural Gas Price Relationship and the Shale Gas Revolution", *Energy Economics*, Vol. 64, 2017.

Casier, Tom, "The Rise of Energy to the Top of the EU-Russia Agenda: From Interdependence to Dependence?", *Geopolitics*, Vol. 16, No. 3, 2011.

Chyong, Chi Kong, and Benjamin F. Hobbs, "Strategic Eurasian Natural Gas Market Model for Energy Security and Policy Analysis: Formulation and Application to South Stream", *Energy Economics*, No. 44, 2014.

Click, Reid, and Robert Weiner, "Resource Nationalism Meets the Market: Political Risk and the Value of Petroleum Reserves", *Journal of International Business Studies*, Vol. 41, No. 5, 2010.

Cobanli, Onur, "Central Asian Gas in Eurasian Power Game", *Energy Policy*,

Vol. 68, 2014.

Colgan, Jeff D., "The Emperor Has No Clothes: The Limits of OPEC in the Global Oil Market", *International Organization*, Vol. 68, 2014.

Colgan, Jeff D., and Thijs Van de Graaf, "A Crude Reversal: The Political Economy of the United States Crude Oil Export Policy", *Energy Research & Social Science*, Vol. 24, 2017.

Conant, Melvin A., and Fern Racine Racine Gold, *The Geopolitics of Energy*, Colorado: Westview Press, 1978.

Coq, Chloe Le, and Elana Paltseva, "Assessing Gas Transit Risks: Russia vs. the EU", *Energy Policy*, Vol. 42, 2012.

Cowhey, Peter F., *The Problems of Plenty: Energy Policy and International Politics*, Berkeley: University of California Press, 1985.

Culpepper, Pepper, *Quiet Politics and Business Power*, New York: Cambridge University Press, 2011.

Cunningham, Nick, "The Geopolitical Implications of U. S. Natural Gas Exports", *American Security Project*, March 2013.

Dale, Spencer, "New Economics of Oil", Society of Business Economists Annual Conference, London, October 2015.

Deardorff, Alan V., "Fragmentation in Simple Trade Models", *The North American Journal of Economics and Finance*, No. 12, 2001.

Deloitte Center for Energy Solutions, "Exporting the American Renaissance: Global Impacts of LNG Exports from the United States", *A Report by the Deloitte Center for Energy Solutions and Deloitte Market Point LLC*, 2013.

Dorigoni, Susanna, Clara Graziano, and Federico Pontoni, "Can LNG Increase Competitiveness in the Natural Gas Market?", *Energy Policy*, Vol. 38, 2010.

Dunn, David Hastings, and Mark J. L. McClelland, "Shale Gas and The Revival of American Power: Debunking Decline?", *International Affairs*, Vol. 89, No. 6, 2013.

EIA, *Annual Energy Outlook 2016 with Projections to 2040*, August 2016, https://www.eia.gov/outlooks/aeo/pdf/0383 (2016).pdf.

EIA, *Short-Term Energy Outlook (STEO)*, March 2018, https://www.eia.gov/outlooks/steo/.

EIA, *Russia*, March 12, 2014, http：//www. eia. gov/countries.

EIA, *Russia*, *International Energy Data and Analysis*, 2015.

EIA, *China*, *Japan*, *South Korea*, *International Energy Data and Analysis*, 2015.

EIA, *Annual Energy Outlook 2016 Early Release Overview*, 2016.

EIA, *The United States Exported More Natural Gas than It Imported in 2017*, March 19, 2018, https：//www. eia. gov/todayinenergy/detail. php？ id = 35392.

EIA, *United States Expected to Become a Net Export of Natural Gas This Year*, August 9, 2017, https：//www. eia. gov/todayinenergy/detail. php？ id =32412#.

Elass, Jareer, and Amy Myers Jaffe, "The History and Politics of Russia's Relations with OPEC", The Energy Forum of the James A. Baker III Institute for Public Policy, Rice University, May 2009.

Ericson, Richard E. , "Eurasian Natural Gas Pipelines：The Political Economy of Network Interdependence", *Eurasian Geography and Economics*, Vol. 50, Issue 1, 2009.

Ethier, Wilfred J. , "Regionalism in a Multilateral World", *Journal of Political Economy*, Vol. 106, Issue 6, 1998.

Fernandez, Rafael, and Enrique Palazuelos, "The Future of Russian Gas Exports to East Asia：Feasibility and Market Implications", *Futures*, Vol. 43, Issue 10, 2011.

Fernandez, Raquel, and Jonathan Portes, "Returns to Regionalism：An Analysis of Non-Traditional Gains from Regional Trade Agreement", *The World Bank Economic Review*, Vol. 12, No. 2, 1998.

Finon, Dominique, "Russia and the 'Gas-OPEC', Real or Perceived Thread？", *Ifri Russia/NIS Center*, November 2007.

Finon, Dominique, and Catherine Locatelli, "Russian and European Gas Interdependence：Could Contractual Trade Channel Geopolitics？", *Energy Policy*, Vol. 36, 2008.

Gabriel, S. A. , K. E. Rosendahl, Ruud Egging, H. G. Avetisyan, and S. Siddiqui, "Cartelization in Gas Market：Studying the Potential for a 'Gas OPEC'", *Energy Economics*, Vol. 34, 2012.

Geny, Florence, *Can Unconventional Gas be a Game Changer in European Gas Markets?* Oxford: The Oxford Institute for Energy Studies, 2010.

Glaser, Glaser L., and Rosemary A. Kelanic, "Getting Out of the Gulf: Oil and US Military Strategy", *Foreign Affairs*, Vol. 96, No. 1, 2017.

Glaser, Glaser L., and Rosemary A. Kelanic, eds., *Crude Strategy: Rethinking the US Military Commitment to Defend Persian Gulf Oil*, Washington: Georgetown University Press, 2016.

Glinkina, Svetlana, "Russian Ideas on Integration within the CIS Space: How Do They Match or Clash with EU Ideas?", Institute for World Economics of the Hungarian Academy of Sciences, Working Paper, No. 182, 2008.

Goldman, Marshall I., *Petrostate: Putin, Power and the New Russia*, New York: Oxford University Press, 2008.

Goldthau, Andreas, "Rhetoric versus Reality: Russian Threats to European Energy Supply", *Energy Policy*, Vol. 36, 2008.

Goldthau, Andreas, "Energy Diplomacy in Trade and Investment of Oil and Gas", in Andreas Goldthau and Jan Martin Witte, eds., *Global Energy Governance: The New Rules of the Game*, Berlin: Global Public Policy Institute, 2010.

Goldthau, Andreas, "Emerging Governance Challenges for Eurasian Gas Markets after the Shale Gas Revolution", in A. Goldthau et al., eds., *Dynamics of Energy Governance in Europe and Russia*, International Political Economy, Basingstoke: Palgrave Macmillan, 2012.

Gomart, Thomas, "EU-Russia Relations Toward a Way Out of Depression", The Center for Strategic and International Studies, 2008.

Grigas, Agnia, *The Gas Relationship between the Baltic States and Russia: Politics and Commercial Realities*, Oxord: The Oxford Institute for Energy Studies, NG 67, October 2012.

Grigas, Agnia, *The New Geopolitics of Natural Gas*, Cambridge: Harvard University Press, 2017.

Grigoryev, Yuli, "Today or not Today: Deregulation the Russian Gas Sector", *Energy Policy*, Vol. 35, 2007.

Guliyev, Farid, and Nozima Akhrarkhodjaeva, "The Trans-Caspian Energy

Route: Cronyism, Competition and Cooperation in Kazakh Oil Export", *Energy Policy*, No. 37, 2009.

Hanson, Gordon H. , "Market Potential, Increasing Returns, and Geographic Concentration", *NBER Working Paper*, No. 6429, 1998.

Hartwell, Christopher A. , "Improving Competitiveness in the Member States of the Eurasian Economic Union: A Blueprint for the Next Decade", *Post-Communist Economies*, Vol. 28, No. 1, 2016.

Hayes, Mark H. , and David G. Victor, "Introduction to the Historical Case Studies: Research Questions, Methods, and Case Selection", in David G. Victor, Amy M. Jaffe, and Mark H. Hayes, eds. , *Natural Gas and Geopolitics: From 1970 to 2040*, Cambridge: Cambridge University Press, 2006.

Henderson, James, *The Strategic Implications of Russia's Eastern Oil Resources*, Oxford: The Oxford Institute for Energy Studies, WPM 41, January 2011.

Henderson, James, *The Pricing Debate over Russian Gas Exports to China*, Oxford: The Oxford Institute for Energy Studies, NG 56, September 2011.

Henderson, James, *The Commercial and Political Logic for the Altai Pipeline*, Oxford: The Oxford Institute for Energy Studies, December 2014.

Henderson, James, "Competition for Customers in the Evolving Russian Gas Market", *Europe-Asia Studies*, Vol. 65, No. 3, 2015.

Hettne, Björn, "The New Regionalism: A Prologue", in Björn Hettne, András Inotai, and Osvaldo Sunkel, eds. , *Globalism and the New Regionalism*, London: Macmillan Press Ltd, 1999.

Hirschhausen, Christian von, Berit Meinhart, and Ferdinand Pavel, "Transporting Russian Gas to Western Europe—A Simulation Analysis", *The Energy Journal*, Vol. 26, No. 2, 2005.

Hirschhausen, Christian von, and Hella Engerer, "Post-Soviet Gas Sector Restructuring in the CIS: A Political Economy Approach", *Energy Policy*, Vol. 26, No. 15, 1998.

Hogselius, Per, *Red Gas: Russia and the Origins of European Energy Dependence*, Basingstoke: Palgrave Macmillan, 2013.

Hubbard, G. , and R. Weiner, "Regulation and Long Term Contracting in US National Gas Markets", *Journal of Industrial Economics*, Vol. 35, No. 1,

1986.

Hubert, Franz, and Svetlana Ikonnikova, "Investment Options and Bargaining Power: The Eurasian Supply Chain for Natural Gas", *The Journal of Industrial Economics*, Vol. 59, No. 1, 2011.

IEA, *World Energy Outlook 2011*, 2011.

IEA, "Golden Rules for a Golden Age of Gas", *World Energy Outlook Special Report on Unconventional Gas*, 2012.

IMF, *World Economic Outlook Database*, 2012.

IMF, *World Economic Outlook: Too Slow for Too Long*, 2016.

Ivanov, Vladimir I., "Russia and Regional Energy Links in Northeast Asia", The James A. Baker III Institute for Public Policy of Rice University, 2004.

Jaffe, Amy Myers, and Ronald Soligo, "Militarization of Energy: Geopolitical Threats to the Global Energy System", The Global Energy Market Working Paper Series: Comprehensive Strategies to Meet Geopolitical and Financial Risks, The James A. Baker III Institute for Public Policy at Rice University, 2008.

Jaffe, Amy Myers, "The Americas, Not the Middle East, Will Be the World Capital of Energy", *Foreign Policy*, September/October 2011.

Jaffe, Amy Myers, and E. Morse, "The End of OPEC", *Foreign Policy*, October 16, 2013, https://foreignpolicy.com/2013/10/16/the-end-of-opec/#.

Jeffrey D. Wilson, "Northeast Asian Resource Security Strategies and International Resource Politics in Asia", *Asian Studies Review*, Vol. 38, No. 1, 2014.

Jones, Bruce D., and David Steven, *The Risk Pivot: Great Powers, International Security, and the Energy Revolution*, Brookings, November 21, 2014.

Kaiser, Mark J., and Allen G. Pulsipher, "A Review of the Oil and Gas Sector in Kazakhstan", *Energy Policy*, No. 35, 2007.

Kalyuzhnova, Yelena, and Christian Nygaard, "State Governance Evolution in Resource-rich Transition Economies: An Application to Russia and Kazakhstan", *Energy Policy*, Vol. 36, 2008.

Kassayev, Eldar O., "The Myth of a Natural Gas OPEC", *The National Interest*, February 11, 2013, https://nationalinterest.org/commentary/the-myth-natural-gas-opec-8082.

Kazantsev, Andrei, "Russian Policy in Central Asia and the Caspian Sea Region", *Europe-Asia Studies*, Vol. 60, No. 6, 2008.

Kisswani, Khalid M., "Does OPEC Act as a Cartel? Empirical Investigation of Coordination Behavior", *Energy Policy*, Vol. 97, 2016.

Kleinberg, Robert L., Sergey Paltsev, Charle K. Ebinger, David Hobbs, and Tim Boersma, "Tight Oil Development Economics: Benchmarks, Breakeven Points, and Inelasticities", MIT CEEPR Working Paper, August 2016.

Konoplyanik, Andrey A., "Russian Gas at European Energy Market: Why Adaptation is Inevitable", *Energy Strategy Reviews*, Vol. 1, Issue 1, 2012.

Kowalczyk, Carsten, and Ronald J. Wonnacott, "Hubs and Spokes, and Free Trade in the Americas", *NBER Working Paper*, No. 4198, 1992.

Krane, Jim, and Kenneth B. Medlock III, "Geopolitical Dimensions of US Oil Security", *Energy Policy*, Vol. 114, 2018.

Kropatcheva, Elena, "Playing Both Ends against the Middle: Russia's Geopolitical Energy Games with the EU and Ukraine", *Geopolitics*, Vol. 16, 2011.

Kropatcheva, Elena, "He Who Has the Pipeline Calls the Tune? Russia's Energy Power against the Background of the Shale 'Revolutions'", *Energy Policy*, No. 66, 2014.

Krysiek, Timothy Fenton, *Agreements from Another Era: Production Sharing Agreements in Putin's Russia, 2000 – 2007*, Oxford: The Oxford Institute for Energy Studies, WP 34, November 2007.

Kubicek, Paul, "Energy Politics and Geopolitical Competition in the Caspian Basin", *Journal of Eurasian Studies*, No. 4, 2013.

Kuhn, Maximilian, and Frank Umbach, "Strategic Perspectives of Unconventional Gas: A Game Changer with Implications for the EU's Energy Security", *European Centre for Energy and Resource Security Strategy Paper*, Vol. 1, 2011.

Lee, Jae-Young, and Alexey Novitskiy, "Russia's Energy Policy and Its Impacts on Northeast Asian Energy Security", *International Area Review*, Vol. 13, No. 1, 2010.

Lee, Youn Seek, "The Gas Pipeline Connecting South Korea, North Korea, and Russia: Effects, Points of Contention, and Tasks", KINU Policy Study 11 – 05, 2011.

Legro, Jeffrey W., and Andrew Moravcsik, "Is Anybody Still a Realist?", *In-*

ternational Security, Vol. 24, No. 2, 1999.

Lenard, Brittney, and Yevgen Sautin, "Time for Natural Gas Diplomacy", The National Interest, February 5, 2014.

Locatelli, Catherine, "The Russian Oil Industry between Public and Private Governance: Obstacles to International Oil Companies' Investment Strategies", Energy Policy, Vol. 34, 2006.

Locatelli, Catherine, "The Russian Gas Industry: Challenges to the 'Gazprom Model'?", Post-Communist Economics, Vol. 26, Issue 1, 2014.

Lunden, Lars Petter, Daniel Fjaertoft, Indra Overland, and Alesia Prachakova, "Gazprom vs. Other Russian Gas Producers: The Evolution of the Russian Gas Sector", Energy Policy, Vol. 61, 2013.

Mares, Miroslav, and Martin Larys, "Oil and Natural Gas in the Russia's Eastern Energy Strategy: Dream or Reality?", Energy Policy, Vol. 50, 2012.

Mart, Raamat, and Bryza Matthew, "Developments in the Russian Internal Gas Sector: Cosmetic Changes or Concrete Reform?", International Center for Defense and Security, Estonia, 2015.

Matsuo, Yuhji, Akira Yanagisawa, and Yukari Yamashita, "A Global Energy Outlook to 2035 with Strategic Considerations for Asia and Middle East Energy Supply and Demand Interdependencies", Energy Strategy Review, Vol. 2, Issue 1, 2013.

Mattli, Walter, The Logic of Regional Integration: Europe and Beyond, New York: Cambridge University Press, 1999.

Medlock III, Kenneth Barry, "Modeling the Implications of Expanded US Shale Gas Production", Energy Strategy Reviews, Vol. 1, Issue 1, 2012.

Medlock, Kenneth B., Amy Myers Jaffe, and Meghan O'Sullivan, "The Global Gas Market, LNG Exports and The Shifting US Geopolitical Presence", Energy Strategy Reviews, Vol. 5, 2014.

Melling, Anthony J., Natural Gas Pricing and Its Future—Europe as the Battleground, Washington D. C.: Carnegie Endowment for International Peace, 2010.

Miller, Paul D., "The Fading Arab Oil Empire", The National Interest, July/August 2012, https://nationalinterest.org/article/the-fading-arab-oil-empire-

7072.

Mohapatra, Nalin Kumar, "Energy Security Paradigm, Structure of Geopolitics and International Relations Theory: From Global South Perspectives", *GeoJournal*, Vol. 82, 2017.

Moniz, Ernest J., et al., *The Future of Natural Gas—An Interdisciplinary MIT Study*, 2011, http://energy.mit.edu/wp-content/uploads/2011/06/MITEI-The-Future-of-Natural-Gas.pdf.

Morbee, Joris, and Stef Proost, "Russian Gas Imports in Europe: How Does Gazprom Reliability Change the Game?", *The Energy Journal*, Vol. 31, No. 4, 2010.

Morello, Carol, "U.S. Pushes Allies to Cut Oil Imports from Iran as Sanctions Loom", https://www.washingtonpost.com/world/national-security/us-pushes-allies-to-cut-oil-imports-from-iran-as-sanctions-loom/2018/06/26/c1d20e78-794f-11e8-aeee-4d04c8ac6158_story.html?utm_term=.77ee9e5a8ae2.

Moryadee, Seksun, Steven A. Gabriel, and Hakob G. Avetisyan, "Investigating the Potential Effects of U.S. LNG Exports on Global Natural Gas Markets", *Energy Strategy Reviews*, Vol. 2, Issues 3–4, 2014.

Mostafa, Golam, "The Concept of 'Eurasia': Kazakhstan's Eurasian Policy and Its Implications", *Journal of Eurasian Studies*, No. 4, 2013.

Motomura, Masumi, "Japan's Need for Russian Oil and Gas: A Shift in Energy Flows to the Far East", *Energy Policy*, Vol. 74, 2014.

Mukunoki, Hiroshi, and Kentaro Tachi, "Multilaterism and Hub-and-Spoke Bilateralism", *Review of International Economics*, Vol. 14, No. 4, 2006.

Nagayama, Daisuke, and Masahide Horita, "A Network Game Analysis of Strategic Interactions in the International Trade of Russian Natural Gas through Ukraine and Belarus", *Energy Economics*, Vol. 43, 2014.

National Security Strategy of the United States of America, December 2017, https://www.whitehouse.gov/wp-content/uploads/2017/12/NSS-Final-12-18-2017-0905-2.pdf.

Never, Babette, "Toward the Green Economy: Assessing Countries' Green Power", GIGA Working Papers, No. 226, 2013.

Newnham, Randall, "Oil, Carrots, and Sticks: Russia's Energy Resources as a

Foreign Policy Tool", *Journal of Eurasian Studies*, Vol. 2, Issue 2, 2011.

Nurgaliyeva, Lyailya, "Kazakhstan's Economic Soft Balancing Policy vis-à-vis Russia: From the Eurasian Union to the Economic Cooperation with Turkey", *Journal of Eurasian Studies*, Vol. 7, Issue 1, 2016.

Nye, Joseph, "Energy and Security in the 1980s", *World Politics*, Vol. 35, No. 1, 1982.

Ocelik, Petr, and Jan Osicka, "The Framing of Unconventional Natural Gas Resources in the Foreign Energy Policy Discourse of the Russian Federation", *Energy Policy*, Vol. 72, 2014.

Olcott, M., and N. Petrov, *Russia's Regions and Energy Policy in East Siberia*, Houston: James Baker III Institute for Public Policy & The Institute of Energy Economics, 2009.

Oliker, Olga, Keith Crane, Lowell H. Schwartz, and Catherine Yusupov, *Russian Foreign Policy: Sources and Implications*, Santa Monica: Rand Corporation, 2009.

Orlov, Anton, "The Strategic Implications of the Second Russia-China Gas Deal on the European Gas Market", *Energy Strategy Reviews*, Vol. 13 – 14, 2016.

Orttung, Robert W., and Indra Overland, "A Limited Toolbox: Explaining the Constraints on Russia's Foreign Energy Policy", *Journal of Eurasian Studies*, No. 2, 2011.

O'Sullivan, Meghan L., *Windfall: How the New Energy Abundance Upends Global Politics and Strengthens America's Power*, New York: Simon & Schuster, 2017.

Ozdemir, Volkan, and Sohbet Karbuz, "A New Era in Russian Gas Market: The Diminishing Role of Gazprom", *Energy Strategy Reviews*, Vol. 8, 2015.

Paik, Keun-Wook, *Sino-Russian Oil and Gas Cooperation—The Reality and Implications*, Oxord: The Oxford Institute for Energy Studies, 2012.

Paik, Keun-Wook, *Sino-Russian Gas and Oil Cooperation: Entering into a New Era of Strategic Partnership?* Oxord: The Oxford Institute for Energy Studies, 2015.

Palazuelos, Enrique, and Rafael Fernandez, "Kazakhstan: Oil Endowment and Oil Empowerment", *Communist and Post-Communist Studies*, Vol. 45, Issues

1 - 2, 2012.

Palmer, Norman D., *The New Regionalism in Asia and the Pacific*, Masachusetts/Toronto: Lexington Books, 1991.

Paltsev, Sergey, "Scenarios for Russia's Natural Gas Exports to 2050", *Energy Economics*, No. 42, 2014.

Pastukhova, Maria, and Kirsten Westphal, "A Common Energy Market in the Eurasian Economic Union", SWP Comments 9, February 2016.

Perroni, Carlo, and John Whalley, "The New Regionalism: Trade Liberalization or Insurance?", *NBER Working Paper*, No. 4626, 1994.

Pirani, Simon, ed., *Russian and CIS Gas Markets and Their Impact on Europe*, Oxford: The Oxford Institute for Energy Studies, 2009.

Putin, Vladimir, "An Asia-Pacific Growth Agenda", *Wall Street Journal*, September 6, 2012.

Putman, Robert D., "Diplomacy and Domestic Politics: The Logic of Two-Level Games", *International Organization*, Vol. 42, No. 3, 1988.

Raamat, Mart, and Bryza Matthew, "Developments in the Russian Internal Gas Sector: Cosmetic Changes or Concrete Reform?", International Center for Defense and Security, Estonia, 2015.

Ratner, Michael, et al., "Europe's Energy Security: Options and Challenges to Natural Gas Supply Diversification", CRS Report for Congress, 2013.

Remme, Uwe, Markus Blesl, and Ulrich Fahl, "Future European Gas Supply in the Resource Triangle of the Former Soviet Union, the Middle East and Northern Africa", *Energy Policy*, Vol. 36, 2008.

Romanova, Tatiana, "Russian Energy in the EU Market: Bolstered Institutions and Their Effects", *Energy Policy*, Vol. 74, 2014.

Rose, Gideon, "Neoclassical Realism and Theories of Foreign Policy", *World Politics*, Vol. 51, No. 1, 1998.

Rosneft News Release, "Igor Sechin Made a Report at the Presidential Commission for Fuel and Energy Industry", June 4, 2014, http://www.rosneft.com/news/today/04062014.html.

Saivetz, Carol R., "The Ties that Bind? Russia's Evolving Relations with Its Neighbors", *Communist and Post-Communist Studies*, No. 45, 2012.

Saussay, Aurelien, "Can the US Shale Revolution be Duplicated in Continental Europe? An Economic Analysis of European Shale Gas Resources", *Energy Economics*, Vol. 69, 2018.

Schenkkan, N. , "Central Asia and the Eurasian Economic Union: The Global Picture and Country Perspectives", *GWU Central Asia Program Central Asia Policy Brief*, No. 21, 2015.

Schiff, Maurice, and Alan Winters, "Regional Integration as Diplomacy", *The World Bank Economic Review*, Vol. 12, No. 2, 1998.

Shadrina, Elena, "Russia's Foreign Energy Policy: Paradigm Shifts within the Geographical Context of Europe, Central Eurasia and Northeast Asia", *The Norwegian Institute for Defence Studies and IFS Insights*, November 2010.

Shadrina, Elena, and Michael Bradshaw, "Russia's Energy Governance Transition and Implications for Enhanced Cooperation with China, Japan, and South Korea", *Post-Soviet Affairs*, Vol. 29, No. 6, 2013.

Shadrina, Elena, "Russia's Natural Gas Policy toward Northeast Asia: Rationales, Objectives and Institutions", *Energy Policy*, Vol. 74, 2014.

Shaffer, Brenda, *Energy Politics*, Philadelphia: University of Pennsylvania Press, 2011.

Skalamera, Morena, "Booming Synergies in Sino-Russian Natural Gas Partnership", Harvard Kennedy School Belfer Center for Science and International Affairs, 2014.

Skalamera, Morena, "Invisible but no Indivisible: Russia, the European Union, and the Importance of 'Hidden Governance'", *Energy Research & Social Science*, Vol. 12, 2016.

Skalamera, Morena, "Sino-Russian Energy Relations Reversed: A New Little Brother", *Energy Strategy Reviews*, Vol. 13 – 14, 2016.

Soderbergh, Bengt, et al. , "European Energy Security: An Analysis of Future Russian Natural Gas Production and Exports", *Energy Policy*, Vol. 38, 2010.

Solanko, Laura, and Pekka Sutela, "Too Much or Too Little Russian Gas to Europe?", *Eurasian Geography and Economics*, Vol. 50, No. 1, 2009.

Smith, Keith C. , *Russia-Europe Energy Relations: Implications for U. S. Policy*, Center for Strategic and International Studies, 2010.

Starr, S. Frederick, "A Partnership for Central Asia", *Foreign Affairs*, Vol. 84, No. 4, 2005.

Stegen, Karen Smith, "Deconstructing the 'Energy Weapon': Russia's Threat to Europe as Case Study", *Energy Policy*, Vol. 39, 2011.

Stent, Angela, "An Energy Superpower? Russia and Europe", in Kurt M. Campbell and Jonathon Price, eds., *The Global Politics of Energy*, Washington D. C.: The Aspen Institute, 2008.

Stern, Jonathan, "Soviet Natural Gas in the World Economy", in Robert G. Jensen, Theodore Shabad, and Arthur W. Wright, eds., *Soviet Natural Resources in the World Economy*, Chicago: University of Chicago Press, 1983.

Stern, Jonathan, *Soviet Oil and Gas Exports to the West: Commercial Transaction or Security Threat?* Gower, 1987.

Stern, Jonathan, and Michael Bradshaw, "Russian and Central Asian Gas Supply for Asia", in Jonathan Stern, ed., *Natural Gas in Asia: The Challenges of Growth in China, India, Japan, and Korea*, Oxford: The Oxford Institute of Energy Studies, 2008.

Stern, Jonathan, "Russian Responses to Commercial Change in European Gas Markets", in James Henderson and Simon Pirani, eds., *The Russian Gas Matrix: How Markets are Driving Change*, Oxford: The Oxford Institute for Energy Studies, 2014.

Stern, Jonathan, and Howard Rogers, "The Transition to Hub-based Gas Pricing in Continental Europe", in Jonathan Stern, ed., *The Pricing of Internationally Traded Gas*, Oxford: The Oxford Institute for Energy Studies, 2012.

Stern, Jonathan, "International Gas Pricing in Europe and Asia: A Crisis of Fundamentals", *Energy Policy*, Vol. 64, 2014.

Stevens, Paul, "The 'Shale Gas Revolution': Developments and Changes", *Chatham House Briefing Paper*, EERG BP 2012/04, 2012.

Tarr, David G., "The Eurasian Economic Union of Russia, Belarus, Kazakhstan, Armenia, and the Kyrgyz Republic: Can It Succeed Where Its Predecessor Failed?", *Eastern European Economics*, Vol. 54, 2016.

Tomain, Joseph P., "A Perspective on Clean Power and the Future of US Energy Politics and Policy", *Utilities Policy*, Vol. 39, 2016.

The Hague Centre for Strategic Studies & The Netherlands Organisation for Applied Scientific Research (TNO), *The Geopolitics of Shale Gas*, 2014, https://hcss.nl/sites/default/files/files/reports/Shale _ Gas _ webversieSC.pdf.

Trenin, Dmitri, "Russia Leaves the West", *Foreign Affairs*, Vol. 85, No. 4, 2006.

Trenin, Dmitri, *Post-Imperium: A Eurasian Story*, Washington D. C.: Carnegie Endowment for International Peace, 2011.

Tsygankov, Andrei P., *Pathways after Empire: National Identity and Foreign Economic Policy in the Post-Soviet World*, Lanham, MD: Rowman and Littlefield, 2001.

Tsygankova, Marina, "When is a Break-up of Gazprom Good for Russia?", *Energy Economics*, No. 32, 2010.

Tsygankova, Marina, "An Evaluation of Alternative Scenarios for the Gazprom Monopoly of Russian Gas Exports", *Energy Economics*, No. 32, 2012.

Umbach, Frank, "Global Energy Security and the Implications for the EU", *Energy Policy*, Vol. 38, 2010.

Vangrasstek, Craig, "US Plan for a New WTO Round: Negotiating More Agreements with Less Authority", *The World Economy*, Vol. 23, Issue 5, 2000.

Vavilov, Andrey, Galina Kovalishnian, and Georgy Trofimov, "The New Export Routes and Gazprom's Strategic Opportunities in Europe", in Andrey Vavilov, ed., *Gazprom: An Energy Giant and Its Challenges in Europe*, New York: Palgrave Macmillan, 2015.

Vinois, Jean Arnold, and Thomas Pellerin-Carlin, "Nord Stream-2: A Decisive Test for EU Energy Diplomacy", *Natural Gas Europe*, 16 December, 2015, http://www.naturalgaseurope.com/nordstream-2-eu-energy-diplomacy-expert-27171.

Vinokurov, E., and A. Libman, "Do Economic Crisis Impede or Advance Regional Economic Integration in the Post-Soviet Space?", *Post-Communist Economies*, Vol. 26, No. 3, 2014.

Wall Street Journal, "EU Tells Bulgaria to Stop Work on Gazprom's South Stream", 3 June 2014, https://www.wsj.com/articles/eu-tells-bulgaria-to-stop-work-on-gazproms-south-stream-project-1401811829.

Whally, John, "Why Do Countries Seek Regional Trade Agreements", *NBER Working Paper*, No. 5552, 1996.

Wheeler, Stephen M., "The New Regionalism: Key Characteristics of An Emerging Movement", *Journal of the American Planning Association*, Vol. 68, No. 3, 2002.

Wilkes, William, "U. S. Threatens Sanctions if Nord Stream 2 Project Proceeds", https://www.worldoil.com/news/2018/5/17/us-threatens-sanctions-if-nord-stream-2-project-proceeds.

Yafimava, Katja, *The Transit Dimension of EU Energy Security: Russian Gas Transit Across Ukraine, Belarus, and Moldova*, Oxford: The Oxford Institute for Energy Studies, 2011.

Yarashevich, Viachaslau, "Post-communist Economic Integration: Belarus, Kazakhstan, and Russia", *Journal of Economic Integration*, Vol. 29, No. 4, 2014.

Yegorov, Yuri, and Franz Wirl, "Gas Transit, Geopolitics and Emergence of Games with Application to CIS Countries", USAEE-IAEE WP 10-044, 2010.

https://hcss.nl/sites/default/files/files/reports/Shale_Gas_webversieSC pdf.

Yergin, Daniel, *The Quest: Energy, Security and the Remaking of the Modern World*, New York: Penguin, 2012.

Zaretskaya, Victoria, and Scott Bradley, "Natural Gas Prices in Asia Mainly Linked to Crude Oil, but Use of Spot Indexes Increases", EIA, September 29, 2015, https://www.eia.gov/todayinenergy/detail.php?id=23132.

Ziegler, Charles E., and Rajan Menon, "Neomercantilism and Great-power Energy Competition in Central Asia and the Caspian", *Strategic Studies Quarterly*, Vol. 8, No. 2, 2014.

中文

［韩］白根旭：《中俄油气合作现状与启示》，丁晖、赵卿、李滨译，石油

工业出版社 2013 年版。

白桦等:《美国 LNG 出口前景分析》,《天然气技术与经济》2014 年第 6 期。

[日] 本村真澄:《俄罗斯 2030 年前能源战略——实现的可能性和不确定性》,《俄罗斯研究》2010 年第 3 期。

毕洪业:《俄罗斯与美欧在阿塞拜疆油气管线上的争夺及前景》,《国际石油经济》2014 年第 1—2 期。

[美] 兹比格纽·布热津斯基:《大棋局:美国的首要地位及其地缘战略》,中国国际问题研究所译,上海人民出版社 2007 年版。

陈菁泉、云曙明:《中俄天然气合作博弈与发展趋势研究》,《俄罗斯中亚东欧研究》2011 年第 6 期。

陈新明:《俄罗斯对欧盟能源政策的立场分析》,《俄罗斯东欧中亚研究》2016 年第 6 期。

程春华:《俄罗斯与欧盟能源冲突的应对机制》,《中国社会科学院研究生院学报》2012 年第 2 期。

崔宏伟:《中俄欧在中亚的能源竞合关系——地缘政治与相互依赖的制约》,《国际关系研究》2014 年第 2 期。

刁秀华:《利益争端与能源贯通——俄罗斯与欧洲天然气合作研究》,《东北财经大学学报》2013 年第 6 期。

东艳:《区域经济一体化新模式——"轮轴—辐条"双边主义的理论与实证分析》,《财经研究》2006 年第 9 期。

樊勇明:《区域性国际公共产品——解析区域合作的另一个理论视角》,《世界经济与政治》2008 年第 1 期。

方婷婷:《不同理论范式下的能源安全观研究》,《当代世界与社会主义》2015 年第 3 期。

方婷婷:《能源安全困境与俄欧能源博弈》,《世界经济与政治论坛》2015 年第 5 期。

冯玉军:《纳布科管道:从构想走向现实》,《国际石油经济》2009 年第 8 期。

冯玉军:《欧亚转型:地缘政治与能源安全》,载《欧亚新秩序》第三卷,中国社会科学出版社 2018 年版。

富景筠:《俄罗斯与东亚合作——动因、制约因素及前景》,《俄罗斯中亚东欧研究》2012 年第 2 期。

富景筠：《新区域主义视角下俄罗斯区域合作战略演变的多维互动分析》，《欧洲研究》2013 年第 4 期。

富景筠：《"页岩气革命"、"乌克兰危机"与俄欧能源关系——对天然气市场结构与权力结构的动态分析》，《欧洲研究》2014 年第 6 期。

富景筠：《东北亚天然气格局的演变逻辑——市场结构与权力结构的分析》，《东北亚论坛》2015 年第 4 期。

富景筠：《俄罗斯能源政策的范式转变与东北亚能源关系》，《俄罗斯研究》2016 年第 6 期。

富景筠：《俄罗斯能源利益集团博弈与中俄天然气关系演变》，《东北亚论坛》2017 年第 6 期。

富景筠：《俄欧天然气定价权博弈探析》，《欧洲研究》2018 年第 3 期。

富景筠：《"页岩革命"与俄罗斯在世界能源体系中的地位》，《欧亚经济》2018 年第 3 期。

富景筠：《页岩革命与美国的能源新权力》，《东北亚论坛》2019 年第 2 期。

富景筠、张中元：《世界能源体系中俄罗斯的结构性权力与中俄能源合作》，《俄罗斯东欧中亚研究》2016 年第 2 期。

高淑琴、[英] 彼得·邓肯：《从北流天然气管道分析俄罗斯与欧盟的能源安全关系》，《国际石油经济》2013 年第 8 期。

高淑琴、[英] 彼得·邓肯：《欧盟与俄罗斯的能源博弈：能源垄断、市场自由化与能源多边治理》，《世界经济研究》2014 年第 2 期。

[美] 约瑟夫·格里科、约翰·伊肯伯里：《国家权力与世界市场：国际政治经济学》，王展鹏译，北京大学出版社 2008 年版。

[美] 塞恩·古斯塔夫森：《财富轮转：俄罗斯石油、经济和国家的重塑》，朱玉犇、王青译，石油工业出版社 2014 年版。

管清友：《加入预期因素的多重均衡模型：市场结构与权力结构——国际市场油价波动的政治经济学分析》，《世界经济与政治》2007 年第 1 期。

关雪凌、程大发：《全球产业结构调整背景下俄罗斯经济定位的困境》，《国际观察》2005 年第 4 期。

郝宇彪、田春生：《中俄能源合作：进展、动因及影响》，《东北亚论坛》2014 年第 5 期。

［瑞典］斯蒂芬·赫德兰：《危机中的俄罗斯：一个超级能源大国的终结》，《俄罗斯研究》2010 年第 2 期。

［美］肯尼斯·华尔兹：《国际政治理论》，信强译，上海人民出版社 2017 年版。

胡仁霞、赵洪波：《俄罗斯亚太战略的利益、合作方向与前景》，《东北亚论坛》2012 年第 5 期。

［美］罗伯特·吉尔平：《全球政治经济学：解读国际经济秩序》，杨宇光、杨炯译，上海世纪出版集团 2013 年版。

［美］罗伯特·基欧汉、约瑟夫·奈：《权力与相互依赖》，门洪华译，北京大学出版社 2002 年版。

［美］约翰·加尔布雷思：《权力的分析》，陶元华、苏世军译，河北人民出版社 1988 年版。

金玲：《欧盟东扩对共同外交与安全政策内部决策环境的影响》，《欧洲研究》2007 年第 2 期。

［俄］A. 卡布耶夫：《欧亚经济联盟：理想与现实》，《欧亚经济》2015 年第 3 期。

［俄］谢尔盖·卡拉加诺夫、季莫费·博尔达切夫等：《构建中央欧亚："丝绸之路经济带"与欧亚国家协同发展优先事项》，《俄罗斯研究》2015 年第 3 期。

［美］本杰明·科恩：《国际政治经济学：学科思想史》，杨毅、钟飞腾译，上海世纪出版集团 2010 年版。

［美］迈克尔·克莱尔：《石油政治学》，孙芳译，海南出版社 2009 年版。

［俄］A. 拉林、B. 马特维耶夫：《俄罗斯如何看待欧亚经济联盟与"丝绸之路经济带"对接》，《欧亚经济》2016 年第 2 期。

［俄］亚历山大·利布曼：《乌克兰危机、俄经济危机和欧亚经济联盟》，《俄罗斯研究》2015 年第 3 期。

李新：《俄罗斯经济现代化战略评析》，《俄罗斯中亚东欧研究》2011 年第 1 期。

李新：《普京欧亚联盟设想：背景、目标及其可能性》，《现代国际关系》2011 年第 11 期。

李兴：《北约欧盟双东扩：俄罗斯不同政策及原因分析》，《俄罗斯中亚东欧研究》2005 年第 2 期。

李扬：《乌克兰危机下俄欧能源关系与能源合作：基础、挑战与前景》，《俄罗斯东欧中亚研究》2015 年第 5 期。

李扬、徐洪峰：《特朗普政府"美国第一能源计划"及其影响》，《东北亚论坛》2017 年第 5 期。

李中海：《卢布国际化战略评析——兼论中俄贸易本币结算》，《俄罗斯研究》2011 年第 4 期。

李自国：《欧亚经济联盟：绩效、问题、前景》，《欧亚经济》2016 年第 2 期。

刘锋：《关于俄罗斯产品分成协议问题的研究》，《俄罗斯中亚东欧市场》2012 年第 1 期。

刘锋、朱显平：《俄罗斯能源企业"走出去"发展战略与中俄合作》，《东北亚论坛》2013 年第 5 期。

刘乾等：《俄罗斯天然气：内部管理体制改革与对外合作战略转型》，《俄罗斯研究》2015 年第 5 期。

刘旭：《中亚天然气跨国管道建设的现状、影响及前景》，《现代国际关系》2018 年第 1 期。

刘叶等：《现行国际原油定价机制下中东利益保障机制及其启示》，《世界经济与政治论坛》2013 年第 1 期。

[英] 彼得·罗布森：《国际一体化经济学》，戴炳然等译，上海译文出版社 2001 年版。

马风书：《融入欧洲：欧盟东扩与俄罗斯的欧洲战略》，《欧洲研究》2003 年第 2 期。

马述忠、刘文军：《双边自由贸易区热的政治经济学分析——一个新区域主义视角》，《世界经济研究》2007 年第 10 期。

[俄] A. M. 马斯捷潘诺夫：《俄罗斯能源战略和国家油气综合体发展前景》（第一卷），世界知识出版社 2009 年版。

[美] 杰夫·D. 迈克拉姆：《天然气管道——一个世纪的制度演进》，徐斌、黄诚译，石油工业出版社 2016 年版。

[美] 约翰·米尔斯海默：《大国政治的悲剧》，王义桅、唐小松译，上海人民出版社 2009 年版。

[美] 汉斯·摩根索：《国家间政治：权力斗争与和平》，徐昕等译，北京大学出版社 2009 年版。

［日］木村泛：《普京的能源战略》，王炜译，社会科学文献出版社 2013 年版。

欧阳向英：《欧亚联盟——后苏联空间俄罗斯发展前景》，《俄罗斯中亚东欧研究》2012 年第 4 期。

潘楠：《俄罗斯跨波罗的海与跨黑海天然气管道比较分析》，《俄罗斯东欧中亚研究》2016 年第 6 期。

庞昌伟：《里海油气管道地缘政治经济博弈态势分析》，《俄罗斯研究》2006 年第 2 期。

庞昌伟、张萌：《纳布科天然气管道与欧俄能源博弈》，《世界经济与政治》2010 年第 3 期。

庞珣：《国际公共产品中集体行动困境的克服》，《世界经济与政治》2012 年第 7 期。

潜旭明：《美国的国际能源战略研究——一种能源地缘政治学的分析》，复旦大学出版社 2013 年版。

［俄］斯·日兹宁：《国际能源政治与外交》，强晓云等译，华东师范大学出版社 2005 年版。

［俄］C. 3. 日兹宁：《俄罗斯能源外交》，王海运、石泽译审，人民出版社 2006 年版。

［俄］C. 日兹宁：《俄罗斯在东北亚地区的对外能源合作》，《俄罗斯研究》2010 年第 3 期。

［美］安琪拉·斯登特：《有限伙伴：21 世纪美俄关系新常态》，欧阳瑾、宋和坤译，石油工业出版社 2016 年版。

［英］苏珊·斯特兰奇：《国家与市场》，杨宇光等译，上海世纪出版集团 2006 年版。

宋效峰：《亚太格局视角下俄罗斯的东南亚政策》，《东北亚论坛》2012 年第 2 期。

宋志芹：《试论俄罗斯与乌兹别克斯坦的能源合作》，《俄罗斯研究》2014 年第 2 期。

孙溯源：《俄罗斯对世界石油体系的挑战及其局限》，《俄罗斯研究》2010 年第 3 期。

田春生：《俄罗斯"国家资本主义"的形成及其特征》，《经济学动态》2010 年第 7 期。

田文林：《全球地缘政治中的中东战略地位变迁》，《世界政治研究》2018年第1期。

涂志明：《市场力量与俄欧能源关系》，《世界经济与政治论坛》2013年第6期。

涂志明：《俄欧能源关系中的美国因素》，《世界地理研究》2014年第4期。

王海燕、何金波、毕明：《"南流"管道命运与俄欧乌天然气市场变局》，《国际石油经济》2015年第3期。

王海燕：《土库曼斯坦天然气多元化出口战略（1991—2015）：一项实证主义分析》，《俄罗斯研究》2015年第5期。

王海运、许勤华：《能源外交概论》，社会科学文献出版社2012年版。

王厚双、王兴立：《俄罗斯区域经济一体化战略的调整及其前景分析》，《东北亚论坛》2006年第7期。

王郦久：《试析俄罗斯外交政策调整》，《现代国际关系》2010年第12期。

王龙：《俄罗斯与东北亚能源合作多样化进程》，上海人民出版社2014年版。

王四海、闵游：《"页岩气革命"与俄罗斯油气战略重心东移》，《俄罗斯中亚东欧市场》2013年第6期。

王铁军：《论欧盟—俄罗斯油气关系中的合作与互信》，《俄罗斯学刊》2013年第4期。

王铁军：《体系认知、政府权力与中俄能源合作——来自新古典现实主义的视角》，《当代亚太》2015年第2期。

王晓泉：《俄罗斯对上海合作组织的政策演变》，《俄罗斯中亚东欧研究》2007年第3期。

王玉主：《区域公共产品供给与东亚合作主导权问题的超越》，《当代亚太》2011年第6期。

［英］戴维·维克托、埃米·贾菲、马克·海斯：《天然气地缘政治——从1970到2040》，王震、王鸿雁等译，石油工业出版社2010年版。

［美］亚历山大·温特：《国际政治的社会理论》，秦亚青译，上海世纪出版集团2011年版。

武正弯：《美国"能源独立"的地缘政治影响分析》，《国际论坛》2014年第4期。

邢广程：《俄罗斯的欧洲情结和西进战略》，《欧洲研究》2011年第5期。

徐斌：《市场失灵、机制设计与全球能源治理》，《世界经济与政治》2013年第11期。

徐斌、黄少卿：《从双边博弈到多边合作——中日俄石油管线争端的案例研究》，《世界经济与政治》2010年第3期。

徐刚：《欧盟"东部伙伴关系"计划评析》，《国际论坛》2010年第9期。

徐建山：《论油权——初探石油地缘政治的核心问题》，《世界经济与政治》2012年第12期。

徐建伟、葛岳静：《俄罗斯太平洋石油管道建设的地缘政治分析》，《东北亚论坛》2011年第4期。

徐海燕：《俄罗斯"东向"能源出口战略与中俄油气合作》，《复旦学报》（社会科学版）2004年第5期。

徐洪峰、王海燕：《乌克兰危机背景下美欧对俄罗斯的能源制裁》，《美国研究》2015年第3期。

徐洪峰：《普京第三任期以来中俄能源合作新进展及潜在障碍》，《俄罗斯东欧中亚研究》2016年第6期。

徐小杰等：《俄罗斯及中亚西亚主要国家油气战略研究》，中国社会科学出版社2017年版。

徐友萍、丁希丽：《浅析普京时期俄罗斯在中亚里海地区的能源外交活动》，《中国地质大学学报》（社会科学版）2013年第6期。

徐之明、王正泉：《中东欧国家加入欧盟对俄罗斯的不利影响》，《东北亚论坛》2006年第1期。

闫鸿毅、李世群：《浅析土库曼斯坦天然气出口格局及其影响》，《俄罗斯中亚东欧市场》2012年第8期。

严伟：《俄罗斯能源战略与中俄能源合作研究》，东北大学出版社2013年版。

杨玲：《新世纪俄罗斯里海地区能源外交述评》，《国际政治研究》2011年第4期。

耶斯尔：《中亚地区的能源"博弈"》，《新疆师范大学学报》（哲学社会科学版）2010年第6期。

尤立杰、朱倩：《哈、乌、土三国能源投资环境评价》，《俄罗斯中亚东欧市场》2013年第5期。

于春苓:《俄罗斯能源外交政策研究》,中国社会科学出版社2012年版。

于宏源:《权力转移中的能源链及其挑战》,《世界经济研究》2008年第2期。

余建华、孙霞:《俄乌天然气争端反思》,《俄罗斯中亚东欧研究》2010年第3期。

袁新华:《俄罗斯的能源战略与外交》,上海人民出版社2007年版。

张弛:《独联体经济一体化问题的若干分析》,《俄罗斯中亚东欧研究》2005年第1期。

张梦秋、王栋:《天然气合作背后的中俄关系模式探析》,《国际展望》2016年第6期。

张昕:《国家资本主义、私有化与精英斗争——近期俄罗斯"国家—资本"关系的两重逻辑》,《俄罗斯研究》2012年第6期。

张昕:《"能源帝国"、"能源超级大国"和"能源外交"的迷思》,《俄罗斯研究》2013年第6期。

张宇燕、李增刚:《国际经济政治学》,上海人民出版社2008年版。

郑润宇:《海关同盟:俄哈促进的欧亚一体化的起点》,《国际经济评论》2011年第6期。

赵华胜:《普京外交八年及其评价》,《现代国际关系》2008年第2期。

周凡:《俄欧能源:冲突还是合作》,《俄罗斯研究》2007年第1期。

后　　记

俄罗斯能源政治是我近年来学术研究的中心，也将是我未来研究的重要方向。因此对我来说，本书的出版既是目前研究的总结，又是新研究的起点。

选择俄罗斯能源问题作为研究对象，首先得益于导师张宇燕研究员的启发与帮助。张老师一直鼓励我多读书、勤思考，广泛阅读英文、俄文文献，在研究中发挥语言优势。他经常与我分享自己涉猎的相关文献或者著作，关心我的研究进展，与我讨论相关问题；并在百忙之中审阅本书初稿，提出了宝贵的修改意见。所有这些，均令我深为感动。

中国社会科学院亚太与全球战略研究院的良好学术氛围和工作环境为我的写作提供了必要的条件。受中国社会科学院院级交流协议、"登峰计划"优势学科建设项目支持，我近年来出访美国、俄罗斯、乌克兰、白俄罗斯等国，进行专题调研。与国外智库、研究机构的交流，使我拓展和丰富了自己的学术眼界和视野。2017年8月、2018年10月，我先后在亚太院全球战略论坛上做有关俄罗斯能源政治的讲座。这两次讲座上，通过与参会同事与同行的互动，我加深了对俄罗斯能源政治的理解和认识。感谢钟飞腾研究员、张中元副研究员和谢来辉副研究员，与他们的学术讨论经常使我受益匪浅。

本书的部分内容曾分别在国际政治经济学论坛、新兴经济体研究会年会、复旦大学"世界能源革命与中国—欧亚国家能源合作"学术研讨会上宣读，感谢这些学术共同体为我提供的交流机会。2017年10月，我曾受邀在中国社会科学院世界经济与政治研究所举办以"俄罗斯对外能源关系的研究范式与方法"为题的讲座。这次讲座的顺利举办，离不开王永中研究员的悉心安排。其间，冯维江研究员、徐秀军副研究员、欧阳向英研究员、李燕副研究员等参与讨论，为我带来了有益的启发。

后　记

　　本书部分章节系于已发表论文的基础上修改补充而成。《欧洲研究》的宋晓敏老师和张海洋老师、《东北亚论坛》的许佳老师、《俄罗斯东欧中亚研究》的李中海老师和《现代国际关系》的黄昭宇老师对文章提出了中肯的修改意见。本书写作还得到了诸多前辈、同行和同学的关心和帮助，他们是中国社会科学院工业经济研究所史丹研究员、复旦大学国际问题研究院冯玉军教授、东帆石能源咨询公司陈卫东董事长、中石油集团王海燕高级经济师、中国人民大学刘旭博士、中国石油大学刘乾博士以及我的同学周宇、杨成和傅聪。在此，我谨对各位师友表示深深的谢意。

　　本书付梓之际，我还要感谢中国社会科学出版社王茵总编辑助理与喻苗副主任的大力支持，以及郭枭编辑对书稿的细心审读与修改。

　　最后，请允许我把这本书献给我的家人。是你们的理解、鼓励和担当，使我自信而幸福地不断前行。

富景筠

2019 年 3 月于北京